Reihe Unterricht im Dialog
Herausgegeben von Erwin Krottenthaler (Literaturhaus Stuttgart)

Ulrike Wörner, Tilman Rau, Yves Noir

Erzählendes Schreiben im Unterricht
Werkstätten für Skizzen, Prosatexte, Fotografie

Robert Bosch Stiftung   literaturhaus stuttgart   **Klett | Kallmeyer**

Bibliografische Information der Deutschen Nationalbibliothek
Die Deutsche Nationalbibliothek verzeichnet diese Publikation in der Deutschen Nationalbibliografie;
detaillierte bibliografische Daten sind im Internet über http://dnb.d-nb.de abrufbar.

Impressum

Ulrike Wörner, Tilman Rau, Yves Noir
Erzählendes Schreiben im Unterricht
In der Reihe Unterricht im Dialog
Herausgegeben von Erwin Krottenthaler (Literaturhaus Stuttgart)

1. Auflage 2012

© 2012. Kallmeyer in Verbindung mit Klett
Friedrich Verlag GmbH
D-30926 Seelze
Alle Rechte vorbehalten.
www.friedrich-verlag.de

Redaktion: Sebastian Thede, München
Titelfoto: Holger Drees
Druck: Kessler Druck + Medien GmbH & Co. KG, Bobingen
Printed in Germany

ISBN: 978-3-7800-4911-7

Reihe Unterricht im Dialog
Herausgegeben von Erwin Krottenthaler (Literaturhaus Stuttgart)

Ulrike Wörner, Tilman Rau, Yves Noir

Erzählendes Schreiben im Unterricht

Werkstätten für Skizzen, Prosatexte, Fotografie

Robert Bosch Stiftung   literaturhaus stuttgart   **Klett | Kallmeyer**

Vorwort

Unterricht im Dialog – Literarisches Schreiben im Unterricht

Kulturelle Bildung und außerschulische Partner

Der Begriff *Kulturelle Bildung* hat Konjunktur, auch Kultureinrichtungen sind aufgerufen, zunehmend mit Schulen zu kooperieren. Gerade im Bereich der Schulentwicklung ist *Kulturelle Praxis* als Handlungsfeld in aller Munde. Beide Schlagwörter sagen aber wenig aus, wenn nicht differenziert dargelegt wird, was mit ihnen wirklich gemeint ist und wie bzw. von wem sie in der Praxis umgesetzt und im schulischen Alltag verankert werden sollen.

In zahlreichen Publikationen, Statements und politischen Verlautbarungen der vergangenen Jahre wird auf die Bedeutung von Angeboten im außerschulischen Bildungsbereich und deren Einbindung in den Schulkontext hingewiesen. Die Enquete-Kommission des Deutschen Bundestages betont in ihrem Schlussbericht *Kultur in Deutschland vom 11.12.2007* ausdrücklich, dass durch *Kulturelle Bildung* grundlegende Dispositionen, Fähigkeiten und Fertigkeiten erworben werden, die für die Persönlichkeitsentwicklung junger Menschen, ihre emotionale Stabilität, Selbstverwirklichung und Identitätsfindung von zentraler Bedeutung sind. Zu diesen Kompetenzen gehören:

> Die Entwicklung der Lesekompetenz und der ästhetischen Kompetenz im Umgang mit Bildsprache, Körpergefühl, Integrations- und Partizipationskompetenz sowie Disziplin, Flexibilität und Teamfähigkeit. [...] Kulturelle Bildung erschöpft sich nicht in einer bloßen Wissensvermittlung, sondern ist vor allem Selbstbildung in kulturellen Lernprozessen.
>
> Enquete-Kommission, 2007, S. 379

Gleichwohl wird an anderer Stelle darauf hingewiesen, dass der Alltag der meisten Schulen und vieler Kulturinstitutionen noch nicht durch eine verbreitete Praxis *Kultureller Bildung* bestimmt ist.

> Mit Sorge betrachtet die Kommission vor allem die Entwicklung der Sprachkultur in Deutschland, die von einem Verlust an Sprachniveau, schrumpfendem Wortschatz und einer generellen Unlust an der deutschen Sprache gekennzeichnet ist. [...] Die poetisch emotionale Qualität von Sprache kommt in der Schule gegenüber dem informativen Aspekt zu kurz. Angebote, über die Sprache und der Zugang zu Literatur auf spielerisch-kreative Weise vermittelt werden, sind nicht der Regelfall.
>
> Enquete-Kommission, 2007, S. 384 f.

Aktuell gibt es eine Fülle an überregionalen Programmen und Modellversuchen, die vor allem darauf abzielen, Künstler in den Schulalltag zu integrieren, Schü-

6

lern den Besuch von Kultureinrichtungen zu ermöglichen und gemeinsame Projekte zu initiieren. Beispiele hierfür sind die Wettbewerbe *Kinder zum Olymp* (Initiator: Kultur Stiftung der Länder), *Mixed-Up* (Initiator: Bundesministerium für Familie, Senioren, Frauen und Jugend in Zusammenarbeit mit der Bundesvereinigung Kulturelle Kinder- und Jugendbildung (BKJ) sowie die Initiative *Kultur:Forscher* (Initiator: PwC-Stiftung in Kooperation mit der Deutschen Kinder und Jugendstiftung). Ab 2013 fördert das Bundesministerium für Bildung und Forschung über die Initiative *Kultur macht stark* zudem außerschulische Angebote der kulturellen Bildung, die sich vorrangig an benachteiligte Kinder und Jugendliche richten sollen.

Trotz der sehr zahlreichen Initiativen ist aber bei genauerer Analyse festzustellen, dass die Sparte Literatur bisher nur eine untergeordnete Rolle spielt. Angebote der kulturellen Bildung werden innerhalb des Schulbetriebs fast ausschließlich auf die musisch-künstlerischen Fächer Musik, Bildende Kunst und Darstellendes Spiel reduziert. Das Fach Deutsch als mögliches Kooperationsfeld bleibt nahezu ausgeblendet. Das mag einerseits daran liegen, dass innerhalb des Schulbetriebes die musisch-künstlerischen Fächer die notwendige Offenheit und Flexibilität bieten können, die für künstlerische Prozesse notwendig erscheinen. Andererseits wird bedauert, dass ebendiese Fächer nicht die notwendige Anerkennung genießen, häufig fachfremd unterrichtet werden und eine Vielzahl von Unterrichtsausfällen zu beklagen haben. Weiter scheint es so, als wären für den Bereich Literatur nicht die entsprechenden Partner aus dem Kulturbetrieb vorhanden.

Wie wichtig es wäre, gerade den Bereich Literatur im Kontext der Zusammenarbeit zwischen Schulen und Kultureinrichtungen zu stärken, betonen aktuell auch die Herausgeber des 2. Jugend-Kulturbarometers. In ihren abschließenden Empfehlungen an die Kultur- und Bildungspolitik sprechen sie sich ganz dezidiert für eine stärkere Förderung von Bildungsangeboten im Bereich Kreatives Schreiben und Literatur aus.

Das Programm Literatur machen – Unterricht im Dialog

Bereits zur Eröffnung des Stuttgarter Literaturhauses im November 2001 wurde gemeinsam mit der Robert Bosch Stiftung das Projekt *Schreibwerkstätten für Jugendliche* entwickelt. Über einen Zeitraum von fünf Jahren konnten Schüler/-innen bis Juli 2006 auf freiwilliger Basis kostenlos an den Werkstätten Prosa, Lyrik, Reportage, Rap, Wort & Spiele, Naturwissenschaften, Drama und Comic teilnehmen. Das Kursprogramm gliederte sich je Halbjahr in zwölf wöchentlich stattfindende Unterrichtseinheiten und wurde individuell durch Exkursionen und den Besuch von Autorenlesungen im Literaturhaus ergänzt. Jugendliche im Alter von 14 bis 21 Jahren, die an dem Programm teilnahmen, konnten so unter Anleitung von erfahrenen Dozenten unterschiedliche Schreibtechniken und Schreib-stile kennenlernen und eigene Texte schreiben. Zunehmend engagierten sich in den folgenden Jahren auch andere Literaturhäuser in einer ähnlichen Rich-tung. Eine interne Befragung vom Juni 2009 unter den elf im Netzwerk *Literatur-haus.net* zusammengeschlossenen Einrichtungen in Deutschland, der Schweiz und Österreich ergab folgendes Bild: Jeweils sechs der befragten Häuser haben angegeben, Schreibprojekte in Form von geschlossenen Arbeitsgruppen und gleichzeitig Schreibwerkstätten in Kooperation mit Schulen anzubieten. Fünf Li-teraturhäuser bieten offene Arbeitsgruppen an. Schreibwerkstätten, integriert in den Unterricht an Schulen, werden lediglich von den Häusern in Zürich und Stuttgart durchgeführt.

Aufbauend auf die fünfjährige Erfahrung in mehr als 50 Einzelprojekten mit ca. 800 Teilnehmern wurde zum Schuljahr 2006/2007 in Stuttgart gemeinsam mit dem Landesinstitut für Schulentwicklung und den Seminaren für Didaktik und Lehrerbildung in Baden-Württemberg das Nachfolgeprojekt *Unterricht im Dia-log* initiiert. In der Praxis erprobte Arbeitsansätze und Methoden im Umgang mit dem literarischen Schreiben sollten nun in mehreren Teilprojekten in den regu-lären Deutschunterricht an Stuttgarter Schulen integriert werden. Im Gegensatz zu den bisherigen Werkstattangeboten konnten mit der Neuausrichtung auch Schüler/-innen erreicht werden, die bisher wenig literarisch interessiert waren. Die Angebote Prosa, Prosa / Fotografie, Lyrik, Reportage, Wort & Spiele, Drama sowie Comic richteten sich bewusst nicht nur an Schüler/-innen der gymnasialen Oberstufe, sondern auch an Jugendliche aus Förder-, Haupt- und Realschulen bis hin zu einer Berufsfachschule für metallverarbeitende Gewerbe.

Das Gesamtprojekt *Unterricht im Dialog* wurde 2007 mit dem *Zukunftspreis Ju-gendkultur* der PwC-Stiftung und 2008 im Rahmen des Wettbewerbes *Kinder zum Olymp*, einer Initiative der Kulturstiftung der Länder, ausgezeichnet. Eben-falls 2008 besuchte Bundeskanzlerin Angela Merkel das Teilprojekt Lyrik an der Realschule Ostheim im Rahmen ihrer Bildungsreise.

Ausblick ...

Seit September 2011 fließen die Erfahrungen und Ergebnisse aus dem Gesamt-projekt in Zusammenarbeit mit dem Lehrstuhl für Didaktik der deutschen Sprache und Literatur an der Otto Friedrich-Universität Bamberg in ein Weiterbildungs-programm für Deutschlehrkräfte aller weiterführenden Schulen in Baden-Würt-temberg ein. Konzepte, Unterrichtsmethoden und -prozesse, die von den jeweili-gen Tandems Künstler / Lehrkraft entwickelt wurden, werden nun in Form einer zweijährigen Fortbildung an interessierte Lehrkräfte weitergegeben und sollen nachhaltig im Schulalltag verankert werden. Angestrebt wird damit einerseits eine qualitative Weiterentwicklung der Didaktik des Fachs Deutsch. Anderer-seits soll mit dem Programm aber auch das Themenfeld *Kulturelle Jugendbil-*

dung in der Programmatik einer außerschulischen Kultureinrichtung wie dem Literaturhaus Stuttgart langfristig und beispielgebend für andere Literaturhäuser und Kulturschaffende im deutschsprachigen Raum positioniert werden. Das Programm wird in einem ersten Schritt für 60 Lehrkräfte angeboten, die wiederum in der zweiten Phase der Weiterbildung mit Schulklassen vor Ort eigene Unterrichtsmodelle entwickeln und umsetzen sollen. Hierbei werden sie vonseiten des Literaturhauses und des Lehrstuhls für Didaktik der deutschen Sprache und Literatur an der Universität Bamberg fachlich begleitet.

... und Dank

Im Namen des Literaturhauses Stuttgart bedanke ich mich vor allem beim Verlag Kallmeyer bei Friedrich, insbesondere bei Frau Dr. Gabriela Holzmann und Herrn Sebastian Thede, die uns die Möglichkeit geben, unsere Erfahrungen in einer eigenen Publikationsreihe zu dokumentieren und uns hierbei auch immer mit Rat und Tat zur Seite stehen. Ohne die finanzielle Förderung der Robert Bosch Stiftung hätten wir in den letzten Jahren nicht Konzepte und Modelle entwickeln können, die wir mit der Reihe *Unterricht im Dialog* nun auch in gedruckter Form an mögliche Multiplikatoren weitergeben möchten. Ein ganz besonderer Dank gilt aber dem Autorenteam Ulrike Wörner, Tilman Rau und Yves Noir, die in der vorliegenden Publikation Arbeitsprozesse dokumentieren, die sie als Leiter des Werkstattbereichs *Erzählendes Schreiben* am Literaturhaus Stuttgart im Zusammenspiel mit Lehrkräften und als freischaffende Künstler im Rahmen von vielfältigen offenen Projekten gemacht haben. Sie zeigen mit ihrer Veröffentlichung auf ganz anschauliche und beeindruckende Weise, was *Kulturelle Praxis* in Kooperation mit Schulen im Detail heißen kann.

Stuttgart, Oktober 2012
Erwin Krottenthaler

Erwin Krottenthaler ist stellvertretender Leiter des Literaturhauses Stuttgart. In Kooperation mit der Robert Bosch Stiftung, dem Landesinstitut für Schulentwicklung und den Weiterbildungsseminaren für Lehrerinnen und Lehrern in BaWü konzipierte er u.a. das Projekt *Unterricht im Dialog – Schreibwerkstätten im Deutschunterricht.* Das Gesamtprojekt wurde 2007 mit dem *Zukunftspreis Jugendkultur* der PwC-Stiftung und 2008 mit dem Preis *Kinder zum Olymp* der Kulturstiftung der Länder ausgezeichnet.

Einleitung

Seit über zwölf Jahren führen wir nun literarische Schreibwerkstätten durch. Mit unterschiedlichen Schwerpunkten, in unterschiedlichen Konstellationen, in Klassen unterschiedlicher Schularten und Altersstufen – sogar in unterschiedlichen Ländern. Das sind sehr viele Unterschiede. Deshalb werden wir auch oft gefragt, wie wir es mit der Zuordnung halten. Woher wir denn wüssten, mit welchem Anspruch, mit welchen Zielen wir vor die jeweilige Gruppe treten können?

Die Antwort ist einfach: Wir machen keine Unterschiede. Wir verfolgen dieselben Ziele und setzen dieselben Methoden ein, ganz gleich, ob wir eine achte Förderschulklasse vor uns haben, Kulturwissenschaftsstudenten oder Deutschlehrer[1]. Ganz konkret bedeutet dies: Wir beginnen immer mit denselben Worten und denselben Übungen, ungeachtet der Schreib- und Leseerfahrung unserer Teilnehmer.

Diese Aussage mag überraschen. Sie hätte uns, zu Beginn unserer Arbeit, ebenfalls überrascht. Damals hatten wir noch keinen festen Themen- und Methodenkatalog. Wir brachten lediglich die Erfahrung aus unserer eigenen literarischen Arbeit mit, sowie die Begeisterung für eine Reihe von Schriftstellern, deren Schaffen uns inspirierte. Wir probierten aus. Zunächst an uns selbst, dann in den Workshops mit unseren Schülern. Meist handelte es sich um offene Schreibwerkstätten, veranstaltet von Büchereien oder Schulen, die Teilnehmer kamen aus freien Stücken. Auf diese Weise begann im Jahr 2001 auch unsere Arbeit im Literaturhaus Stuttgart: mit Werkstätten, zu denen sich Jugendliche im Alter zwischen 15 und 21 Jahren anmelden konnten. In den fünf Jahren, die dieses Werkstattprojekt dauerte, probierten wir viel aus. Wir setzten Schwerpunkte, lasen und empfahlen Lektüren, entwickelten Übungen. Manches funktionierte. Manches nicht. Es kristallisierte sich so etwas wie das erste Curriculum heraus.

In dieser Zeit machten wir erste Erfahrungen mit Workshops im Ausland – veranstaltet von Universitäten, Kultureinrichtungen oder Lektoren. In Polen, in der Ukraine, im gesamten Baltikum absolvierten wir Veranstaltungen für Nicht-Muttersprachler. Wir stellten fest, dass unsere Übungen auch dort funktionierten.

Wir kamen zu dem Schluss: Es kommt nicht auf die fehlerfreie Beherrschung der deutschen Sprache an, um von einer literarischen Schreibwerkstatt profitieren zu können.

Dann kam das Jahr 2006 und mit ihm eine neue Herausforderung. Die freien Werkstätten im Literaturhaus wurden abgelöst durch eine Kooperation mit Schulen. Fünf Jahre lang sollten wir unsere Projekte mit Schulklassen innerhalb des regulären Deutschunterrichts durchführen. Über das gesamte Schuljahr hinweg. Inklusive Noten. Unsere Skepsis war so groß wie unsere Neugier. Mit 30 Realschülern oder 18 Förderschülern Erzählprosa verfassen – obwohl diese Schüler allesamt per Notenzwang dazu verdonnert sind, sich an unseren Projekten zu beteiligen?

Versuchsweise setzten wir unsere bis dahin etablierten Übungen ein. Und wurden überrascht. Vieles davon funktionierte hier ebenso – auch wenn wir logischerweise einige Anpassungen am Programm vornehmen mussten.

Noch eine Schlussfolgerung: Von den Schreibprojekten, die wir durchführen, kann man sogar dann profitieren, wenn man sie nicht freiwillig absolviert.

Die fünf Jahre dieses Schulprojektes sind vorüber. Wir führen immer noch in den unterschiedlichsten Kontexten Workshops durch. Mittlerweile haben wir jedoch auch begonnen, Lehrer weiterzubilden. Das heißt, unsere Methoden weiterzugeben und sie für den Deutschunterricht zugänglich zu machen.

Dies hat bis jetzt gut funktioniert. Die ersten Hürden sind überwunden. Hürden in Form von Fragen wie: Führen die Gleichbehandlung aller Projektteilnehmer und die dafür notwendigen inhaltlichen Kompromisse nicht unweigerlich zu Unterforderung auf der einen, Überforderung auf der anderen Seite – und dabei auch noch zu einer Verwässerung des Gegenstandes?

Unsere Antwort: Nein.

Weshalb? Bei dem, was wir tun, gibt es keine inhaltlichen Kompromisse. Ein erzählender Text ist immer das Ergebnis eines Prozesses. Dieser Prozess ändert sich nicht, ganz gleich, wer ihn durchläuft, sei es nun ein Gymnasiast oder ein Schriftsteller.

Dies ist die Essenz unserer Werkstatterfahrung. Eine Schreibwerkstatt kann deshalb an so vielen unterschiedlichen Orten auf so gleiche Weise funktionieren, weil sie schlicht ein Weg in die Literatur ist. Ein Weg. Derjenige eben, den wir anbieten können.

Die Kapitel dieses Buches vollziehen diesen Weg nach und machen ihn für den Deutschunterricht gangbar. Wir beginnen mit kleinen, niederschwelligen, einfachen Übungen. Spielereien könnte man diese Übungen nennen, wären sie nicht ein so ernsthafter Schritt auf der Suche nach Themen, Texten, Textskizzen und überhaupt dem Literarischen.

Diese Übungen eignen sich für hauptberufliche Schriftsteller, die sie im Übrigen häufig anwenden, ebenso wie für einen Schüler, der noch niemals einen literarischen Text verfasst hat. Denn prinzipiell gibt es keinen Unterschied zwischen dem „Das kann ich nicht!" eines Neuntklässlers und dem „Ich kann es nicht mehr" eines Autors, der bereits zehn Romane veröffentlicht hat. In beiden Fällen geht es um die sprichwörtliche Angst vor dem leeren Blatt Papier. Die Angst, keine Worte auf dieses Papier bringen zu können, und wenn doch, den Ansprüchen nicht gerecht zu werden, seien es nun die eigenen Ansprüche, die Ansprüche eines Lehrers oder die der Kritiker.

Bei den Übungen, die Sie in Kapitel 1 gleich kennenlernen werden, geht es darum, die Angst auszuschalten, die inneren Stimmen verstummen oder gar nicht erst aufkommen zu lassen, die den Schreibenden daran hindern, den Stift in die Hand zu nehmen.

Erst wenn die erste Hürde überwunden ist, beschäftigen wir uns mit der Frage, was einen erzählenden Text ausmacht, mit welchen Elementen und Dimensionen man sich bei der Planung und beim Schreiben konfrontiert sieht (Kapitel 2).

Kapitel 3 rückt dann den Gesamtprozess des Schreibens in den Mittelpunkt. Welche Phasen der Entstehung und Überarbeitung durchläuft der Text? Wie können diese Phasen im Deutschunterricht ihren Platz finden?

Eine Besonderheit unserer Arbeit stellen wir in Kapitel 4 vor. Seit vielen Jahren haben wir nämlich neben reinen Textprojekten auch zahlreiche Workshops gegeben, bei denen der Text um eine weitere Kunstform ergänzt wird: die der Fotografie. Auch diese Verbindung entstand aus Versuchen heraus – und die Ergebnisse, ob die Schüler nun selbst fotografieren oder fotografiert werden, waren meist so beeindruckend, dass wir diese Arbeit vertieft haben. Wir zeigen Grundsätze und Möglichkeiten der fotografischen Gestaltung auf.

Die Ergebnisse aus Fotografie und Textarbeit werden in Kapitel 5 zu Projektbeispielen verbunden. Darüber hinaus stellen wir Ihnen auch einige rein textliche Projekte vor, die mit Schulklassen durchführbar sind.

Und was wäre Kunst, wenn sie nicht auch einem Publikum zugänglich gemacht werden könnte? Mit verschiedenen Formen der Veröffentlichung und Präsentation der Projektergebnisse beschäftigt sich das 6. und letzte Kapitel.

Nun haben Sie einen kleinen Eindruck von unserer Grundhaltung und unserer Arbeitsweise erhalten. Eine Sache ist jedoch noch offen: Was ist das Ziel unserer literarischen Arbeit im Deutschunterricht?

Ganz sicher bilden wir keine Schriftsteller aus. Wir schließen nicht aus, dass unter unseren Schülern der ein oder andere dabei war, der durchaus Potenzial hatte. Von einigen wissen wir, dass sie auch noch nach Jahren gern schreiben; von anderen wenigen sogar, dass sie auf dem Weg sind, das Schreiben zu ihrem Beruf zu machen. Darüber hinaus haben wir jedoch nicht den Ehrgeiz, unsere Arbeit diesem Ziel zustreben zu lassen.

Vielmehr wollen wir unseren Teilnehmern und Schülern die Prosaliteratur als ein System der Möglichkeiten zugänglich machen, in dem man sich ausdrücken, sich verwirklichen und seinen Ideen freien Lauf lassen kann. Jeder kann seine Geschichte erzählen. Und er kann dies in seinen Worten (und Bildern!) tun. Wir wollen den Raum schaffen, in dem so etwas möglich ist. Alles Weitere mag sich dann von selbst ergeben – oder auch nicht.

Ein Wort noch zum Umgang mit diesem Buch. Dies ist keine Sammlung von kleinen Übungen und Schulstundenentwürfen. Dazu sind die einzelnen Teile zu interdependent. Es wird also nicht möglich sein, das Buch an einer zufälligen Stelle aufzuschlagen und einzelne Übungen ohne großen Aufwand herauszupicken. Sie müssen sich die Mühe machen, erst einmal alles zu lesen. Am besten lernen Sie unser Verfahren kennen, indem Sie die eine oder andere Übung zunächst selbst ausprobieren, bevor sie dann im Klassenzimmer angewendet wird. So können Sie den Schülern Ihren eigenen Weg in die Literatur anbieten.

Wir empfehlen sogar dringend, sich zunächst einmal selbst in die Position zu begeben, in der sich die Schüler später befinden werden. Dies erweitert den Horizont dahingehend, dass man sich denselben Fragen und Problemen aussetzt, mit denen später die Schüler konfrontiert sind. Entsprechend fundiert kann man anleiten, antworten und beurteilen. Wir haben die Erfahrung gemacht, dass Schüler eine Antenne dafür haben, ob jemand, der vor ihnen steht und etwas erzählt, sich selbst einmal in der Position befunden hat, in die er sie nun schickt.

Aber nun genug der Vorreden. Wie und ob Sie Gebrauch von unseren Erfahrungen und Vorschlägen machen, entscheiden Sie. Wir hoffen, wir können Sie mit unserem Ansatz ein wenig inspirieren. Wir wünschen Ihnen in jedem Fall viel Erfolg. Und natürlich Spaß bei der Lektüre.

Ulrike Wörner, Tilman Rau und Yves Noir

Anmerkung

1 Wie Sie feststellen werden, vermeiden wir im Buch Geschlechterdubletten wie „Lehrerinnen und Lehrer", „Schülerinnen und Schüler" und so weiter. So weit wir nicht eine weibliche oder männliche Eigenart ausdrücklich betonen, schließen wir beide Geschlechter in die männliche Version ein. Dies geschieht zur Verbesserung der Lesbarkeit.

1 Anfänge des Schreibens

Heute suche ich wie morgen schon nach meinen Sprachen.
José F. A. Oliver

Wenn Literatur entsteht, dann meist in einem konzentrierten Prozess, der oft mit Sprachlosigkeit beginnt, der von der richtigen Komposition von Assoziationen und Ideen lebt, hin und wieder von Ausschweifungen und Umwegen, der von Ängsten und Verletzlichkeiten genauso gezeichnet ist wie von Mut und Weiterentwicklung.

Beginnt man mit dem literarischen Schreiben innerhalb des Deutschunterrichtes, ist es ungefähr so, als reise man in ein völlig unbekanntes Land. Nicht nur, dass die Sprache, die dort gesprochen wird, eine fremde sein wird, auch die Architektur unterscheidet sich mehr vom Vertrauten als erwartet, ebenso wie die Landschaft, die Charaktere, das Klima und vieles mehr.

Oder es ist, als habe man noch nie selbst gekocht, aber schrecklichen Hunger und viele Zutaten, von denen man nicht weiß, wie man sie untereinander zu mischen oder aufeinander zu schichten hat, wie viel oder ob man von den unterschiedlichen Gewürzen nehmen soll und wie lange die Garzeit dauert.

Wahrscheinlich ist, dass man, je nach Fall, entweder zu einem Reiseführer oder Kochbuch greifen wird, um Abhilfe zu schaffen. Ein anderes Mittel wäre, die Biografie eines Koches oder die Betrachtungen eines Reiseschriftstellers zu lesen.

Oder – nein, ein drittes Beispiel wird es nicht geben.

Bleiben wir beim Bild des fremden Gebietes, beim Betreten von Neuland.

> Der Reisende
> Ich habe Menschen getroffen, die vier verschiedene Sprachen sprechen: die Frauensprache, die Männersprache, die Hundesprache und eine Sprache, die die Kinder in der Schule lernen.
>
> (Schubiger, 2003, S. 14)

Auf der Landkarte unserer Prosawerkstatt nennt sich der Ausgangspunkt *Reset oder warum es so wichtig ist, bei 0 zu beginnen.* Das bedeutet: weg von der erlernten Schul- und Aufsatzsprache, weg von Erörterungen, Bildbetrachtungen oder Interpretationen, weg vom allwissenden Erzähler oder vom Geniegedanken, der seit Joseph Beuys und Andy Warhol sowieso längst begraben ist.

Ein nächster Schritt bringt den Schreibenden dann in die Gegenden der *Imitation und Variation.* Kunststudenten üben den Pinselschwung beim Abmalen der alten Meister. Schreibschüler tun dasselbe beim Imitieren, Um-, Dazwischen- oder Weiterschreiben von Texten etablierter, meist zeitgenössischer Schriftsteller: eine Vorstufe zur eigenen Sprache.

So weit, so gut. Die Fragen: „Über was soll ich schreiben?" oder „Mir fällt nichts ein!" werden bis zu diesem Punkt noch nicht gestellt, denn Textmaterial anderer Autoren ist zur Genüge vorhanden und darf in vielfältiger Weise bearbeitet werden. Doch der Prozess des Schreibens verlangt nach mehr. Woher nehme ich Ideen? Wie bringe ich meine Gefühle, meine Gedanken zu Papier? Und genau hier beginnt der Weg steiniger zu werden. Kaum ist die Tinte der ersten Erfolgserlebnisse getrocknet, schon steht man da, blickt sich um und hat genau genommen zwei Möglichkeiten: Es gut sein zu lassen und unverrichteter Dinge nach Hause zu wandern oder seinen Weg zu gehen. *Seinen* Weg. Die literarischen Avantgarden, allen voran der Surrealismus mit dem automatischen Schreiben und den unterschiedlichsten Zufallstechniken, dienen als Kompass, der weiterführt, hin zum Innenleben, über Assoziationen und Verknüpfungen bis zum Punkt der Distanz: Distanz zum bisher Geschriebenen, Distanz zu den Gefühlen und Empfindungen und dadurch eine Abgrenzung zum therapeutischen Schreiben und der sogenannten *mood poetry*. Distanz durch Fiktionalisierung, nämlich durch die Trennung vom realen Autor-Ich zum Ich des geschriebenen Textes.

Und spätestens ab hier betritt dann der Schreibende das Gebiet des literarischen Schreibens. Und der Leser Kapitel 2 dieses Bandes. Doch so weit sind wir noch nicht. Wir sind gerade am Anfang.

1.1 Reset – Warum es so wichtig ist, bei 0 zu beginnen

Mit Roland Barthes eine Schreibwerkstatt in der Schule zu beginnen? Das ist doch völlig absurd! Ist es das wirklich?

Ist es nicht.

Jeder, der keine Erfahrung mit dem literarischen Schreiben besitzt, tut sich schwer. Besonders am Anfang, doch auch im Verlauf einer Schreibwerkstatt, gibt es immer wieder und immer neue Situationen, in denen Schwierigkeiten mit dem Schreiben, mit der Überarbeitung, mit Änderungen und dem Verwerfen auftreten. Wie also beginnen, mit all dem Ballast an Vor- oder (je nach Schulart und Bildungssituation) Unkenntnis, (nicht) vorhandenen Lesebiografien und anderen Einflüssen?

Reset bedeutet: Zurück zu einem ursprünglichen Zustand. Für das Schreiben bedeutet dies: Schreiben, als hätte man es noch nie getan. Die Idee stammt aus *Die Vorbereitung des Romans* von Roland Barthes. So ungewöhnlich es erscheinen mag, den Grundstein einer Prosawerkstatt im Deutschunterricht ausgerechnet mit Barthes zu legen, so fruchtbar kann dieser Ansatz sein.

Als er bereits über 60 Jahre alt war, beschloss Roland Barthes, einer der bemerkenswertesten französischen Philosophen und Literaturtheoretiker des 20. Jahrhunderts, einen Roman zu schreiben. Die Idee dazu kam ihm an einem bewölkten Nachmittag im April des Jahres 1978 in Marokko. Barthes befand sich in einem leicht melancholischen Zustand, den er selbst als *Marinade* bezeichnete – eine Situation des Scheiterns, von der aus das Schreiben aber nach und nach wieder aufgenommen wird: „(…) in die Literatur, ins Schreiben eintreten; schreiben, als hätte ich es noch nie getan: nichts mehr tun als das (…) " (Barthes/dt. Brühmann, 2008, S. 38).

Barthes möchte durch dieses Diktum, dem er sich selbst verschreibt, vermeiden, lebenslänglich angewandte Praktiken oder Schreibweisen zu wiederholen, ein „Gesumm, dem ein Ende gemacht werden muss" (Barthes/dt. Brühmann,

2008, S. 34), ein bis zum „Überdruss wiedergekäuter Brei" (Barthes/dt. Brühmann, 2008, S. 31). Denn das entscheidende Kriterium, weshalb Geschriebenes Anerkennung findet, liege darin, so Barthes, dass es ein Gefühl der Notwendigkeit wecke. Diese Notwendigkeit unterscheide „das Nachher der Lektüre vom Vorher" und diese Notwendigkeit entsteht nicht, indem man schreibt, was und wie man schon immer geschrieben hat. Barthes stellt die Regel auf: „(...) [N]iemals die Geschichte erzählen, die Geschichte ist einzig zu *schreiben*" (Barthes/dt. Brühmann, 2008, S. 47).

Zehn Jahre zuvor stellt Roland Barthes mit seinem Text *Tod des Autors* den klassischen Autor als Schöpfer und Kontrolleur eines Werkes in Frage und ruft stattdessen den modernen Schreiber aus, der im selben Moment wie sein Text geboren wird, der „überhaupt keine Existenz, die seinem Schreiben voranginge" (Barthes/dt. Brühmann, 2008, S. 189) besitzt und die „Geburt des Lesers", der – vereinfacht gesagt – dem Text den Raum gibt und ihn entwirrt (Barthes/dt. Brühmann, 2008, S. 191). Ein weiterer bestechender Gedanke: Man muss kein Autor sein, man ist ein Schreiber, der Weber von Zitaten, Zeichen, Material, deren Aussage nicht im herkömmlichen Sinne auf eine endgültige Aussage hin entziffert werden muss.

Die *Vorbereitungen des Romans* sollten Barthes letzte Vorlesung am Collège de France sein. Wenige Tage nach der letzten Sitzung stirbt er an den Folgen eines Verkehrsunfalls, ein möglicher Grund, weshalb sein „Schreibenwollen" nicht auch tatsächlich in ein „Schreiben" mündete. Möglich wäre aber auch gewesen, dass Barthes diesen Roman nie geschrieben hätte, denn in jedem Anfang des Schreibens kann zugleich ein Scheitern – die oben erwähnte Marinade – verborgen liegen. Aber dann beginnt man eben wieder von vorn.

Reset – Schreiben, wie man es noch nie zuvor getan hat. Nicht erzählen, sondern nur schreiben oder in unserem Fall Sprachmaterial zu bearbeiten, bedeutet für die erste Sitzung einer Prosawerkstatt das Abstreifen von Ballast und das In-den-Vordergrund-Stellen des „Machens".

▸ Abstreifen alter Schreibgewohnheiten, die Notwendigkeit zu Schreiben entdecken
▸ Der Autor ist kein Genie, sondern ein Schreiber, der erst durch den Akt des Schreibens zu existieren beginnt
▸ „Schreiben, als hätte ich es noch nie getan" als Motto

1.1.1 Hintergrund

Wenn man mit dem Schreiben bei 0 beginnt, bietet es sich an, auf bereits vorhandene Texte zurückzugreifen und mit diesen zu arbeiten. Mit der Cut-up-Technik lassen sich aus bereits vorhandenen Texten neue erstellen, ohne dabei in gewohnte Sprachstrukturen oder Denkweisen zu verfallen.

William S. Burroughs, der zusammen mit dem Künstler Brion Gysin die Cut-up- und Fold-in-Techniken entwickelt hat, würde sich im Grabe herumdrehen, wenn man ihm erklärte, dass Cut-up als ein sogenanntes niederschwelliges Angebot für Schreibanfänger und den Einstieg ins literarische Schreiben dient. Aber dazu später mehr.

Als Cut-up wird eine Montagetechnik bezeichnet, bei der aus bereits vorhandenen Texten etwas Neues entsteht. Aus diesen Texten werden einzelne Wörter, Satzteile oder auch ganze Sätze, manchmal nur Buchstaben verwendet, um neue, eigene Texte entstehen zu lassen – ähnlich dem Sampling in der zeitgenössischen Pop-Musik wie Rap, Hip-Hop, Drum 'n' Bass.

> Indem Schreiben zum Basteln wird, kann es Modellcharakter entwickeln. (…) Wer Sprache als Material behandelt, muss gewissermaßen Eier zerschlagen, er ist gezwungen, rücksichtslos vorzugehen. Vor allem rücksichtslos gegenüber jeder Lesererwartung, die gewöhnlich Themen & Handlung fordert. In dieser Phase geht es darum, die lineare Struktur der sprachlichen Konfiguration zu ignorieren.
>
> (Jürgen Ploog, 2008, S. 27)

Die *Ars Combinatoria* des 16. und 17. Jahrhunderts, die *cross-readings* Mitte des 18. Jahrhunderts, bei denen Zeitungstexte zum Vergnügen quer über die Spalten gelesen wurden (siehe hierzu auch Weissner, 1969, S. 7 ff.) und während des Ersten Weltkrieges, als die Dadaisten mit Schere und Zeitungspapier zu experimentieren begannen: Schon lange Zeit vor Gysin und Burroughs wurde die Sprache zum Material gemacht.

> Um ein dadaistisches Gedicht zu machen (…) Nehmt eine Zeitung./Nehmt Scheren./Wählt in dieser Zeitung einen Artikel von der Länge aus, die Ihr Eurem Gedicht zu geben beabsichtigt./ Schneidet den Artikel aus./Schneidet dann sorgfältig jedes Wort dieses Artikels aus und gebt es in eine Tüte./Schüttelt leicht./Nehmt dann einen Schnipsel nach dem anderen heraus./ Schreibt gewissenhaft ab/in der Reihenfolge, in der sie aus der Tüte gekommen sind./Das Gedicht wird Euch ähneln./ Und damit seid Ihr ein unendlich origineller Schriftsteller mit einer charmanten, wenn auch von den Leuten unverstandenen Sensibilität.
>
> (Tristan Tzara zitiert nach Korte, 1997, S. 57)

Hier wird der Zufall zum künstlerischen Prinzip erhoben, der Alltag in Form einer Zeitung poetisiert und jegliche Rationalität vermieden. Bereits vorhandene Texte werden de- und rekonstruiert. Genau dieser Akt ist der schöpferische und das Ergebnis das individuelle Werk.

Mitte der 60er-Jahre des letzten Jahrhunderts wurde von den Beatautoren, allen voran Brion Gysin und William S. Burroughs, das Cut-up und Fold-in wiederbelebt.

Gysin, ein bildender Künstler, entdeckte die Methode des Fold-in für sich, das Ineinanderfalten mehrerer (Zeitungs-)Texte, die dann als „ein intakter Text"

19

(Weissner, 1969, S. 9) gelesen werden, indem er unterschiedliche (Zeitungs-)Texte mit einem Brieföffner senkrecht in zwei Hälften schnitt und die ursprünglich nicht zusammengehörenden Teile wieder zusammenfügte und so aus zwei Texten einen dritten entstehen ließ. Für Jürgen Ploog, den konsequentesten deutschsprachigen Cut-up-Autor, ist dies keine Methode, sondern ein „grundsätzlicher Eingriff in die gewohnte Wahrnehmungs- & Schreibweise" (Jürgen Ploog, 2008, S. 33), der die Montage-Technik überwindet. Wörter und Satzteile werden so zum Material, zum „Rohstoff", der Wahrnehmungsgewohnheiten durchbricht und gleichzeitig mit dem Zufall spielt. Ganz im Sinne Burroughs, der der Sprache misstraute und für den die Cut-ups eine Möglichkeit waren, dem „Virus Sprache" zu begegnen, indem er Sprache, ihre Begriffe und Bedeutungen aus ihren Bedeutungszusammenhängen herausschnitt und neu kodierte.

Gerät beispielsweise das Wort „Steuerlast" aus dem Wirtschaftsteil einer Zeitung neben „ein müder Kapitän" aus einem anderen Kapitel, entsteht zwangsläufig ein völlig neuer Sinnzusammenhang.

> Wenn das Schreiben noch eine Zukunft haben soll, muß es mindestens einmal die unmittelbare Vergangenheit aufarbeiten und sich mit Techniken vertraut machen, wie sie Malerei, Musik & Film schon seit geraumer Zeit anwenden [...]; d. h. wir sehen Ereignisse aus verschiedenen Blickwinkeln und werden uns bewußt, daß sie, so gesehen, buchstäblich nicht mehr die selben Ereignisse sind, & daß die herkömmlichen Auffassungen von Zeit und Wirklichkeit nicht mehr zutreffen – Brion Gysin, ein in Paris lebender amerikanischer Maler, hat die Cut-up Methode entwickelt [...], die dem Schriftsteller erlaubt, nach dem Collage-prinzip [sic!] zu arbeiten, wie es in der Malerei seit 50 Jahren gang & gäbe ist – Textseiten werden z. B. in 4 Teile zerschnitten, die Teile werden neu gruppiert, & es ergeben sich neue Anordnungen von Wort&Bild-Komplexen – Beim Schreiben meiner beiden letzten Bücher [...] habe ich eine Variation der cut-up-Methode verwendet die ich fold-in-Methode nenne: – Eine Textseite, von mir selbst oder von einem anderen, wird in der Mitte der Länge nach gefaltet und auf eine andere Seite Text gelegt – die beiden Texthälften werden ineinander-‚gefaltet', d. h. der neue Text entsteht dadurch, daß man halb über die eine Texthälfte & halb über die andere liest – Die fold-in-Methode bereichert die Textherstellung um die Möglichkeit der Rückblende, wie sie im Film benutzt wird, & gestattet es dem Schriftsteller, sich auf seiner Zeitspur vor & zurück zu bewegen – Zum Beispiel: ich nehme Seite 1 und falte sie in Seite 100; den daraus resultierenden Text füge ich als Seite 10 ein – Beim Lesen von Seite 10 blendet der Leser also zeitlich vor zur Seite 100 und zurück zur Seite 1 – Das déjà-vu-Phänomen läßt sich so nach Wunsch & Maß erzeugen (– dieser Effekt begegnet einem natürlich in der Musik, wo man durch Reprisen & Variationen musikalischer Themen ständig auf der Zeitspur vor & zurück bewegt wird) – Bei der Anwendung der fold-in-Methode redigiere, verwerfe & ordne ich Ausgangsmaterial wie bei jeder anderen Kompositionsmethode [...]. (Barry Miles/dt. Breger u. Breger, 1994, S. 147–168)

Lässt man sich auf dieses Experiment ernsthaft ein, wird man nicht nur die „lineare, unbewusste Wirkung des Wortes aufheben & automatische Assoziationsketten aufheben" (Ploog, 1998, S. 70), es entsteht durch einen oder mehrere andere Texte ein völlig eigenständiger Text.

Burroughs *Soft Machine* und *Nova Express* oder Jürgen Ploogs Romane, Erzählungen und Essays, um nur einige zu nennen, sind ohne Cut-up bzw. Fold-in-Technik undenkbar. Gerade das Cut-up ist in der Lage, in schnellen Schnitten und Bildern zu arbeiten und seine eigene Gegenwart und Gegenwärtigkeit herzustellen. Auch der 2001 erschienene Band *Klangmaschine* von Marvin Chlada und Markus S. Kleinert ist eine große Cut-up-Betrachtung der zeitgenössischen Popkultur, ein Sampling von Zitaten, Betrachtungen, Interviews.

Der amerikanische Romancier Jonathan Safran Foer legte 2010 mit *Tree of Codes* eine weitere interessante Variation des Cut-up-Romans vor, indem er aus *Zimtläden*, einem Roman des galizischen Autors Bruno Schulz, per Cut-up-Technik eine eigene Erzählung herausschnitt. Ein fragiles Buch voller Lücken, das dem Leser im wahrsten Sinne des Wortes neue und alte Einblicke zugleich liefert.

Schreiben wird beim Cut-up durch den Akt der Komposition und des Arrangements erweitert und neu erlebt, Assoziationen jeglicher Art zugelassen und das Poetische eines Textes auf diesem Umweg neu erfahren und *gemacht*. Das Cut-up ist kein willkürliches Produkt, wie manch einer seiner Kritiker meint, sondern eine ernsthafte, herkömmliche Schreibkonventionen überwindende Angelegenheit mit Zufallskomponente. Ein Kunstwerk, so könnte man mit Roland Barthes argumentieren, das der Mensch dem Zufall entrissen hat (vgl. Roland Barthes, 2003, S. 220).

1.1.2 Methode

Ausgehend von der im letzten Kapitel beschriebenen Cut-up- und Fold-in-Technik wird das Cut-up in unseren literarischen Schreibwerkstätten modifiziert angewandt. Das bedeutet, dass die Texte meist vertikal und nicht horizontal, wie beim Fold-in, geschnitten werden.

Technik und Anliegen des Cut-up werden von Schülern schnell verstanden, da sie in der Regel mit musikalischen Samplings oder Mash-ups, wie Collagen des Web 2.0 genannt werden, vertraut sind: Jeder Schüler bekommt einige ausgewählte Texte und darf aus diesen herausschneiden, was ihm besonders gefällt, auffällt, ins Auge fällt. Aus all diesen Schnipseln entsteht ein eigener Text. Es dürfen nur Wörter bzw. Buchstaben aus den vorliegenden Texten verwendet werden und der übernommene Textausschnitt sollte nicht länger als zwei Zeilen sein.

Besonders effektiv gestaltet sich die Cut-up-Methode nicht nur für Anfänger, sondern für alle, die ihre eigene Sprache noch nicht gefunden haben oder zumindest dieser Meinung sind. Schüler mit weniger guten Deutschkenntnissen bekommen zudem die Chance, Schreibhemmungen zu überwinden. Die Aussage „Ich kann nicht schreiben!" verliert sofort an Vehemenz, wenn man den Teilnehmern eine Schere, eine Tube Klebstoff und einige ausgewählte kurze Texte vorlegt. Niemand muss *schreiben*, dafür schneiden und kleben. Erstaunlicherweise

21

unterscheiden sich die so produzierten Texte von Förderschülern, Gymnasiasten oder Studenten kaum in ihrer Qualität.

Elisa, 17 Jahre, Gymnasium
Nicht bleiben können
Ein gelber Baum längsseits der Ufer des Flusses lockt mit Ewigkeit
Die Worte rudern im Ostwind
In den Kreislauf hinter dem Leben strömt Verzweiflung
Die Bewegung färbt die Lichter blasser
Ich tanze bis das Herz die Lüge trifft
Sind wir allein?

Tobias, 15 Jahre, Förderschule
Hab keine Angst
Am Anfang hatten sie keinen Teller für mich
denn ich war ihnen nicht ähnlich
erst viel später
hatte ich
ein kleines Haus

Auch wenn das Cut-up mit Zufälligem arbeitet, bedeutet das noch lange nicht, der Willkür die Oberhand zu überlassen. Dass der Zufall zum Prinzip der Kunst und Literatur erhoben werden kann, hat nicht erst der Dadaismus gezeigt, doch auch hier stellen Gedankenverknüpfungen, Wort(gleich)klänge u.a. Verbindungen und Zusammenhänge her. Ähnliches geschieht beim Cut-up, je nachdem, wie erfahren die Teilnehmer sind, bewusst oder zu Beginn eher intuitiv.

Für Burroughs war dieses Zufallselement im Übrigen unbedeutend: „Die Cut-ups sind nur an einem Punkt zufällig. Das heißt, man nimmt eine Schere und zerschneidet eine Seite, und wie zufällig *ist* das? (…) Man hat ausgewählt, was man schneiden will; anschließend wählt man aus, was man verwenden will" (Barry Miles/dt. Engert u. Engert 1994, S. 161).

Welche Texte eignen sich für Cut-ups?
▸ Dem Sprachvermögen der Teilnehmer entsprechend, werden bis zu 15 einfache oder schwierigere Arbeitstexte ausgewählt.
▸ Es eignen sich kurze Gedichte ohne Reim und andere Texte mit nicht mehr als drei Zeilen. Gereimte Lyrik veranlasst zu weiteren Reimen, was zu vermeiden ist. Eine Festlegung durch den Gleichklang verliert fast immer den Inhalt, in unserem Fall zudem das assoziativ Poetische aus den Augen.
▸ Eine inhaltliche Übereinstimmung der Ausgangstexte hat meist weniger assoziative, dafür inhaltlich stimmigere Cut-up-Texte zum Ergebnis (siehe auch Arbeitsblätter im Downloadbereich 🎵).

▸ Der Zeilenabstand der einzelnen Texte sollte so breit sein, dass Wörter und Satzteile gut auszuschneiden sind.

Beim Ausschneiden für ein Cut-up

Unbekannte Redewendungen und Ausdrücke werden erklärt. Ansonsten werden die Ausgangstexte nicht besprochen, sondern teilen ihre poetische Kraft ohne die übliche Interpretation mit. Jeder Teilnehmer schneidet sein Lieblingswort, seine Lieblingszeile, sein Versatzstück aus und gibt ihm einen neuen, eigenen Zusammenhang. Die Frage, was der Dichter damit sagen wollte, stellt sich nicht – es geht vielmehr darum, in welchen Sinnzusammenhang jeder Teilnehmer das Ausgeschnittene stellt.

Erfahrene Teilnehmer sind in der Lage, aus längeren Prosatexten Cut-ups oder Fold-ins herzustellen oder sich ganz eigene Regeln für ihre Cut-ups zu geben. Eine unserer Schülergruppen hatte so viel Spaß an den Cut-ups, dass sie ihren Cut-ups ein eigenes kleines Manifest zugrunde legte: Es durfte nur jedes dritte, fünfte und siebte Wort einer Zeile für den neuen Text benutzt werden.

Aus den einzelnen, ausgeschnittenen Wörtern eines Textes, der den Schülern unbekannt sein sollte, lässt sich ebenfalls ein Cut-up anfertigen. So entstand aus *November* von Elisabeth Borchers folgender Text:

> **Gruppenarbeit, Förderschule, 6. Klasse, 2009, Thema: Geld**
> Regen auf das Haus
> Tiere trommeln bleich
> die Erde schmeckt bitter
> wir gehen unter die Berge
> die Luft macht gefangen
> die Häuser sind klein.

Rahmenbedingungen
▶ ca. 15 thematisch aufeinander abgestimmte Lyrik- oder Kurzprosatexte
▶ Schere, Stift, Klebstoff
▶ Zeitaufwand: ca. 45 Minuten

Beurteilung
▶ Cut-up wird stark akzeptiert
▶ Cut-up eignet sich besonders für den Einstieg in eine Schreibwerkstatt
▶ Cut-up-Techniken sind vielseitig und variierbar, Anspruch und Schwierig-
keitsgrad einer Cut-up-Übung können durch Anzahl und Niveau der Aus-
gangstexte individuell der Schülergruppe angepasst werden

1.2 Imitation und Variation

War beim Cut-up das Sprachmaterial noch vorgegeben, so ist der nächste Schritt
der, sich mit der eigenen Sprache an fremden Formen und Inhalten sowie an der
Sprache anderer zu orientieren.

1.2.1 Hintergrund

Nicht von *Mimesis bzw. imitatio naturae*, also der Nachahmung der außerliterarischen Realität, handelt dieses Kapitel, sondern von *Imitatio auctorum*. Ein
poetisches Verfahren, das entweder in Form eines Pastiche, einer Parodie oder
Travestie als eigenständiger Text gilt oder aber, ganz pädagogisch, der Verbesserung des eigenen Schreibens dienen soll.

In der Antike wurde das Imitieren von Textmustern in stilistischer, sprach-
licher, literarischer, stofflicher sowie rhetorischer Hinsicht befürwortet (siehe
auch Metzler Literatur Lexikon, 2007, S. 343f.). Über hellenistische Rednerschu-
len, Horaz, Seneca, Petrarca und Winckelmann finden sich von der Antike bis zur
Mitte des 18. Jahrhunderts viele Befürworter der Imitation. Erst mit Aufkommen
des Geniegedankens während des Sturm und Drang wird v. a. im deutschsprachigen Raum die *imitatio auctorae* herabgestuft und der aus sich selbst schöpfende
Dichter das Maß aller Dinge. In der modernen Literatur beschäftigen sich Autoren und Theoretiker, wie z. B. Gerard Genette in seiner Schrift *Palimpseste*[1], wieder vermehrt mit der *imitatio auctorum* und deren Elementen.

Dass das Imitieren zum Prozess einer Schreibbiografie gehört, erzählen viele Schriftsteller. Von Thomas Mann wird berichtet, dass er „seitenweise Werke seines literarischen Vorbilds Heinrich Heine" kopierte, um an dessen Fabulierlust zu lernen, sowie Formulierungen und Satzbau in sich aufzunehmen. „Schließlich konnte Thomas Mann seine Texte so formulieren, als stammten sie von Heinrich Heine" (Essig, 2007, S. 29f.). Ähnliches ist auch von Schiller und Joyce bekannt (Essig, 2007, S. 30).

Nicht jeder, der mit dem Schreiben beginnt, kann sofort auf einen Schatz an Ideen und Formulierungen zurückgreifen. Darum bietet sich für Anfänger die Imitation bzw. die Variation eines Textes besonders an. Einmal stellt sich die Frage nicht, über welches Thema zu schreiben ist, zum anderen bietet der zu imitierende Text zusätzlich stilistische Krückstöcke, an denen sich Anfänger entlang hangeln und Fortgeschrittene austoben können.

Das Pastiche, wie man die ernsthafte literarische Imitation nennt, wurde und wird als Kunstform von Dichtern wie Marcel Proust (*Nachgeahmtes und Vermischtes*, 1919) Raymond Queneau (*Stilübungen*, 1947) Jan Wagner (*18 Pasteten*, 2007) oder Friedrich C. Delius (*Die Minute mit Paul McCartney*, 2005) verwendet. Als Pastiche wird sowohl das Verfahren der Imitation eines Stils, aber auch der imitierte Text bezeichnet. Es kann ein bestimmter Autor imitiert werden oder auch eine Epoche, wie z. B. der Expressionismus. Die Übergänge zur Parodie, Travestie und Persiflage sind dabei fließend (vgl. Genette, 1993).

▶ Imitationen und Variationen eignen sich als Einstiegsübungen, da Form bzw. Inhalt vorgegeben werden

Exkurs: Fan-Fiction

Fan-Fiction ist gar nicht so neu, wie die Bezeichnung einen vielleicht glauben machen will, dafür findet sich kaum Literatur darüber. Ein Beispiel ist Sherlock Holmes. Über sein fiktives Leben wurden Biografien verfasst, sein Wohnhaus in der Baker Street 221b kann besucht und besichtigt werden, ganz so, als hätte Holmes wirklich gelebt. Und es existieren zahlreiche autorisierte und unautorisierte Nachfolgegeschichten. Arthur Conan Doyle, der Vater des berühmten Meisterdetektivs, wurde außerdem zum Protagonisten des Romans *Arthur & George* von Julien Barnes und löst dort selbst einen Kriminalfall. (Ausführlichere Informationen finden sich auch im Holmes-Wiki http://de.sherlockholmes.wikia.com). Als weitere bekannte und autorisierte Fan-Fiction seien *Scarlett* und *Rhett* genannt, beides Fortsetzungen von *Vom Winde verweht*, sowie *Rebeccas Vermächtnis*, ein Folgeroman zu Daphne de Mauriers Bestseller. Solche Fortsetzungen erhielten durch das Feuilleton kaum Zuspruch, sofern diese Titel dort überhaupt Beachtung fanden.

Über Literaturkritik macht sich die eigentliche Fan-Fiction weniger Gedanken. Als Fan-Fiction werden vor allem Texte bezeichnet, die auf Internetplattformen wie www.FanFiction.de zu finden sind. Dort schreiben überwiegend junge Autoren die bekannten Geschichten mit ihren Protagonisten weiter. Die meisten Fan-Fiction-Texte stammen ursprünglich von Anime und Mangas, Büchern und TV-Serien ab. *Harry Potter* und Stephenie Meyers *Biss*-Reihe, ihre Helden und Bösewichte standen und stehen, wie auch *Star Wars, Fluch der Karibik, Navi CIS* und *Supernatural*, für viele der Fan-Texte Pate. Beta-Leser, wie die Korrektoren auf solchen Plattformen genannt werden, sollen sich nicht nur um orthografische, grammatikalische und stilistische Mängel kümmern, sondern auch inhaltliche Fehler verbessern.

Bedenkt man die Fülle an Texten, die in solchen Foren geschrieben werden, muss man sich gut überlegen, ob das pauschale Urteil von einer Schreibunlust oder -faulheit der jüngeren Generation noch greift.

Auch wenn Fan-Fiction von der sogenannten Hochkultur kaum wahr- und noch weniger ernst genommen wird, zeigt sie zweierlei Erfreuliches auf: zum einen die große Schreibfreude vieler vor allem junger Leser und zum anderen den folgenreichen Ideensturm, der durch den Konsum von Comicliteratur, Drehbüchern und Romanen ausgelöst wird.

1.2.2 Methoden
Nachahmung der Form und des Stils
Das stilistische Nachahmen eines Textes nach einer konkreten Vorlage ist eine der einfacheren Übungen. Das Gedicht *Inventur* von Günter Eich eignet sich auf Grund seiner klaren Struktur und seines leicht verständlichen Inhalts gut, um einen ähnlichen Text mit eigenem Inhalt zu gestalten.

Um sich „in der Wirklichkeit zu orientieren" schreibe er Gedichte, meinte Günther Eich, „erst im Schreiben des Gedichtes erlangen die Dinge für mich Wirklichkeit, sie ist nicht meine Voraussetzung, sondern mein Ziel" (zit. nach Frenzel Bd. 2, 1998, S. 648).

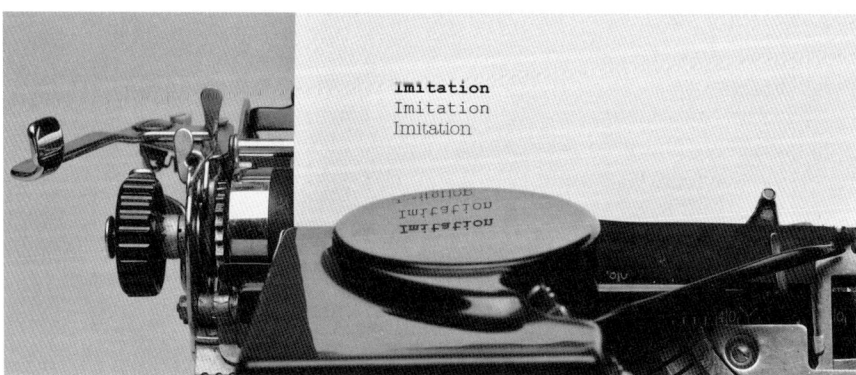

Dass die Umsetzung, nicht nur das Imitieren der Eichschen *Inventur*, sondern auch seiner Prämisse selbst im niederschwelligen Bereich funktionieren kann, zeigt folgendes Gedicht eines 14-jährigen Förderschülers.

Inventur

Dies ist meine Mütze,
dies ist mein Mantel,
hier mein Rasierzeug
im Beutel aus Leinen.

Konservenbüchse:
Mein Teller, mein Becher,
ich hab in das Weißblech
den Namen geritzt.

Geritzt hier mit diesem
kostbaren Nagel,
den vor begehrlichen
Augen ich berge.

Im Brotbeutel sind
ein Paar wollene Socken
und einiges, was ich
niemand verrate,

so dient es als Kissen
nachts meinem Kopf.
Die Pappe hier liegt
zwischen mir und der Erde.

Die Bleistiftmine
lieb ich am meisten:
Tags schreibt sie mir Verse,
die nachts ich erdacht.

Dies ist mein Notizbuch,
dies meine Zeltbahn,
dies ist mein Handtuch,
dies ist mein Zwirn.

Günter Eich

Tobias, Förderschule, 14 Jahre

Mein Leben.
Mein Handy.
Das ist meins.
Meine Kleider.
Das sind meine.

Was hab ich noch.
Mein Fernseher.
Das ist was.
Mein Schrank.
Das ist meiner.

Was hab ich noch.
Eine East-Pack-Tasche.
Was hab ich noch.

Ja, eine Brille.
Playstation 2.
Das ist meine.
Die Playstation 2-Spiele.
Die gehören mir.

Ohne Sachen ist es dumm.

Was gehört mir noch.
Mmmmm.
Mein Stuhl.
Den brauche ich.

Das brauche ich alles.
Sonst ist es sehr, sehr dumm.

Natürlich geht es bei dieser Aufgabe nicht darum, Eich oder Brecht zu 100 Prozent zu kopieren, sondern vielmehr eigene Gedanken, angelehnt an ein literarisches Vorbild, in eine klare Form zu bringen und eventuell einen Schritt weiterzugehen, indem man die Inventur einer abstrakten Sache oder Situation angeht. So zum Beispiel eine Inventur des eigenen Körpers oder der Gedanken, die einen gerade beschäftigen.

Gerade lyrische Texte der deutschen Literatur nach dem Zweiten Weltkrieg, der sogenannten Kahlschlag- bzw. Trümmerliteratur, mit klaren Formen und unverschnörkelter Sprache, eignen sich für diese Art von Übungen, so auch Bertolt Brechts *Vergnügungen*.

Vergnügungen

Der erste Blick aus dem Fenster am Morgen
Das wiedergefundene Buch
Begeisterte Gesichter
Schnee, der Wechsel der Jahreszeiten
Die Zeitung
Der Hund
Die Dialektik
Duschen, Schwimmen
Alte Musik
Bequeme Schuhe
Begreifen
Neue Musik
Schreiben, Pflanzen
Reisen
Singen
Freundlich sein

Bertolt Brecht

In einer Schreibwerkstatt in Lettland schreibt die 18-jährige Kitija, die Deutsch als Fremdsprache in der Schule gelernt hat, nach Brechts Vorbild einen eigenen Text.

Dieser Text ist ein wunderbares Beispiel dafür, wie man einen literarischen Text als Anlass und Stütze verwenden kann, ins Schreiben zu kommen – und dann etwas ganz Eigenes entwickelt. Die Einflüsse des Originals sind sichtbar. Genauso deutlich ist jedoch die Entscheidung der Schülerin, ab einem gewissen Punkt nur noch ihrer Idee und Inspiration zu folgen.

Kitija, Schreibwerkstatt Lettland, 17 Jahre
Vergnügungen

Jeden Abend
Pfefferminztee
und braune Augen

Der Teelöffel ist voll
mit Erinnerungen.

Erdbeerkonfitüre
schmeckt gut
auf meinen Fingern.
Aber auf deinen besser.

Bittersüße Lippen lächeln:
Ich muss Senf kaufen
das Leben darf nicht zu süß sein.

Rahmenbedingungen
▸ Ausgangs-/ Beispieltext, der gemeinsam gelesen und besprochen wird
▸ Zeitaufwand: ca. 30 bis 45 Minuten

Beurteilung
▸ niederschwellige Anfangsübung für alle Schularten
▸ eigene Überlegungen werden nach einer literarischen Vorlage in Form gebracht

Dazwischenschreiben
Christian Kracht, der 1995 mit *Faserland*[2] debütierte und seither sein schriftstellerisches Können mit *1979, Ich werde hier sein im Sonnenschein und im Schatten* und *Imperium* weiter unter Beweis stellte, eignet sich besonders gut für das *Dazwischenschreiben*. Krachts Sprache ist klar, schnörkellos und gradlinig und seine Texte sind in kurze Abschnitte gegliedert. In einem Gespräch mit Hubert Spiegel im Stuttgarter Literaturhaus 2008 meinte Kracht, dass gerade die Lücken zwischen den einzelnen Abschnitten sehr viel von der Geschichte enthielten. Ausfüllen müsse diese Lücken der Leser selbst – ähnlich wie beim Comic die Geschichte zwischen den jeweiligen Panels weitergeht. Eine ideale Voraussetzung also, um zwischen einzelnen Abschnitten die Geschichte weiterzuerzählen. Und ganz nebenbei wird die Lust, den Roman als Ganzes zu lesen, geweckt. Das haben wir mehr als einmal erlebt.

Krachts kontrafaktischer Roman *Ich werde hier sein im Sonnenschein und im Schatten*, dessen Atmosphäre an gut gemachte Computerspiele mit einer kräftigen Prise Steampunk erinnert, erzählt eine düstere „Was wäre wenn"-Geschichte. Was wäre, wenn Lenin nicht aus seinem Schweizer Exil zurückgekehrt wäre und Deutschland nicht den Krieg verloren hätte und seit fast 100 Jahren Krieg herrschte, so dass sich auch Hochbetagte nicht mehr an den Frieden erinnern könnten. Diese Thematik reizt nicht nur ältere Schüler mit genügend historischem Hintergrundwissen, sondern auch diejenigen, die im Geschichtsunterricht nur wenig Acht geben und nachmittags lieber am Computer ballern, als ihre Aufmerksamkeit der Schullektüre zu schenken. „Die Zusammenführung fantastischer Entwürfe mit realistischen Erzählverfahren, die Detailbesessenheit, die vermeintlich versteckte Informationen verheißt, aber ins Leere läuft, die schnelle Folge von kurzen Episoden, die in sehr filmischer Art kombiniert, ja geschnitten werden, der aus Film und Fernsehen bekannte Mix aus Action, Überraschung, Bizarrerie, Gewalt und Pseudohistorie – das ist schon ziemlich charmant (…)" (Schumann, 2009, S. 163).

Es liegt also auf der Hand, dass dieser Roman für unsere Übung wie geschaffen ist.

▸ Die Schreibaufgabe lautet, zwischen zwei Abschnitten in der Mitte des ersten Kapitels einen selbst geschriebenen Teil einzufügen und zwar so, dass er sich möglichst nahtlos und unbemerkt einfügt. Wir bedienen uns dazu des ersten Teils des ersten Kapitels (Seite 11 bis 17 / 2. Abschnitt). Die Schüler lesen den Text Abschnitt für Abschnitt und reihum laut vor. Zwischen „Ich legte die Depeschen auf den Tisch" und „‚Das ist mir unbegreiflich. Er hätte überstellt werden müssen. Hierher'" soll der eigene Text (ca. 100 Wörter) eingebaut werden.

▸ Das bedeutet, dass der Schreibduktus der Vorlage imitiert, das Personal und die Stimmung übernommen werden sollen, durchaus aber weitere, passende Figuren oder Details auftauchen können.

▸ Neben Kracht eignet sich auch der an die Kindersprache angenäherte, manchmal auch böse, meist aber tieftraurige Ton in Aglaja Veteranyis *Warum das Kind in der Polenta kocht* ebenfalls für die Mittel- und Oberstufe. Für eine Imititationsübung kommen also vor allem Texte mit sichtbaren und unsichtbaren Lücken, also mit Leerstellen, in Frage. Lücken, die für den Leser gedacht sind, der den Text lesend vervollständigt. Solche Leerstellen können nicht nur Schnitte und Absätze sein, sondern auch der Platz zwischen den einzelnen Kapiteln. Also alle sogenannten Unbestimmtheitsstellen, wie der Germanist Roman Ingarden diese Räume genannt hat. Im Fundus Ihrer Bibliothek entdecken Sie bestimmt viele weitere Unbestimmtheitsstellen, die von Ihren Schülern gefüllt werden wollen.

Rahmenbedingungen
▸ Ausgangstext, der sowohl sprachlich als auch inhaltlich Sprache und Interesse der Schüler reizt → Text wird gemeinsam gelesen
▸ Zeitaufwand: ca. 30 Minuten

Beurteilung
▸ Schüler lernen bei dieser Aufgabe, Texte genau zu lesen. Sie untersuchen sprachliche, formale und inhaltliche Details in der Vorlage, um diese für ihre eigenen Texte sinnvoll zu gebrauchen.
▸ Die ausgewählten Ausgangstexte machen neugierig auf mehr und regen zum Weiterlesen an, außerdem setzen sie ein gewisses Niveau fest, das zwar meistens nicht erreicht wird, zumindest aber angestrebt werden sollte.
▸ Eine passende Auswahl, also Schüler ansprechende literarische Vorbilder, regt unter Umständen zum Weiterlesen an.

Text-Antworten
Die intensive Beschäftigung mit einem Text und mit dessen Inhalt regt zu einer weiteren Übung an: der Text-Antwort.

Eine an das Poetische heranführende und gleichzeitig nicht allzu schwierige Übung leitet sich aus Pablo Nerudas *Buch der Fragen* ab[3]: Die Schüler sollen die dort von Pablo Neruda gestellten Fragen beantworten und reagieren zunächst einmal irritiert: „Wo nur, wo hinterließ der Vollmond / seinen nachtlang geschleppten Sack?" (Neruda, 1980, S. 111) oder „Wohin gehn die geträumten Dinge? / Gehn sie über zum Traum von andern?" (Neruda, 1980, S. 117). Meist dauert die Irritation nicht lange und die Schüler lassen sich auf den Ton der Fragen ein. Es ist nur selten vorgekommen, dass sie den Versuch unternahmen, die Fragen ernsthaft zu beantworten. Ein Schüler meinte völlig zu recht: „So ähnliche Fragen hab' ich mir als Kind auch gestellt."

Wie weit ist es von der Sonne zu den Orangen?

Senad, Förderschule, 14 Jahre
2 Kilometer und ein paar Katzensprünge.

Nihan, Förderschule, 14 Jahre
Wenn du es genauer anschaust,
ist das gar nicht so weit weg:
weil nämlich beide rund sind.

Wenn alle Flüsse süß sind, woher hat dann der Ozean sein Salz?

Bernhard, Förderschule, 14 Jahre
Poseidon schwitzt eben.

Nihan, Förderschule, 14 Jahre
Von Gott und seinem schönen Lachen.

Eine weiterführende Aufgabe könnte sein, sich eigene Fragen auszudenken – meistens sind die Schüler von Nerudas Fragen so inspiriert, dass sie von selbst auf eine solche Idee kommen und beginnen, weitere Fragen zu notieren.

Isabel, Gymnasium, 17 Jahre
Fragen
Wenn man die Zeit nicht in einer Uhr gefangen hielte, was wäre sie dann?
Ist die Farblosigkeit in Wirklichkeit ein Chamäleon, das sich alle Farben der Welt leiht?
Haben Sie schon einmal einen Traum geträumt?

Eine weiterführende Aufgabe könnte sein, sich eigene Fragen auszudenken – meistens sind die Schüler von Nerudas Fragen so inspiriert, dass sie von selbst auf eine solche Idee kommen und beginnen, weitere Fragen zu notieren.

Die nächste Übung ist vor allem für fortgeschrittene, geübte Teilnehmer zu empfehlen, die sich schon an den anderen Übungen abgearbeitet haben und in der Lage sind, sich auf einen Text so einzulassen, dass sie ihn als Ganzes beantworten können. Die Antwort sollte den Ton des Ausgangstextes treffen, den Inhalt miteinbeziehen und zwar weil man ihn erfasst hat, aber nicht, weil man ihn à la Was-will-der-Dichter-uns-damit-sagen interpretieren muss.

Als Ausgangstext haben wir einen verständlichen und doch geheimnisvollen Text von Matei Visniec gewählt, der offen für Assoziationen ist.

Visniec, ein rumänischer Dichter der in den 80er-Jahren des vorigen Jahrhunderts mit Lyrik debütierte und dessen Theaterstücke mehrfach der staatlichen Zensur zum Opfer fielen, beschloss 1987 auf seiner Lesetour durch Frankreich, nicht mehr in seine Heimat zurückzukehren und schreibt seither meist in französischer Sprache. Inzwischen gehört er zu den meistgespielten Dramatikern seines Landes.

das sinkende Schiff

das schiff sank langsam wir sagten
was ist schon dabei wenn das schiff sinkt wir
sagten noch jedes schiff sinkt
eines tages und wir reichten uns die hand
zum abschied

aber das schiff sank so langsam
dass wir die wir einander die hand gereicht hatten
uns nach zehn tagen beschämt ansahen
und sagten es macht nichts das ist
ein schiff das halt langsamer sinkt
aber letzten endes sinkt es sieh nur

aber das schiff sank so langsam
dass wir die wir einander die hand gereicht hatten
uns auch nach einem jahr noch schämten
und morgen für morgen kamen wir der reihe nach hervor
und maßen den wasserstand hmmm nicht mehr lange
es sinkt langsam aber sicher

aber das schiff sank so langsam
dass wir nach einem menschenleben immer noch
einer nach dem anderen hervorkamen und den himmel betrachteten und maßen und
mit den zähnen knirschten und sagten
das ist kein schiff
das ist ein…
das ist ein…
Matei Vişniec

Im Unterschied zur direkten Imitation, wie etwa bei Eichs *Inventur*, soll bei der Beantwortung weniger Form und Ton des Textes als vielmehr der Inhalt eine Rolle spielen. Zwei gelungene Beispiele, wie Schüler auf diesen Text geantwortet haben:

Daniel, Gymnasium, 19 Jahre
Schiffbauer
Wir sind fertig, sagten wir
Wirklich? habt ihr gefragt
Nieten würden fehlen und ein ganzes Deck
die Schraube sei verbogen und das
Steuerrad kaputt
Was ist schon dabei, wir sind fertig
Ihr könnt fahren

Wirklich? habt ihr gefragt
Sinken würde es, sobald der letzte
Seinen Fuß hineingesetzt, ob wir nicht
ein besseres hätten
Das ist das Beste, das wir haben
Ihr könnt fahren

Wirklich? habt ihr gefragt
Ihr würdet es nicht steuern können
noch nie sei auch nur einer von euch
ein Steuermann gewesen
Nun, so ihr uns denn fragt
wir wollen helfen

Unsere Mannschaft soll euch stellen
Kapitän und Steuermann, aber
beschuldigt uns nicht, wenn
ihr sinkt

Florian, Gymnasium, 18 Jahre
Auf dem Schiff
Den Stift. Man darf mir den Stift nicht nehmen; den Stift, mit dem ich die Wasser-
standsmeldungen in mein Notizbuch eintrage. Es ist nie gut, zu viele Gedanken zu
haben. Man müsste Tier sein, ein Wesen ohne Bewusstsein. Man müsste Tier sein,
so wie das Schiff. (…) Eintrag 436 ins Bordtagebuch. Weiß nicht, wie lange ich das
noch aushalte. Habe beschlossen, einen Rückblick zu wagen. Muss vorsichtig sein,
denn dieses Bordtagebuch ist nicht das Richtige. Es ist das Ehrliche. Sie dürfen es
nicht bemerken. Den Stift. Das Wasser steigt. Und ich mache Striche. (…)

Florians Antwort auf Visniecs *Schiff* macht aus dem Ursprungstext einen über
achtseitigen Text, in dem er sich von der ursprünglichen Form abwendet und einen längeren Prosatext mit essayistischem Charakter schreibt. Hier kann man
entscheiden, ob man es zulassen möchte, dass sich ein Schüler so weit vom Ausgangstext entfernt oder ob er sich enger an die Vorlage halten sollte. Wir plädieren dafür, den Schüler in diesem Fall nicht zu reglementieren, sondern im Gegenteil dem Schreibfluss und den Ideen freien Lauf zu lassen. Dafür kann aus dem
so entstandenen Text in einem zweiten Schritt, und warum nicht als Cut-up, um
eine bereits erlernte Technik wieder aufzugreifen, ein kurzer und verdichteter
Text erstellt werden.

Wir haben schnell festgestellt, dass sich diese Übung für die Unterstufe nicht
und für die Mittelstufe auch nur sehr bedingt eignet. Versuche dahingehend
schlugen fehl und äußerten sich in Ratlosigkeit, die viele Schüler damit lösten,
dass sie Teile des Textes einfach abschrieben oder neu gliederten. Besonders
dann, wenn sie zuvor das Cut-up kennengelernt hatten. Das ist natürlich nicht
im Sinne des Erfinders. Auch im Schreiben bereits fortgeschrittene Schüler stehen der Aufgabe zuerst oft hilflos gegenüber und nennen sie „schwierig". In der
Regel helfen ein paar Tipps weiter. Die Antwort könnte z.B. in Briefform verfasst
werden, ist der Ausgangstext eher melancholisch, könnte die Antwort fröhlich
ausfallen etc. Besonders gute Erfahrungen haben wir gemacht, wenn der Text
als Schreibaufgabe mit nach Hause genommen werden konnte. Und ein weiterer Vorteil: Bei keiner unserer Übungen werden Schüler so schnell und unbemerkt dazu verführt, an ihren Texten zu feilen, sie umzuschreiben oder noch einmal neu zu beginnen.

Rahmenbedingungen „Fragen"
▶ eine oder mehrere von Pablo Nerudas Fragen
▶ Zeitaufwand: 15 bis 30 Minuten

Beurteilung
▶ für alle Schularten und Altersstufen geeignete Übung
▶ Konzentration auf den Inhalt einer literarischen Vorlage

▶ eignet sich für eine Kombination mit eigenen Fotografien, siehe Kapitel 4.3.2

Rahmenbedingungen „Schiff"
▶ Ausgangstext Matei Visniec → gemeinsames Lesen und Besprechen
▶ Zeitaufwand: ca. 30 bis 45 Minuten

Beurteilung
▶ für Fortgeschrittene geeignete Übung
▶ Konzentration auf den Inhalt einer literarischen Vorlage bei freier Verwendung einer eigenen Form
▶ Regt zum Überarbeiten an

„Stilübungen" nach Queneau

Raymond Queneau (1903–1976) war, bevor er mit *Zazie in der Metro* und *Stilübungen* bekannt wurde, für kurze Zeit ein Mitglied der surrealistischen Bewegung. Später distanzierte er sich aus „persönlichen Gründen" wieder von der Gruppe (Becker u. a., 2000, S. 1104).

In seinen *Stilübungen* variiert Queneau einen einfachen Alltagstext über den Autobus Nr. 5 in 108 unterschiedlichen Stilformen, von „Rückwärts", „Lautmalereien" über „Alexandriner", „Schwülstig" und „Komödie" bis zu „Medizinisch" und „Unverhofft" und führt so ein Verfahren zu seinem Höhepunkt, das er schon in früheren Texten angewandt hat: Gemeinplätze, Sprachschablonen und -attrappen werden durch Kombination mit dem Banalen auf die Spitze getrieben und dadurch entlarvt. F. C. Delius hat in seinen 2005 veröffentlichten Memo-Arien *Die Minute mit Paul McCartney* diese Methode der Variation aufgegriffen und einen kurzen Zeitungstext mehrfach moduliert, indem er auch zeitgenössische Stile wie Rap oder die Google-Übersetzung verwendet.

In einer Schreibwerkstatt sind Queneaus *Stilübungen*, gerade auch in der beeindruckenden Übersetzung ins Deutsche von Eugen Helmlé, als Beispiel für gelungene Pastiches unverzichtbar. Nach diesem Vorbild können die Teilnehmer eigene Pastiches anfertigen, ganz nach ihrem Lesegeschmack und Wissen, als Science-Fiction, Fantasy, Dada-Text, Rap, Western – der Fantasie sind dabei keine Grenzen gesetzt. Auch hier werden, ganz nebenbei, bekannte oder unbekannte Stilmittel wieder oder neu entdeckt und durch die eigenen Schreibversuche kennen und im besten Fall lieben gelernt. Damit die Übung gelingt, sollten die Teilnehmer sanft darauf hingewiesen werden, ihre Variationen ihrem Kenntnisstand anzupassen oder diesen mit Hilfe von Nachschlagewerken oder anderen Formen der Recherche zu vertiefen. Gleichzeitig gilt es, die Teilnehmer zu ermutigen, neue Formen auszuprobieren und sich nicht sklavisch an die Beispiele aus der Queneau-Vorlage zu halten.

Als Ausgangstexte eignen sich entweder kurze Zeitungsartikel oder auch kurze fiktive Prosatexte, die je nach Alter und Können der Teilnehmer ausgewählt werden. In unseren Werkstätten haben wir vor allem auf Kurztexte von Aglaja Veteranyi, Daniil Charms oder auch Franz Hohler oder prägnante bzw. skurrile Pressemeldungen zurückgegriffen.

Der Ausgangstext für das nachfolgende Beispiel war eine Pressemeldung in der Stuttgarter Zeitung aus dem Jahr 2002, in der ein rheinland-pfälzischer Politiker forderte, dass Migrantenkinder erst eingeschult werden dürfen, wenn sie eine Prüfung über ausreichende Deutschkenntnisse abgelegt hätten. Außerdem sei die damalige PISA-Studie wegen der mangelnden Sprachkompetenz vieler Migrantenschüler so schlecht ausgefallen. Weil wir uns vor den „Stilübungen" intensiv mit dem Dadaismus beschäftigt hatten, wurde die Variation des Schülers entsprechend beeinflusst:

Richard, Gymnasium, 18 Jahre
Variation DADA
Lärmen lernen
Sprich dich aus
Länder aller Deutschen vereinigt Euch!
Die Frucht, die verbotene, iss sie nicht, Kind.
(3x auf den Tisch klopfen)
Ein Kamel durch eine Nadelböhr
Lärmen lernen
(2x auf den Tisch klopfen, aufstehen und um den Tisch herumgehen)

Des Lehrers Pflicht sind unsere Deutschen-den-Deutschen-Kinder.

(1xklopfen)

Extra für alle
Kurse in Kürze
Lärmen lernen.
Viel Lärm in, um und um nichts herum.

(Klopfen bis die Hand weh tut.)

Rahmenbedingungen
▸ Handout mit Beispielen aus Queneaus Stilübungen
▸ Zu variierender Kurztext
▸ Zeitaufwand: ca. 30 Minuten

Beurteilung
Stilmittel werden wieder oder neu entdeckt und im eigenen Text umgesetzt.
Unbekannte literarische Formen können spielerisch ausprobiert werden

Exkurs Bewertung

Bis zu diesem Punkt des Schreibprozesses verbessern wir die Texte der Schüler nicht, sie werden nicht reglementiert, es gibt keinen Hinweis auf grammatikalische Fehler und wir melden keine Zweifel am Poetischen eines Textes an.

In den ersten Übungen geht es um das Herantasten ans Schreiben, um erste Erfahrungen, ums Ausprobieren und Materialsammeln und um die Freude an den ersten selbst produzierten Texten. Es wäre also wenig hilfreich, weder für den Schreib- noch für den Ideenfluss, wenn zu diesem Zeitpunkt schon ein negativer Kommentar zum Geschriebenen abgegeben würde.

Was wir statt Kritik immer an eine Übung anschließen, ist eine Vorleserunde, in der Freiwillige ihre Texte präsentieren – oft gibt es dann spontan Beifall – und wir haben es noch nie erlebt, dass sich überhaupt keiner traute, das Geschriebene preiszugeben. In schwierigen Fällen bieten wir an, den Text an Stelle des Schülers vorzulesen oder ermuntern den Sitznachbarn dazu bzw. sprechen Schüler direkt an, insbesondere dann, wenn uns schon der ein oder andere gute Text während der Schreibphase ins Auge gefallen ist.

Erstaunlich war für uns, dass diejenigen Schüler, die eine Übung vielleicht nicht ernst genug genommen und sich nur wenig Mühe mit dem Schreiben gemacht haben, sehr schnell merken, wenn ihre Mitschüler einen guten Text verfassen und wie hoch die „Niveaumarke" hängt. Oft wird dann der eigene Text noch einmal ernsthaft überarbeitet.

1.3 Innenansicht

1.3.1 Hintergrund

Surrealismus kennen die meisten in Form von Dalís zerfließenden Uhren, die in ihrer Penetranz in Hotel- und Wartezimmern oder auf Postkarten den „Sonnenblumen" van Goghs in nichts nachstehen. Aber Surrealismus in der Literatur? Das ist ein weitgehend unbekanntes Feld.

Wenn man den Dadaismus als Befreiung der Kunst von der Kunst betrachtet, dann kann der Surrealismus als Befreiung der Kunst vom Geist und von der Kontrolle der Vernunft betrachtet werden. Im Juni 1924 wird das *I. Surrealistische Manifest* veröffentlicht, das nicht nur Literaten, sondern auch bildende Künstler zu einer neuen Bewegung vereinigt.

> Ich definiere es also ein für allemal:
> SURREALISMUS, Substantiv, m., reiner, psychischer Automatismus, durch welchen man, sei es mündlich, sei es schriftlich, sei es auf jede andere Weise, den wirklichen Ablauf des Denkens auszudrücken sucht. Denk-Diktat ohne jede Vernunft-Kontrolle und außerhalb aller ästhetischen oder ethischen Fragestellungen.
> (Breton/dt. Henry, 1986,S. 26)

In der *Déclaration* vom Januar 1925 schreibt Antonin Artaud:

1. Mit der Literatur haben wir nichts zu schaffen, aber wir sind sehr wohl im Stande, wenn es sein muss, uns ihrer zu bedienen wie jedermann
2. Der Surrealismus ist weder ein neues noch bequemes Ausdrucksmittel noch gar eine Metaphysik der Poesie; er ist ein Mittel zur totalen Befreiung des Geistes (…) er ist ein Aufschrei des Geistes, der zu sich selbst zurückkehrt und fest entschlossen ist, verzweifelt seine Fesseln zu sprengen (…)   (zit. nach: Mattheus, 2002 S. 60f.)

Eine wesentliche Quelle des surrealistischen Denkens ist in den damals brisanten Thesen Sigmund Freuds zu finden. Die Imaginationen des Traumes und der Einbildungskraft, das Unterbewusstsein, Rausch- und krankhafte Wahnzustände werden erstmals als Bestandteile des Seelenlebens erforscht und analysiert. Überhaupt ist die Rezeption von Freuds Erkenntnissen, vor allem seiner Traumtheorie und die Beachtung, die er Traumbildern beimisst, für die Surrealisten von Bedeutung. Im Unterschied zu Freud wollen die Surrealisten die Träume und ihre Bilder aber nicht analysieren und interpretieren, sondern ihre subversive und irrationale Aussage für sich stehen lassen.

So richtet der Surrealismus seinen Blick auch auf die Artikulationen, sei es bildnerisch, sei es sprachlich, von psychisch Kranken. Breton sieht hier „eine Reserve an moralischer Gesundheit" (zit. nach Karin Thomas, 2000, S. 100), d.h., die sensible und unverfälschte Äußerung von Gefühlen.

Die Kunst der Naturvölker erregt ebenfalls die surrealistische Aufmerksamkeit. Hier sind kollektive Vorstellungen, archaische Bilder (Archetypen wie Geburt, Liebe, Alter, Tod → wie wir es aus Märchen kennen) zu finden und zwar in einer Art, wie es die Surrealisten fordern: unmittelbar, unverfälscht, unverbildet.

Im Gegensatz zu der Kunst psychisch Kranker handelt es sich hierbei jedoch nicht um individuelle Vorstellungen, sondern um eine kollektive Mythologie, die aus dem kollektiven Wissen ihre Bilder und Kraft hervorbringt.

Gegensätze wie Leben und Tod, Vergangenheit und Zukunft, Schlaf und Wachen sollen nicht mehr als Gegensätze betrachtet, sondern als eine Einheit im menschlichen Bewusstsein behandelt werden. Da ist es nur konsequent, wenn der Surrealismus als Logik eine dem Traum ebenbürtige fordert und dementsprechend künstlerisch agiert (vgl. Thomas, 2000, S. 100ff.).

1.3.2 Methoden
Écriture automatique – Automatisches Schreiben

Um den unbewussten und emotionalen Kräften einen Durchbruch in das Bewusste zu ermöglichen, darf der Künstler keine Vernunftkontrolle anwenden.

Eine von den Surrealisten und später auch von der Beat-Generation angewendete Schreibtechnik ist die sogenannte *écriture automatique*, das automatische Schreiben. Man nimmt Stift und Papier und beginnt zu schreiben, ohne – und das ist sehr wichtig – auf Stil, Grammatik, Rechtschreibung oder Kommata zu achten.

Der Stift wird nur dann kurz abgesetzt, wenn ein voll geschriebenes Blatt gegen ein leeres ersetzt werden muss.

Lassen Sie sich etwas zum Schreiben bringen, nachdem Sie es sich irgendwo bequem gemacht haben, wo Sie Ihren Geist soweit wie möglich auf sich selbst konzentrieren können. Versetzen Sie sich in den passivsten oder den rezeptivsten Zustand, dessen Sie fähig sind. Sehen Sie ganz ab von Ihrer Genialität, von Ihren Talenten und denen aller anderen. Machen Sie sich klar, daß die Schriftstellerei einer der kläglichsten Wege ist, die zu allem und jedem führen. Schreiben Sie schnell, ohne vorgefaßtes Thema, schnell genug, um nichts zu behalten, oder um nicht versucht zu sein, zu überlegen. Der erste Satz wird ganz von allein kommen, denn es stimmt wirklich, daß in jedem Augenblick in unserem Bewußtsein ein unbekannter Satz existiert, der nur darauf wartet, ausgesprochen zu werden. (…) Fahren Sie so lange fort, wie Sie Lust haben. Verlassen Sie sich auf die Unerschöpflichkeit des Raunens. Wenn ein Verstummen sich einzustellen droht, weil Sie auch nur den kleinsten Fehler gemacht haben: einen Fehler, könnte man sagen, der darin besteht, daß Sie es an Unaufmerksamkeit haben fehlen lassen – brechen Sie ohne Zögern bei einer zu einleuchtenden Zeile ab. Setzen Sie hinter das Wort, das Ihnen suspekt erscheint, irgendeinen Buchstaben, den Buchstaben l zum Beispiel, immer den Buchstaben l, und stellen Sie die Willkür dadurch wieder her, daß Sie diesen Buchstaben zum Anfangsbuchstaben des folgenden Wortes bestimmen.

(Breton/dt. Henry, 1986, S. 29 f.)

In der Regel dauert das Automatische Schreiben rund eine halbe Stunde, bei jüngeren Teilnehmern kann man die Zeit durchaus verkürzen, bei älteren dafür um eine Viertelstunde verlängern. Auch Teilnehmer, die sich mit dem Schreiben schwer tun, können teilnehmen, indem sie – in einem ruhigen Raum und jeder für sich – auf ein Diktiergerät sprechen. In multilingualen Gruppen weisen wir immer darauf hin, dass die Übung in der Muttersprache absolviert wird, bzw. in der Sprache, die dem Schüler am leichtesten fällt.

Die *écriture automatique* ist ein Allzweckmittel: Sie befreit oft zuverlässig von Schreibblockaden, lässt Ideen auftauchen oder Erinnerungen aufleben, die man längst vergessen glaubte.

Während des automatischen Schreibens hat die Person den Eindruck, nicht zu kontrollieren, was sie schreibt. (…) Unter Schriftstellern, würde ich behaupten, ist das nicht ungewöhnlich, sondern ziemlich verbreitet. Wenn mein Schreiben gut läuft, verliere ich oft jedes Gefühl für Komposition; die Sätze kommen, als wären sie nicht von mir gewollt, als wären sie von jemand anderem gemacht. Das entspricht nicht meiner täglichen Arbeitsweise, die mit viel Schinderei, qualvollen Phasen des Stockens und Weitermachens verbunden ist. Aber das Gefühl, dass von mir Besitz ergriffen wurde, tritt im Laufe des Buches mehrmals ein, meist in fortgeschrittenen Stadien. Ich schreibe nicht; ich werde geschrieben.

(Hustvedt, 2010, S. 81)

Dass dieser Weg des hochkonzentrierten und quasi automatischen Aufschreibens der eigenen Gedanken nicht in einer lauten Umgebung stattfinden kann, ist selbstverständlich. Im Nachbarzimmer sollte also weder das Unterstufen-Blockflötenensemble proben, noch ein Handwerker mit der Schlagbohrmaschine zugange sein. Auch das Sekretariat sollte auf Lautsprecherdurchsagen verzichten. Das klingt zwar herrisch, ist aber so ziemlich das Lästigste, was man sich bei einer Schreibwerkstatt und namentlich bei dieser Übung vorstellen kann.

Die Ergebnisse, nicht selten über zehn Seiten, werden *nicht* vorgelesen. Oft geben sie intimste Gedanken und Begebenheiten preis, die nicht an die Öffentlichkeit gehören. Damit jeder Teilnehmer das automatische Schreiben ohne Schere im Kopf oder Angst vor Peinlichkeiten für sich erleben kann, sollte dies auch am Anfang der Übung deutlich gemacht werden.

Zur Vorbereitung des automatischen Schreibens, bitten wir die Teilnehmer
▸ genügend Papier, am besten genügend lose DIN-A4-Blätter und einen funktionierenden Kugelschreiber bereit zu legen (andere Schreibwerkzeuge haben sich als deutlich unpraktischer erwiesen. Bleistifte brechen ab, Füllerpatronen gehen zu schnell aus.)
▸ die Armbanduhren abzulegen, damit niemand heimlich nach der Uhrzeit schaut; Uhren im Klassenzimmer werden aus diesem Grund ebenfalls abgedeckt
▸ sich genügend Platz zu schaffen
▸ Mobiltelefone auszuschalten
▸ sich zu vergewissern, dass kein sonstiges Bedürfnis anliegt (Durst, Toilette etc.)

Dann geben wir, beim Verlassen des Raumes, das Startzeichen. Die Teilnehmer beenden das Schreiben erst, wenn wir den Raum wieder betreten. An der Tür bringen wir einen Zettel an, mit der Bitte, die Gruppe nicht zu stören.

Nach der Übung ist eine längere Pause anzusetzen; es schadet nicht, den Raum zu lüften – je abgestandener die Luft, desto intensiver haben die Teilnehmer geschrieben.

Im Gespräch über diese neue Schreiberfahrung, bringen die Teilnehmer später fast unisono ihr Erstaunen über die tatsächliche Länge der Schreibzeit zum Ausdruck, „Es kam mir vor wie zehn Minuten" meinen viele anschließend.

Als wir eine Schülerin nach einigen Jahren wieder trafen, erzählte sie uns, dass sie seit der Schreibwerkstatt regelmäßig jeden Tag mindestens eine Viertelstunde automatisch schreibe.

Rahmenbedingungen
▸ ruhiger (!) Raum mit genügend Platz für jeden Schüler
▸ genügend Papier (lose) und funktionierende Stifte

▶ Schild „Bitte nicht stören" an die Türe anbringen und dafür sorgen, dass Schüler nicht durch Lautsprecherdurchsagen o. Ä. gestört werden
▶ Zeitaufwand: je nach Alter der Schüler zwischen 20 und 45 Minuten

Poetik der Liste

Wenn man einmal genau darauf achtet, ist die fiktionale Literatur voll von Listen und Aufzählungen. Nicht nur die Bibel zählt im Buch der Könige auf, wer wen zeugte, auch der Schiffskatalog der Illias ist eine Auflistung und in der zeitgenössischen Literatur finden sich bei George Perec, Lars Gustafsson, Julian Barnes und Jonathan Safran Foer, um nur einige zu nennen, ebenfalls zahlreiche Listen.

Eine Liste unterscheidet sich von der Aufzählung, mit der sie verwandt ist, durch ihre grafische Anordnung (meist vertikal) und ihre schriftliche oder anderweitig künstlerische Fixierung. Listen sind manchmal durchnummeriert, alphabetisch oder systematisch geordnet.

In seinem Buch *Die unendliche List*e unterscheidet Umberto Eco zwei Arten von Listen:
▶ die praktische Liste, z.B. Einkaufszettel, Verzeichnisse, Register
▶ die poetische Liste, aus einer reflexiven Haltung des Autors entstanden
▶ und definiert die Liste als erste Form im Ideenchaos.
Aufgabe und Zweck der praktischen Liste ist, Dinge der nichtfiktionalen Realität aufzuzählen und beim Namen zu nennen. Praktische Listen sind

> sofern sie sich auf reale Dinge beziehen, endlich; denn sie bemühen sich, die Gegenstände vollständig aufzuzählen, auf die sie sich beziehen und wenn es diese Dinge irgendwo gibt, dann ist ihre Zahl notwendig endlich. Und schließlich sind diese Listen unveränderlich, in dem Sinn, dass es zwecklos wäre, dem Katalog eines Museums ein Werk hinzuzufügen, das dort nicht auch aufbewahrt wird. (Eco/dt. Kleiner, 2011, S. 113)

Solche Listen stellen nach Eco eine Form dar, „weil sie eine Anzahl von Dingen zu einer Einheit zusammenfassen" (Eco/dt. Kleiner, 2011, S. 113).
Das bedeutet, dass auch folgende Liste,

ein Ladekabel
ein abgebrochener Bleistift
Taschentücher
Sonnenbrille
Aufkleber
Kopfschmerztabletten

die auf den ersten Blick völlig wirr oder unvereinbar erscheint, logisch wird, sobald sie in ihrem Kontext genannt wird: Es ist der *Inhalt einer Schublade*.

Jede Liste, die nicht zu einem praktischen, sondern künstlerischen Zweck angelegt wurde, ist eine poetische. Beiden ist gemeinsam, dass sie unendlich erweitert werden können (Eco/dt. Kleiner, 2011, S. 113).

Wenn eine Liste aus einer unüberschaubaren oder unendlichen Menge, aus dem großen Ganzen eine Auswahl herausgreift, dann spricht man von einer *poetischen* Liste. Sie hat eine Stellvertreterposition inne: Alle aufgezählten Dinge stehen für ein unendliches, unfassbares Mehr und sind eine Möglichkeit der Darstellung. Gleichzeitig sind sie der Versuch einer Ordnung von Unüberschaubarkeit. „Listen entstehen an der Schwelle zwischen Ordnungslosigkeit und Ordnung, an der Grenze zwischen Unstrukturiertem und Strukturiertem: Sie bilden selbst diese Schwelle oder Grenze" (Monika Schmitz-Eman, www.actalitterarum.de/theorie/mse/enz/enzl01b.html, abgerufen am 22.02.2012).

Somit ist das Schreiben einer Liste eine Übung, bei der aus der Vielzahl von Gedanken, Ideen und Assoziationen bewusst ein Teil ausgewählt und dann in eine rudimentäre, erste Form gebracht wird. Dabei können kohärente, chaotische Listen, aber auch Listen um der Listen willen entstehen (vgl. Eco/dt. Kleiner, 2011, S. 250ff.).

Eine Liste kann innerhalb eines Textes auftauchen oder für sich alleine stehen. Je nach Intention des Autors kann die Liste z.B. in Form einer Einkaufsliste innerhalb eines fiktiven Textes der Versuch sein, dem Leser eine vermeintliche innerliterarische Realität vorzuspiegeln, es können aber auch wichtige Punkte, Motive etc. eines längern Textes mit Hilfe einer Liste gebündelt werden.

So oder so fungiert die Liste als Kunstgriff.

Für eine Schreibwerkstatt mit Schülern hat das Schreiben einer Liste den großen Vorteil, dass Teilnehmer mit keiner oder wenig Schreiberfahrung lernen, eine erste Ordnung in ihre Gedanken zu bringen und zudem, dass eine intelligente Auswahl notwendig ist, um sich in dieser Form mitzuteilen, dass es sich hierbei um eine Auswahl aus vielen Möglichkeiten handelt.

> Eine Liste ist immer mehr als ein bloßes Chaos; sie ist ja als Darstellung (als Liste) etwas Geformtes – und in ihr konkretisiert sich damit eine erste formgebende, ordnende Verfahrensweise. Man kann das Heterogenste auflisten; die Liste ist ‚gleichgültig' gegenüber der Frage, was die aufgelisteten Dinge verbindet.
> Monika Schmitz-Emans
> (www.actalitterarum.de/theorie/mse/enz/enzl01.html, abgerufen am 22.02.2012)

Schülern, die nicht wissen, zu welchem Thema sie eine Liste schreiben sollen, schlagen wir vor, sich nochmals ihre automatisch geschriebenen Texte anzusehen. Vielleicht finden sich dort ein Thema oder einzelne Stichwörter.

Als besonders fruchtbar haben sich zu diesem Zweck unsere Krauss-Kärtchen erwiesen.

Beim Lesen von *Eine Geschichte der Liebe* von Nicole Krauss kam uns der Gedanke, einige der Kapitelüberschriften, die bei der Lektüre sofort viele Assoziationen hervorriefen, sowie eigene Einfälle auf kleine Karten zu schreiben und diese von den Kursteilnehmern per Zufallsprinzip auswählen zu lassen. Anhand dieser Überschriften, die oft nur aus Halbsätzen oder einzelnen Wörtern bestehen, sollen, je nach Belieben oder Vorgabe, kurze oder längere Listen erstellt werden. Diese Listen können wiederum aus einzelnen Wörtern, Halbsätzen, ganzen Sätzen etc. bestehen. Gleich, welche Möglichkeiten ausgewählt werden, sollten sie begründet und in sich schlüssig sein.

Dass Listenschreiben Spaß macht, sieht man deutlich an den ausgewählten Beispielen, die alle während der gleichen Werkstatt entstanden.

Isabell, Gymnasium, 17 Jahre
Angabe auf der Karte: Woran ich nicht zu denken versuche
Woran ich nicht zu denken versuche
Bis dass der Tod euch scheidet
Kleine, krabbelige Punkte auf meiner Decke
Augen, die mich verfolgen
An das unendliche Nichts hinter dem unendlichen Nichts
Knöpfe
An das gestohlene Licht meiner Augen

Elisa, Gymnasium, 16 Jahre
Angabe auf der Karte: Was ich nicht bin
Was ich nicht bin
Ich bin kein Franzose, denn ich wohne auf der anderen Seite des Rheins.
Ich bin nicht so, dass ich, wenn du morgens Milchreis in unserer Küche kochen
wolltest, die Haustüre dir versperren werde.
Ich bin keine, die in Köln nur halb die Treppe zur Domspitze hochgeht,
um dann wieder umzukehren.
Ich bin keine zum Pferdestehlen – so etwas mache ich nicht.

Sanella, Förderschule, 13 Jahre
Angabe auf der Karte: Was mich am Denken ärgert
Dass ich immer das Gleiche im Kopf habe
Oder wenn ich beim Denken an etwas Schönes gestört werde.

Angabe auf der Karte: Traurigkeit
Der Tod.
Der Abschied.
Wenn du verletzt wirst.
Wenn dich keiner liebt.

Anna Teresa, Gymnasium, 16 Jahre
Angabe auf der Karte: Wenn sich der Fallschirm nicht öffnet
Das Überlebens-ABC für alle, deren Fallschirm sich nicht öffnen lässt

Augen zu und durch. Es wird auch nicht schlimmer sein, als den Grand Canyon runter zu springen? · Bleib cool! Du kannst es nicht mehr rückgängig machen. · Crazy! Schrei wie verrückt. Vielleicht hört dich jemand und fängt dich auf. · Daumen drücken hilft immer. · Einfach durchatmen. So kannst du klarer denken. · Flieg wie ein Vogel. Zumindest kannst du es versuchen. Vielleicht entdeckst du neue Talente. · Gib dein letztes Hemd her und bastle dir daraus eine neuen Fallschirm. · Handy. Rufe deine Eltern an, sie finden immer eine Lösung. · Iss während dem Herunterfallen nichts. Es könnte dir den Magen verderben, dann wäre dir auch noch schlecht. · Jodle um Hilfe, aber nur wenn du in Bayern bist. Die Anderen könnten dich nicht verstehen. · Krankenkasse. Sie hilft dir, wieder auf die Beine zu kommen, wenn du auf dem Boden liegst. · Luftballons. Blase Luftballons auf, mit denen könntest du auf den Boden schweben. · Mach aus einer Mücke nicht gleich einen Elefanten. Wenn alles gut geht, denkst du in fünf Jahren nicht mehr dran. · Niemals nach unten schauen, sonst kriegst du nur noch mehr Panik. · Operiere nicht an deinem Fallschirm rum. Wenn er sich nicht öffnen lässt, dann wird er sich auch so nicht öffnen lassen. · Plane nicht deine Beerdigungsfeier. Dafür ist es noch zu früh. Du hast noch ein langes Leben vor dir. · Quäl dich nicht mit der Frage, was wäre, wenn du den linken statt den rechten Fallschirm genommen hättest. · Ruf um Hilfe, das verstehen alle Menschen, nicht nur die, die in Bayern leben. · Suche einen geeigneten Platz zum Hinfallen. Geeignet wäre z. B. Busch, Baum, irgendwas mit Wasser (natürlich kein Bach!) · Traue niemals einem Fallschirm. Es wird dir eine Lehre sein. Du wirst nie wieder zu einem Fallschirm greifen. Das erhöht die Lebenserwartung. · Unterdrücke den Angstschweiß, dann fühlst du dich leichter und wohler. Physikalisch ist es bewiesen, dass wenn etwas schwerer ist, es schneller auf den Boden fällt. · Vergeude nicht deine Zeit mit Beten. Hat es dir je geholfen? · Wellensittiche. Frag doch einen Wellensittich, der an dir vorbeifliegt, ob er dir hilft. Es ist bekannt, dass Wellensittiche soziale Vögel sind. Sie helfen jedem. · Xylophon. Wärst du früher nicht in den Xylophonunterricht gegangen, hättest du einen Rotkreuzkurs besuchen können. Dann hättest du dich gleich nach dem Aufprall selber verarzten können. · Yeti. Hoffe, dass auf der Erde zufällig ein Yeti steht, dann könntest du weich und bequem landen. · Zünde beim Herunterfallen keine Zigarette an. Es kostet nur zu viel Zeit und Kraft. Außerdem ist es gesundheitsschädlich.

Rahmenbedingungen
▸ Überschriften oder Schlüsselwörter für die zu schreibenden Listen (siehe auch Krauss-Kärtchen 🧦)
▸ Auswahl bewusst oder nach dem Zufallsprinzip
▸ Zeitaufwand: 15 bis 30 Minuten (oft ist es gut, eine solche Liste schnell und assoziativ schreiben zu lassen und erst später auszuarbeiten)

Beurteilung
- für alle Schularten geeignet
- erste Ordnung von Ideen, Gedanken durch eine minimale Struktur
- viele Möglichkeiten zum Experimentieren

Der Traum

Das Problem des Schriftstellers, überhaupt des Künstlers, ist doch, daß er sein ganzes werktätiges Leben versucht, auf das poetische Niveau seiner Träume zu kommen. Das geht nur, wenn er nicht interpretiert, was er hervorbringt. Ich schreibe mehr, als ich weiß. Ich will nicht nachdenken über das, was ich mache. (Müller, 2009, S. 109)

Wenn literarische Listen ein gewisses Ordnen des inneren Chaos durch Sprache sein können, so sind Träume, gerade durch ihre Bildhaftigkeit vielschichtig, doppelbödig, geradezu unordentlich.

Borges unterscheidet zwischen „Träumen der Nacht" und „Träumen des Tags, die eine absichtliche Übung unseres Geistes sind" (Borges/dt. Meyer-Clason, 2008, S. 11). Es hilft also, den Traum zu definieren.

Zuerst ist da der Traum an sich, also der *geträumte Traum*, den jeder für sich individuell träumt. Dann der *Traumbericht,* der mündlich oder schriftlich erfolgen kann, das *Traumnotat*, nämlich die stichwortartige schriftliche Fixierung des Geträumten kurz nach dem Aufwachen und zuletzt der *Traumtext*, der schriftlich erzählte und konstruierte Traum, sei er tatsächlich geräumt oder erfunden (vgl. Goumegou, 2006, S. 28f.).

In unserer Werkstatt beschäftigen wir uns hauptsächlich mit Traumtexten, allerdings – falls vorhanden – können die Teilnehmer auf eigene Traumnotate bzw. Traumtagebücher zurückgreifen. Solche Notate sind häufig die Vorstufe für Traumtexte, können aber durchaus für sich allein stehen. Theodor W. Adorno hat seine Notizen – er nennt sie Traumprotokolle – veröffentlicht: „Die Traumprotokolle, aus einem umfangreichen Bestand ausgewählt sind authentisch. Ich habe sie jeweils gleich beim Erwachen niedergeschrieben und für die Publikation nur die empfindlichsten Mängel korrigiert" (Adorno, 2005, S. 88). Eben weil diese Träume kurz nach dem Aufwachen notiert wurden und dies dem Leser bekannt ist, fehlt ihnen häufig die Codierung, die man von fiktiven Träumen kennt: Adorno nimmt den Leser direkt in seinen Traum hinein und beginnt nur selten mit der Formel: „Ich träumte, dass ... "

Und damit sind wir bei der literarischen Form des Traumes.

Ob der Traumtext für sich allein steht oder in einen Erzähltext eingebaut ist, muss jeder für sich entscheiden. Doch bei beiden Möglichkeiten stellt sich die Frage, ob man den Leser von vornherein aufklären möchte, dass er es mit einem Traumtext zu tun hat. Dies kann schon durch die Titelauswahl geschehen.

Männlich, Freiwilliges Ökologisches Jahr, 19 Jahre
Der Traum von betrunkenen Engeln
Ich sitze wie fast jeden Abend zusammen mit meinen Freunden in unserer Stamm-
wirtschaft. Ich sehe aus dem Fenster und entdecke eine Wolkentreppe, auf der En-
gelscharen herabsteigen. Die Heerschar bildet eine lange Prozession in Richtung
des Wirtshauses. Meine Freunde, der Wirt, alle Gäste werden zu Engeln. Sie laden
die Heerschar zum gemeinsamen Zechen ein. Sie zechen und singen, bis eine kräfti-
ge, starke Stimme sie ruft. Schwankend und grölend besteigt die gesamte Schar die
Treppe und torkelt hinauf. Ich erwache, blicke um mich. Ich sitze noch im Wirtshaus,
doch ich bin alleine. Ich bin alleine: Kein Engel, kein Freund, kein Wirt, kein Gast.

Ähnlich wie im Märchen, das formelhaft mit „Es war einmal … " beginnt und mit
„… und wenn sie nicht gestorben sind, dann leben sie noch heute" endet, können auch die erzählten und schriftlich fixierten Träume durch den Anfang: „Ich
träumte, dass …" oder „Mir träumte von" und das Ende „… und dann wachte ich
erschöpft auf", den Traum als solchen für den Leser oder Zuhörer überhaupt erst
kenntlich machen.

Lizabeta, Förderschule, 15 Jahre
Ich träumte eines Nachts, dass ich nach Serbien gegangen bin. Mit meinem Mann
und meinen Kindern. Ich wunderte mich, dass ich auf einmal Mann und Kinder habe.
Ich habe angefangen zu weinen, dass ich so schnell erwachsen war.

Wird der Leser erst am Ende aufgeklärt, dass es sich um einen Traumtext handelt,
ein bekanntes Beispiel ist Lewis Carolls *Alice im Wunderland*, dann ist der Leser
gehalten, den Text im Nachhinein umzucodieren, denn ohne eine „Einleitung"
ist der Traum nicht als Traum zu lesen (vgl. Harder, 2001, S. 28).

Doch ein solches Ende sollte für den Leser ein Überraschungseffekt und kein
billiger Trick sein – etwa weil man sich nicht anders zu helfen weiß, wie man eine
aus dem Ruder gelaufene Handlung oder Charaktere wieder in den Griff bekommen soll.

Fehlt jeglicher Hinweis im Titel oder der ein- bzw. ausleitende Satz, gibt sich
der Text meist durch seinen Inhalt zu erkennen oder er bleibt frei interpretierbar.

Doch aus welchen inhaltlichen und formalen Merkmalen besteht ein Traumtext?

Wenn man Schüler danach fragt, bekommt man häufig die Antwort: „Im Traum
kann ich fliegen!" und hat somit eine der Besonderheiten des Traumes definiert:
Die Gesetze der Schwerkraft sind aufgehoben. Doch wie jeder weiß, ist das noch
lange nicht alles.

Die Uhren ticken im Traum schneller oder langsamer, mal mit, mal gegen den
Uhrzeigersinn, also meist anders als im wahren Leben. Räume schrumpfen oder
dehnen sich aus, mutieren zu Labyrinthen oder lösen sich in Luft auf. Obwohl

dem Träumer das Personal meist bekannt ist, das seinen Traum bevölkert, tauchen auch völlig unbekannte Figuren oder Mischwesen aus mehreren Personen oder aus Personen und Tieren oder mehreren Tieren auf (vgl. Lenk, 1983 S. 251 ff.).

Selbst unterschiedliche Dinge und Materialen können sich miteinander vermischen – ein Beispiel für ein Kunst gewordenes Traummischobjekt ist die Felltasse der surrealistischen Künstlerin Meret Oppenheim.

Meret Oppenheim, Dejeuner en fourrure, 1936

Wobei an dieser Stelle schon die erste Frage nach dem Woher des Traumes auftaucht: „Zwischen ‚es träumte mir' und ‚ich träume' liegen die Weltalter. Aber was ist wahrer? So wenig die Geister den Traum senden, so wenig ist es das Ich, das träumt" (Adorno, 1985, S. 252).

Ob der Traum authentisch oder erfunden, ob er in einen größeren Zusammenhang eingebettet ist oder ob er für sich allein steht, also ein Traum um des Traumes willen, sollte vor dem Schreiben abgeklärt werden.

Im letzten Fall ist der Traum ein Mittel der Poesie und Ästhetik, wie es die Surrealisten forderten und gleichzeitig ein eigenes, in sich ruhendes System, das isoliert betrachtet wird.

Ganz im Gegensatz zu einem Traumtext, der in eine Handlung eingebettet ist (vgl. Harder, 2001. S. 23 f.).

Mir kommt's vor, als versuche ich euch einen Traum zu erzählen – ein vergeblicher Versuch, weil das Erzählen eines Traums nie das Traumgefühl selbst weitergeben kann, jene Mischung aus Widersinn, Staunen und Verwirrung, gegen die man sich in verzweifelten Zuckungen auflehnt, jenes Gefühl, gefesselt zu sein vom Unfasslichen, das das eigentliche Wesen des Traums ist …

(Conrad/dt. Göske, 2009, S. 48)

Da jeder Mensch träumt, hat auch jeder einen Traum zu erzählen. Darum ist das Schreiben eines Traumes gerade für Schüler ein geeignetes Mittel: Der Stoff ist vorhanden. Doch ein tatsächlich geträumter Traum ist immer auch ein erinnerter, ob mündlich erzählt oder schriftlich fixiert, und kann niemals mehr der sein, der er wirklich war.

Fiktive Traumtexte sind von den geträumten Träumen inspiriert (und manchmal vielleicht sogar umgekehrt). Fiktive Traumtexte sind in der Weltliteratur zahlreich zu finden, ob lyrischer, szenischer oder erzählender Natur.

Um den Teilnehmern den Einstieg in dieses Thema zu erleichtern, kann man auf ausgewählte Traumtexte aus dem kollektiven Traumtagebuch der Einwohner des Shtetels Trachimbrod in der Ukraine aus dem Roman *Alles ist erleuchtet* von Jonathan Safran Foer zurückgreifen. Für die Unterstufe bzw. Teilnehmer mit weniger guten Deutschkenntnissen empfehlen wir das leichter verständliche Traumtagebuch aus unserer Materialiensammlung (📖). In beiden Beispieltexten finden sich Lücken, in die die Teilnehmer einen authentischen und einen erfunden Traumtext oder -notat dazwischen schreiben, wobei auf die formalen Eigenarten des Traumes Rücksicht genommen werden soll. Welche das sind, klären wir gleich. Zuvor ist vor allem für jüngere Teilnehmer deutlich hervorzuheben, dass ein Traum und ein Wunsch nicht dasselbe sind. Sonst schreiben insbesondere die jüngeren Teilnehmer über Lottogewinne, dicke Schlitten, den unvermeidlichen Pool, Sommerdrinks und manch anderes, was einer Traumerzählung nicht gerade dienlich wäre.

Wenn man die Teilnehmer einen tatsächlich geträumten und einen fiktiven Traum schreiben lässt, ist der erste Schritt zum fiktionalen Erzählen getan, mit allen Freiheiten, die ein Traumtext bietet:

▸ die Handlung darf unlogisch sein
▸ Figuren können schablonenhaft bleiben, Orte ausgedacht
▸ der Fantasie kann freien Lauf gelassen werden.

Beim fiktiven Traumtext müssen sich die Teilnehmer entscheiden, welche Erzählperspektive sie einnehmen wollen, in der ersten oder der dritten Person. Sie müssen nachdenken, wer diesen Traum träumt: ein Kind, ein Erwachsener, eine Frau oder ein Mann und merken so, dass sie als Autoren des Textes nicht mit dem Erzähler identisch sind: Beschreibt der Träumer den Traum lediglich als Unbeteiligter, ist er ein Handelnder oder vielleicht sogar beides gleichzeitig, hat er also eine sogenannte „out-of body-experience", eine Erfahrung außerhalb des eigenen Körpers? (vgl. Harder, 2001, S. 14 f.).

Damit die Teilnehmer nicht völlig mit Informationen überfrachtet und dadurch abgeschreckt werden, haben wir zwei Checklisten für fiktive Träume zusammengestellt.

Checkliste Nr. 1
▶ Steht der Traum allein oder steht er in einem größeren Zusammenhang?
▶ Welche Erzählperspektive ist für meinen Traumtext passend: Ich oder Er?
▶ Wer träumt (Mann, Frau, Kind, jung, alt etc.)?
▶ Was wird geträumt?
▶ Spielt der Träumende eine Rolle im Traum oder ist er nur Beobachter?

Nachdem der Traum formuliert und niedergeschrieben wurde, kommt **Checkliste Nr. 2** zum Zuge
▶ Soll der Traumtext für einen Leser von Anfang an als Traum erkennbar sein?
▶ Einleitung: „Ich träumte …", Ausleitung: „… und ich erwachte.", Titel: Der Traum von …
▶ Soll der Traumtext erst durch die Ausleitung als Traum erkennbar sein?
▶ Wenn nein, ist der Traumtext als solcher dann noch erkennbar?

Steht der Traumtext in einem größeren Handlungszusammenhang, muss außerdem über seine Funktion nachgedacht werden (**Checkliste Nr. 3**):
▶ Dient der Traum der Vor- oder Rückschau?
▶ Soll er die Handlung raffen, zusammenfassen oder unterbrechen?
▶ Treibt er die Handlung voran oder bremst er sie?
▶ Ist er eine Interpretation des großen Ganzen oder funktioniert er als Voraussagung oder göttliche Weissagung?
▶ Ist er chaotisch oder eher geheimnisvoll angelegt, um Spannung zu erzeugen?
▶ Bezieht er sich auf die Zukunft, die Gegenwart oder die Vergangenheit?

Rahmenbedingungen
▶ bei Bedarf: Traumtexte zum Dazwischenschreiben (📝)
▶ Zeitaufwand: ca. 60 Minuten, je nach Aufgabenstellung auch kürzer

Beurteilung
▶ für alle Schularten geeignet
▶ der Stoff liegt auf der Hand: jeder ist in der Lage, einen Traum zu erzählen
▶ erster Schritt zum fiktionalen Erzählen

Hilfe zum Erstellen von Traumnotaten: Traumtagebuch schreiben
Es gibt verschiedene Methoden, ein Traumtagebuch zu führen. Die eine wäre, ein kleines Notizbuch und einen Stift in der Nähe des Schlafplatzes aufzubewah-

ren und seinen Traum direkt nach dem Aufwachen aufzuschreiben. Das Ergebnis wird einem automatisch geschriebenen Text ähneln und am Anfang werden ungeübte Traumtagebuchschreiber auch ihre Schwierigkeiten haben: mit dem Notieren und mit dem, was sie notiert haben. Daran sollten sie sich aber nicht stören, denn Träume können „weder gelingen noch misslingen", denn „ein Traum ist intentionslos, weil er Intention ist" (Jan Philipp Reemtsma, Nachwort. In: Adorno, 2005, S. 102f.). Es empfehlen sich also knappe Notate oder stichwortartige Aufzeichnungen, am besten mit Datum versehen.

New York, November oder Dezember 1938
Ich träumte:
Hölderlin hieß Hölderlin, weil er immer auf einer Holunderflöte spielte.

(Adorno, 2005, S. 10)

Traum 12.6.80 – jemand, im Auto, gibt mir leere/Tablettenhülse/als „Rest" v. gerade/gestorbener (Groß)-mutter/ich nehme sie, „handwarm"

(Müller, 2009, S. 89)

Inzwischen vereinfacht die Technik so einiges, mit einem Diktiergerät oder einer im Mobiltelefon integrierten Aufnahmefunktion ist es möglich, gleich nach dem Erwachen und völlig unkompliziert – so lange man dabei niemanden aufweckt –, seinen Traum digital aufzusprechen.

Den Rat, sich regelmäßig selbst zu wecken, in der Hoffnung seinen Träumen näher zu sein, wie es ein Schreibratgeber fordert, halten wir nicht nur für zu anstrengend, sondern auf Dauer auch für nicht durchführbar (vgl. Schärf, 2011, S. 95 und S. 100).

(Außerdem wollen wir gar nicht an all die empörten Eltern denken, die sich bei Ihnen über eine solche Hausaufgabe beschweren würden.)

Unterstützend zum Erstellen fiktiver Träume: Fotografie
Nicht nur Man Ray, der Vertreter der surrealistischen Fotografie, hat traumähnliche Motive abgelichtet. Robert und Shana Parke Harrisons Bildbände quellen geradezu über von Bildern, die sich zu wahrlich traumhaften Schreibanlässen eignen.

Ebenso die Fotografien von Gregory Crewdson, der zwar Stand 2012 noch keinen eigenen Internetauftritt hat, dessen Bilder aber gut im Internet zu finden sind. Seine unterkühlten Inszenierungen der amerikanischen Suburbs, irgendwo zwischen *Twin Peaks* und Edward Hopper angesiedelt, sprechen gerade durch die Geschichte, die sie erzählen, Jugendliche und junge Erwachsene ganz besonders an.

Auch weniger sur- oder hyperreale Aufnahmen sind für Traumtexte schon geübter Schreiber gut geeignet (vgl. Kapitel 4.3.1).

51

Selbstverständlich können auch selbst fotografierte Bilder zu Traumtexten verwendet werden (vgl. Kapitel 4.3.2).

Beobachtungen
Die Teilnehmer verlassen den Raum, um sich allein an einem anderen Ort aufzuhalten. Das kann eine Bank im Park sein, aber auch ein Café, die Bibliothek oder ein anderer Ort. Sie können sich bewegen oder nur ruhig hinsetzen. Die Aufgabe lautet, wie sie sich auch entscheiden mögen, ihre Beobachtungen und Empfindungen aufzuschreiben, Details zu registrieren ohne sich in einzelnen Detailbeschreibungen zu verlieren. Es geht bei dieser Übung um eine „Wahrnehmung der kleinen Dinge, der Wunder im Alltäglichen, der beiläufigen Schönheit" (Böttiger, 2004, S. 53).

> **Weiblich, Freiwilliges ökologisches Jahr, 19 Jahre**
> Flieder. Vögel mit Körpern in verschiedenen Sprachen. Allerlei Getier mit verschiedenen Zielen. Emsig gehen sie ihren Aufgaben nach. Gern wäre ich so ein Tier. Dann wüsste ich, was meine Aufgabe ist, wüsste warum ich hier bin, müsste mich nicht entscheiden, weil es nur ein Richtig gibt.
> Flieder. Er füllt die Luft mit Frühling. Frühling. Er weckt soviel, was über den Winter geschlafen hat. Nicht nur in der Natur, vor allem auch in mir. Dinge, die im Unterbewusstsein gelauert haben, brechen hervor. Die Ruhe und Harmonie des Winters ist vorbei. Alles bewegt sich, alles ist hektisch, irgendwie ist der Frühling stressig. Ich vermisse die Ruhe des Schnees, die Stille und Schönheit einer unberührten Schneedecke, das Klirren der Luft, die Gelassenheit des zugefrorenen Flusses, in aller Bewegung erstarrt, die Geborgenheit der langen, dunklen Nächte. Der Frühling weckt so viel, das besser noch hätte schlafen sollen. Was noch nicht ausgereift ist, was noch Zeit braucht. Der Frühling ist zu früh.
> Er ist zu früh und beendet abrupt eine Zeit, die meinetwegen ewig dauern könnte, die für immer dauern könnte. Er ist zu früh.

Die Teilnehmer bekommen rund zwei bis drei Stunden für diese Übung. Genügend Zeit ist wichtig, da viele es nicht gewohnt sind, in einer fremden Umgebung ihre Gedanken und Eindrücke zu notieren. Sie sollen sich erst einmal an die Umgebung, die sie sich ausgesucht haben, gewöhnen oder auch einen Ortswechsel vornehmen können, wenn sich herausstellen sollte, dass der gewählte Ort nun doch nicht der richtige ist.

Rahmenbedingungen
▶ Zeitaufwand: 2–3 Stunden, je nach Klassenstufe auch kürzer
▶ für jüngere Schüler einen „Raum" für diese Beobachtungen schaffen, da diese bekanntlich nicht stundenlang allein herumstreunen dürfen

Beurteilung
▸ für alle Schularten geeignet, nur bedingt für alle Altersstufen
▸ Einübung von Beobachtung
▸ Schärfung des Blickes fürs Detail
▸ Alltag und Alltägliches werden als Quelle fürs Erzählen erlebt

1.4 Außenansicht

Nach den introspektiven Übungen treten die Schüler wieder aus sich heraus, wechseln die Perspektive und versuchen, eine literarische und thematische Distanz zu sich herzustellen.

1.4.1 Hintergrund

Nicht nur der Blick auf das Innere und die eigenen Befindlichkeiten, den wir mit dem automatischen Schreiben, den Listen und Träumen zu Papier gebracht haben, soll Thema des literarischen Schreibens sein, sondern auch eine analytische, beinahe schon journalistisch-nüchterne Betrachtungsweise.

Die erzählende Literatur trennt nicht nur bei der Beschreibung des fiktiven Personals zwischen Innen- und Außensicht, sondern auch zwischen Autor und Erzähler.

Um diese beiden Trennungen auch zu begreifen, bieten sich Übungen an, die den Teilnehmern diesen Unterschied, gerade in Hinsicht auch auf die zuvor gemachten Erfahrungen der Innensicht, verdeutlichen.

Da auf die Trennung zwischen Autor und Erzähler sowie die Wahl und Bedeutung der richtigen Erzählperspektive in Kapitel 3 ausführlich eingegangen wird, soll hier der Unterschied nur kurz angerissen werden.

Wie sehr ein Autor seinen Figuren verfallen sein kann, macht das Geständnis einer Schriftstellerin bewusst, die, nachdem sich ihr hübscher Protagonist in ein wenig schönes, dafür sehr großes Mädchen verliebt hat, außer sich vor Zorn und Eifersucht ist. Gleichzeitig zeigt diese – im Übrigen wahre – Begebenheit, wie eigenständig die Figuren eines Romans tatsächlich agieren. Nicht wenige Autoren berichten, dass sich ihr Personal hin und wieder geradezu verselbstständige. So zum Beispiel Tolstoi, der Anna Karenina ursprünglich als ein hässliches Weib angelegt hatte und die sich während des Schreibprozesses zu einer schönen und klugen Frau entwickelte: „Ich bin meiner Anna satt und müde. Ich schlage mich mit ihr herum wie mit einem Schüler, der sich als unbeherrschbar erwiesen hat" (zit. nach: Essig, 2007, S. 78). Oder Dickens, der seine Figuren so ins Herz schließen konnte, dass er es kaum über sich brachte, sie sterben zu lassen. Urs Widmer wiederum fühlt sich lebendiger denn je, wenn seine Figuren das Zeitliche segnen ... (vgl. Essig, 2007, S. 70).

Und dann ist auch wieder genau das Gegenteil der Fall: „(...) dieser abgedroschene Schnickschnack vom aufmüpfigen Dichterpersonal", schreibt näm-

53

lich Vladimir Nabokov, „der ist so alt wie der Federkiel (…). Meine Figuren sind Galeerensklaven" (Essig, 2007, S. 76).

Wie dem auch sei: In keinem Fall ist der Autor mit dem Erzähler, ob dieser nun in der ersten oder der dritten Person erzählt, oder seinen Figuren identisch, auch wenn er es war, der sie ins Leben gerufen hat oder vielleicht auch selbst am Geschehen teilnimmt.

Pikanterweise wird in Michel Houellebecqs *Karte und Gebiet* ein Schriftsteller namens Houellebecq grausam ermordet. Der beste Beweis für eine Trennung von Fiktion und außerliterarischer Realität, ein Beweis, dass der Autor und seine gleichnamige Figur definitiv nicht ein und derselbe sind und von Houellebecq sicher auch nicht rein zufällig so in Szene gesetzt. Immerhin stand er aufgrund der oft provokanten Thesen seiner Romanfiguren häufig unter Beschuss, derselben Meinung zu sein.

Wenn sich der Blick nach außen statt nach innen richtet, ändert sich der Fokus und damit die Wahrnehmung. Überhaupt ähneln die beiden Werkstatteinheiten „Innen- und Außenansichten" teilweise dem, was „Hoch Zehn", ein kurzer – übrigens auf Youtube hochgeladener – naturwissenschaftlicher Lehrfilm über 10er-Potenzen aus den 70er-Jahren des vorherigen Jahrhunderts, aufzeigen möchte: eine Kamerafahrt, die den Mikro- und Makrokosmos um und in zwei Menschen zeigt, die auf einer Decke im Park liegen. Zuerst zoomt sich die Kamera immer weiter weg, bis sie in die letzten bisher bekannten Galaxien vordringt. Dann zoomt sie zurück und geht den umgekehrten Weg: Sie dringt in die Haut des Mannes ein, immer weiter, bis zu einem Kohlenstoffatom.

Der Blick nach Innen, so könnte man meinen, gleicht beim Schreiben einem körpereigenen Mikroskop, mit dessen Hilfe man Gedanken, Bewusstes und Unbewusstes um ein Vielfaches vergrößert und so versucht zu erkennen, zu beschreiben, vielleicht sogar zu analysieren und zu sezieren. Und, so wird der Macher von „Hoch Zehn" zitiert, es hänge ja doch irgendwie vielleicht alles miteinander zusammen.

Was das Schreiben und die erzählende Literatur, was die Innen- und Außenansichten angeht: auf jeden Fall.

1.4.2 Methode
Fragebogen

Um den „Blick nach außen" zu beschreiben, hilft tatsächlich das Beispiel der Kamera, die, ganz nah oder im Weitwinkel, ihre Umwelt aufnimmt.

Die *Fragebögen* von Max Frisch sind darum Vorbild für die nächste Aufgabe, bei der die Teilnehmer aufgefordert werden, einen Text zu schreiben, der ausschließlich aus Fragen zu einem selbst gewählten Thema besteht.

Obwohl das Augenmerk bei den Fragebögen auf einem bestimmten Thema liegt, prägt natürlich immer noch viel Eigenes das Geschriebene. Oft werden die Fragebögen auch Gegenstand für provozierende oder sogar wütende Fragen, weil die Teilnehmer ein bestimmtes Gegenüber im Kopf haben, wie Eltern, Geschwister, Partner oder komplizierte Beziehungskonstellationen in der Klasse oder im Freundeskreis.

Im besten Fall aber beschäftigen sich die Fragen ganz konkret mit einem Thema. Im unten stehenden Beispiel handelt der Bogen vom vorhergehenden Unterrichtsstoff, dem Traum.

Andrea, Gymnasium, 16 Jahre
Fragebogen zum Thema „Traum"
1. Träumen Sie oft?
2. Leben Sie Ihren Traum oder träumen Sie Ihr Leben?
3. Was war Ihr schönster Traum?
4. Haben Sie schon einmal vom Tod geträumt und wenn ja, wer starb, wieso und wo?
5. Glauben Sie an Traumdeutung?
6. Können Sie träumen, ohne zu schlafen?
7. Sind Ihnen Ihre Träume peinlich?
8. Träumen Sie gelegentlich davon, etwas Verbotenes zu tun?
9. Träumen Sie wirklich oder unwirklich?
10. Wovon handeln Ihre Albträume?
    a. Angst
    b. dem Teufel
    c. dem Untergang der Welt
    d. Schmerz

Rahmenbedingungen
▸ Zeitaufwand: ca. 45 Minuten
▸ einige Beispiele von Frischs Fragebögen

Beurteilung
▸ für alle Schularten geeignet, nur bedingt für alle Altersstufen
▸ die Schüler bestimmen selbst, welches Thema sie wählen
▸ falls das Thema vorgegeben ist, kann Unterrichtsstoff aus früheren Stunden so nochmals vertieft werden

Außenbetrachtung
Die Teilnehmer werden nach draußen geschickt, verlassen also den Ort, an dem sie üblicherweise schreiben. Dabei ist wichtig, den Raum tatsächlich auch physisch zu verlassen. Eine Schülergruppe war einmal besonders spitzfindig: Sie öffneten die Fenster, stellten ihre Stühle davor, legten die Beine auf den Sims und schauten hinaus. Ganz unter dem Motto „Ein gutes Pferd springt nicht höher, als es muss". Ein bisschen mehr Einsatz sollte also schon sein.

Doch nicht hauptsächlich die Umgebung soll im Zentrum ihres Interesses stehen, sondern sie, wie sie mit den Augen anderer gesehen und beschrieben werden. Also muss der Teilnehmer für sich abklären, welche Haltung er in seinem Text einnehmen möchte. Das bedeutet, dass er sich darüber klar werden muss, wer ihn beschreibt. Damit ist eine weitere Stufe zum erzählenden Schreiben erreicht, denn nun geht es um die Trennung von Autor und Erzähler.

Abgeklärt werden sollte also
▸ aus welcher Perspektive erzählt wird: 1. Person oder 3. Person Singular, vielleicht aber auch in einer ungewöhnlichen Du- oder Wir-Perspektive?
▸ wer erzählt: eine Frau, ein Mann, alt oder jung, klug oder ein bisschen dämlich etc.? Oder beobachtet etwa ein Tier oder ein Gegenstand?

Nina, Berufliches Gymnasium, 16 Jahre
Außenbetrachtung
Was für ein schönes Wetter heute. Der Park ist wie geschaffen dafür, aber leider reicht es mir nur kurz hindurch zu laufen. Das blonde Mädchen dort vorne auf der Bank hat es gut. Kann hier in der warmen Sonne sitzen, anstatt in irgendeinem stickigen Büro. Aber vielleicht sitzt sie ja gar nicht zum Erholen da, so fleißig wie sich ihr Stift auf dem Papier auf- und ab bewegt. Trotzdem ein angenehmer Platz, um zu schreiben. Ich würde nur allzu gern wissen, was sie da schreibt. Ob es wohl Hausaufgaben sind; Deutsch, Mathe, Geschichte oder Sonstiges. Oder schreibt sie vielleicht einen Liebesbrief? Hm, nein, das denke ich nicht. Sie schreibt viel zu schnell und ohne einen Ausdruck im Gesicht.
Anstatt zu schreiben, hätte sie doch auch die Blumen zeichnen können, die um sie herum blühen. So langsam müsste sie sich doch mal regen, die Hitze der Sonne macht mir jetzt nach kurzer Zeit schon zu schaffen. In der Arbeit bräuchte ich auch einen Schreibfluss, aber wie soll man dort einen geeigneten Text schreiben, wenn um einen alles eine graue, glatte Wüste aus Ordnern und Schränken ist. Bestimmt schreibt sie eine Geschichte und holt sich ihre Ideen aus dieser Schönheit, die der Park ausstrahlt. Jetzt habe ich es gesehen. Ihr Blick huscht doch zur Seite! Keiner kann doch ohne eine kleine Denkpause schreiben. Na ja, ich zumindest. Schon wieder muss sie ein neues Blatt anfangen. Es wird wohl ein etwas längerer Text. Nur zu gern wüsste ich, über was sie schreibt, aber nachzufragen traue ich mich nicht. Bestimmt fühlt sie sich schon ziemlich beobachtet, so wie ich zuschaue. Aber leider ruft mich die Zeit. Viel zu lange sitze ich schon auf dieser Bank, obwohl ich doch nur durch den Park laufen wollte. Ich hätte mich nicht zu sehr in diesen Anblicken vertiefen sollen. Na dann wünsche ich ihr noch viel Spaß beim Weiterschreiben.

Die Aufgabe lautet, mit den Augen anderer zu sehen und gleichzeitig den richtigen Ton zu treffen. Immer wieder schießen die Teilnehmer bei dieser Übung über das Ziel hinaus: z. B. sind die Gedanken eines Kindes allzu altklug, oder eine älteren Frau redet plötzlich wie ein Möchtegern-Rapper. Manchmal klingen diese Betrachter auch allzu bewundernd oder, und das deutlich häufiger, völlig verächtlich.

Oft hilft hier der Hinweis, sich den Text laut vorzulesen und sich die betrachtende Person dabei vorzustellen. So wird schnell deutlich, dass kleine Kinder so selten komplizierte Fremdwörter beherrschen wie ältere Menschen die Jugendsprache, dass eine versteckte Selbstbeweihräucherung aus den Augen eines fiktiven Betrachters ungefähr so peinlich ist wie Eigenlob und dass sich manch wutentbrannte Tirade schlicht und einfach als völlig unlogisch erweist, falls sie nicht durch eine Rahmenhandlung oder Erklärung begründet wird.

Diese Übung ist eine hervorragende Perspektivenübung. Denn oft lassen die Schüler bei dieser Übung ihre Gedanken von einer außenstehenden Person erzählen – was perspektivisch unmöglich ist.

Rahmenbedingungen
▸ Zeitaufwand: ca. 60 Minuten
▸ für jüngere Schüler einen „Raum" für diese Beobachtungen schaffen

Beurteilung
▸ für alle Schularten geeignet, nur bedingt für alle Altersstufen
▸ Trennung von Autor und Erzähler wird deutlich und so das Einnehmen einer Erzählhaltung geübt
▸ Übung zur Erzählperspektive

1.5 Assoziatives und freies Schreiben

Inzwischen haben sich die Teilnehmer an das Schreiben gewöhnt, sie haben verschiedene (auch experimentelle) Möglichkeiten, ans Schreiben heranzutreten, kennengelernt und ihre Vorlieben für bestimmte Herangehensweisen erkundet. In ihren Notizbüchern oder Textdateien finden sich Cut-ups, automatisch geschriebene Notate, Pastiches, Listen, Träume, Betrachtungen.

Nun ist es an der Zeit, frei zu schreiben und das Erprobte umzusetzen.

Die einzige Vorgabe soll nun ein kurzes Zitat sein, z. B. von Lars Gustafsson, das im Text zitiert werden kann, auch in Ausschnitten. Es darf aber auch lediglich als Anregung dienen.

> Es begann mit kleinen Rissen,
> Unstimmigkeiten, einem mikroskopischen
> Abstand zwischen der Welt, von der man redete
> und der Welt, die tatsächlich da war.

(Gustafsson/dt. Reichel, 2006, S. 40)

57

Zwei Beispiele, die in der gleichen Schreibwerkstatt entstanden sind.

Judith, Studienanwärterin, 20 Jahre
Es begann mit kleinen Rissen,
erst stürzte das Haus ein, dann die ganze Welt. Der Abstand war mikroskopisch zwischen der Welt, von der man redete und der Welt, die tatsächlich da war. Vielleicht erkannten wir die Unstimmigkeiten zu spät. Man redete davon, das alte Haus abzureißen, aber tatsächlich stürzte es einfach ein. Ich kann mich an keine Baustellenfahrzeuge erinnern, es gab sie nicht.
Aber an die Tür. Sie stand offen und man sah den Gang, in dem die Garderobe an der Wand hing. Ich wusste, dahinter war der Durchgang in die Küche. Ein steinernes Spülbecken und der Napf für den Hund. Der Hund stand auch dabei und sah zu, wie die ganze Welt einstürzte. Als es vorbei war, stieß er mich an und fragte, ob wir einen Kaffee trinken sollten. Wir gingen gemeinsam zu mir. Zuhause angekommen, setzte ich mich auf den wackligen Stuhl in der Küche und er machte Kaffee. Ich hatte den Hund über sein Herrchen kennen gelernt, der hatte mir nämlich beim Einkaufen immer eine Schokolade zugesteckt. Als er immer älter und schwächer wurde, fragte er, ob nicht ich mit dem Hund spazieren gehen wolle. So wurden wir Freunde.
Weil der alte Mann tot und das Haus eingestürzt war, zog der Hund bei mir ein. Zwar hatten wir den Napf vergessen, aber das war nicht schlimm, wir aßen gemeinsam am Tisch.
Jeden Abend spielten wir Schach. Nachdem der Hund das erste Mal gewonnen hatte, durfte er im Bett schlafen. Zum Dank dafür kochte er Kaffee und holte das Frühstück. Nachmittags, wenn ich von der Arbeit kam, holte er mich am Bahnhof ab und trug meine Tasche nach Hause.
Jeden zweiten Sonntag im Monat machten wir einen Ausflug. Wir setzten uns vor die Wanderkarte und überlegten uns eine Route. Der Hund schmierte uns Brote und wir fuhren los. Leider musste ich ihn meistens an die Leine nehmen, denn er konnte seinen Instinkt, in Kaninchenlöcher zu buddeln, nicht zügeln.

Während der Text von Judith sich noch an Traumelementen orientiert und diese auf eine gelungene Weise für absurd-komische Situationen nützt, persifliert Richard eine Zeitungsmeldung.

58

Richard, Gymnasium, 17 Jahre
Meldung zur Gustafsson'schen Hypothese zu den Raum-Zeit-Rissen:
Nach langjähriger Erforschung des Weltraums konnten die von Lars Gustafsson entworfenen Risse in der Raum-Zeit nicht gefunden werden. Das Projekt der NASA und ESA unter Führung der bedeutendsten Köpfe der Wissenschaft verschlang während der dreizehn Jahre Forschung über zehn Milliarden US-Dollar. Der amerikanische Präsident sagte in seiner Ansprache zur Lage der Nation am vergangenen Dienstag: „Da haben wir noch mal Glück gehabt. Und Gott segne die Vereinigten Staaten von Amerika." Die von Gustafsson so leichtfertig aufgestellte Theorie hat in der ganzen Welt Hysterie und Massenpanik ausgelöst, doch jetzt dürfen wir wieder aufatmen. Sie haben wohl Recht, Mr. President.

Beim freien Schreiben beginnt ein selbstständiger Umgang mit dem Text und Textformen, später dann auch mit eigenen Themen. Zu diesem Zeitpunkt brauchen viele Teilnehmer keine Anreize mehr, da sich im Laufe der einzelnen Übungen genügend Ideen einstellen, die nur noch darauf warten, realisiert zu werden.

Oft handeln diese Texte dann von Alltagserlebnissen oder -beobachtungen, (Kindheits-)Erinnerungen. Manche arbeiten vorhergegangene Übungen aus und manche konzentrieren sich auf das, was sie gerade tun: schreiben.

Valentina, Gymnasium, 17 Jahre
Alle sagen
Was für eine Sauklaue, sagen alle, wenn sie meine Handschrift sehen. Das kann man ja nicht lesen, sagen alle. Muss auch nicht jeder lesen, sage ich. Säue können gar nicht schreiben, Mami. Meine Füße auf dem Boden. Die Finger krallen sich um den Stift, wäre er hautfarben, hätte man den Eindruck, als wäre ich so auf die Welt gekommen. Fünf Finger und ein Stift, sagte die Ärztin und reichte meiner Mutter ein weißes Formular. Schöne Texte schreibt sie, sagen alle zu meiner Mutter, nur die Handschrift, sagen sie. Alle sagen mir, ich solle auf den Zeilen bleiben mit meinen Wörtern. Doch ich schreibe zwischen den Zeilen oder quer über das Papier, von einer Ecke in die andere. Mein sechster Finger fliegt über das Blatt und hinterlässt durchgedrückte Kulischrift, die wahrscheinlich ein Blinder lesen könnte. Schwarze Farbe auf weißem Papier, nur Farbe und doch so viel mehr. Buchstaben fügen sich zu Wörtern, zu Texten, zu mir. Und die Grammatik, sagen die anderen zu mir, kann sich ja nicht sehen lassen, liest du dir deine Sachen nicht durch, fragen sie. Ich weiß, was drinsteht, ich habe es geschrieben.

Sowohl die assoziativen wie auch die freien Texte eignen sich in der Regel gut für eine Diskussion und Besprechung im Plenum oder in Schreibkonferenzen.

1.6 Selektion

Nach einer Phase der Textproduktion und Themenfindung sichten die Teilnehmer die bisherigen Ergebnisse und prüfen sie auf ihre Weiterverwendung. Im Prozess des Schreibens bedeutet dies die Hinwendung zu einem eigenen Projekt. Die bisher gemachten Erfahrungen mit Formen (u. a. Cut-up, Pastiche), Themen (u. a. Träume) und Schreibanlässen (u. a. Innen- und Außenansichten) helfen den Teilnehmern bei der Entscheidungsfindung, welche inhaltlichen und formalen Wege sie weiter beschreiten wollen.

Die kritische Sichtung der eigenen Produktion und die Überlegung, an welchem der Texte man weiter arbeiten möchte oder ob man etwas ganz Neues beginnt, ist ein wichtiger Schritt innerhalb des Werkstattprozesses und des eigenen Schreibprozesses.

Für die Selektion braucht man Zeit und Ruhe. Hektisches Durchblättern der beschriebenen Seiten ist wenig hilfreich. Viele Schüler benötigen an diesem Punkt Beratung und Unterstützung. Als Dozent ist man, vor allem bei einer größeren Gruppe, besonders gefragt. Es ist hilfreich, wenn die Teilnehmer eine Vorauswahl treffen. Das ist in vielen Fällen für Schreibanfänger schon schwierig genug, da sie sich nur ungern von ihren Texten trennen. Unsere Erfahrung ist: Je schwieriger es für einen Schüler war, überhaupt ins Schreiben zu finden, desto eher weigert er sich, aus seinem Material die besten Ergebnisse auszuwählen.

Alle ausgewählten Texte sollte der Werkstättenleiter durchsehen und dann jeden Einzelnen beraten, wo seiner Meinung nach die größten Stärken bzw. eventuelle Schwächen liegen.

Das erfordert einiges an Fingerspitzengefühl, allerdings sollte man niemanden zu sehr zu einer Entscheidung drängen. Im besten Fall merkt der Schüler von selbst, dass er mit dem ausgewählten Text nicht weiterarbeiten kann und beginnt mit etwas Neuem. Ist das nicht der Fall, dann besteht immer noch die Möglichkeit, das Geschriebene mit ein paar Kniffen zu etwas mehr Leben zu erwecken oder Chaos zu vermeiden. Manchmal hilft schon strenges Kürzen bzw. Verdichten oder ein Wechsel der Perspektive. Eine ungewöhnliche und durchaus spannende Möglichkeit ist, den Text nicht als unveränderliches, endgültiges Produkt zu sehen, sondern als „Ort konfliktvoller Formulierungen des Ich" (Grésillon, 1995, S. 308), an dem ständig umgeschrieben und weitergearbeitet werden kann und soll.

Je nachdem, wie vertrauensvoll und konstruktiv die Atmosphäre unter den einzelnen Schreibschülern ist, hilft bei der Auswahl einzelner schwieriger Kandidaten (und hier sind nicht die Werkstatteilnehmer, sondern die Texte gemeint) auch eine Diskussion im Plenum.

Letztendlich sollte für einen wirklich gelungenen Text immer gelten, dass er dem Leser eine „noch nicht gedachte, noch nicht bewusste Möglichkeit der Wirklichkeit bewusst macht, eine neue Wirklichkeit zu sehen, zu sprechen, zu denken, zu existieren" (Handke, 1972, S. 19f.).

Und solche Texte entstehen nicht en masse, sondern durch eine kluge Selektion und Überarbeitung. Von letzterem handelt das Kapitel 3, das sich ausführlich mit der Textarbeit im Unterricht befasst.

Anmerkungen

1 Genette untersucht in *Palimpsestes* die Beziehungen und Abhängigkeiten zwischen Hyper- und Hypotexten. Ein Hypertext (z. B. James Joyces *Ulysses*) leitet sich von dem zu einem früheren Zeitpunkt geschriebenen Hypotext (z. B. Homers *Odysee*) durch „literarische Transformation und Imitation" ab (Heinz Antor in: Nünning 2008, S. 298f.) Bei den literarischen Transformationen handelt es sich um die Travestie und Parodie, bei den Imitationen um das Pastiche sowie die Persiflage. „Der Hypotext schimmert im Hypertext noch genauso durch wie der ursprüngliche Text im darüber geschriebenen Palimpsest" Antor/Nünning 2008, S. 250f.). Beim letzteren handelt es sich um einen Begriff aus der Handschriftenkunde, der die Wiederbeschreibung bzw. Überschreibung eines Pergaments benennt, „wobei mit Hilfe verschiedener technischer Verfahren ein vorangehender, ursprünglicher Text weitgehend getilgt und nur noch in Fragmenten ‚zwischen' dem neuen Überschreibungstext sichtbar ist" (Meinhard Winkens in: Nünning 2008, S. 554).

2 In dem von Jan-Arne Sohns und Rüdiger Utikal herausgegebenen (und sehr empfehlenswerten) Band *Popkultur in der Schule – Bausteine für eine neue Medienerziehung* wird *Faserland* in zwei Kapiteln als Unterrichtslektüre vorgeschlagen und vorgestellt, u. a. in Hinblick auf transmediale bzw. intertextuelle Elemente.

3 Marty Brito, eine chilenische Grafikdesignerin, kam auf die Idee, Grundschulkinder die Fragen beantworten und dazu Bilder malen zu lassen. Die Ergebnisse der chilenischen Schüler kann man in dem wunderschön gestalteten Bildband *Wohin gehen die geträumten Dinge* auch auf Deutsch bewundern.

2 Erzählendes Schreiben

Technik allein ist nie genug. Es braucht Leidenschaft.
Technik allein ist nur ein bestickter Topflappen.
Raymond Chandler

2.1 Zwischenstation

2.1.1 Überlegungen

Wie und ob die Ergebnisse der Einstiegsübungen weiterverwertet werden, hängt natürlich auch davon ab, in welcher Weise im Projekt gearbeitet werden soll. Wo es um kurze, lyrische Prosatexte gehen soll, sind die Einstiegsergebnisse natürlich eine hervorragende Textquelle. Oder sie beinhalten bereits Themen, die in anderen, längeren Erzähltexten aufgegriffen werden. Vielleicht ist es nichts von beidem und der Einstieg diente lediglich dem Freischreiben.

In jedem dieser Fälle war jede einzelne Übung, jede einzelne Minute, die mit ihr zugebracht wurde, nützlich. Weil dieses Zurücksetzen, dieser „Reset", im besten Fall Ängste abgebaut und Erwartungen zurückgesetzt hat. Die Ergebnisse sind erfahrungsgemäß ursprünglich, authentisch, assoziativ und bilden in vielerlei Hinsicht ihre Urheber ab. Sie sind aber auch skizzenhaft, fragmentarisch, gekritzelt und notizenhaft. In jedem Fall (noch) zu persönlich und (noch) zu wenig ausgereift, um an die Öffentlichkeit zu gelangen.

Wie aber wird aus solchen Erstergebnissen erzählende Literatur?

Zunächst möchten wir noch einmal festhalten, dass wir uns bereits mitten in einem Prozess befinden. Einem Prozess, den auch professionelle Schriftsteller durchlaufen müssen, und zwar stets aufs Neue. Deshalb zwingen sich auch Profis immer wieder zu immer neuen (oder eingespielten) Übungen, produzieren Textfragmente, deren Weiterverwertung im ersten Moment alles andere als sicher, ja sogar unwahrscheinlich erscheint. Sie führen Notiz-, Traum- und Tagebücher, in denen sie Gedanken, Geschehnisse, Zitate, Beobachtungen und vieles mehr festhalten. Nur um irgendwann auf ein Thema, eine Stelle, einen Gedanken oder einen Satz zu stoßen, der die Tür zu einem neuen Projekt, einem neuen Roman oder einer neuen Erzählung aufmacht. „Dringend empfehle ich jedem Schreibenden, ein Notizbuch zu führen – ein kleines, wenn er tagsüber unterwegs sein muss, oder ein größeres, wenn er sich den Luxus leisten kann, zu Hause zu arbeiten. Selbst drei oder vier Worte lohnt es sich oft aufzuschreiben, wenn sie einen Gedanken oder Einfall oder eine Stimmung festhalten" (Highsmith, 2007, S. 162). Wer regelmäßig notiert, hat nicht nur viel Material, sondern bleibt am Ball und die gefürchtete leere Seite ist längst gefüllt mit Gedankensplittern, Beobachtungen, Listen. Wer regelmäßig notiert, der meint es ernst mit dem Schreiben, so Hanns Josef Ortheil, der Notizen als „Schreiben dicht am Leben" und „Leben dicht am Schreiben" definiert (vgl. Ortheil, 2012, S. 14f.).

Weil man nie weiß, welches Wort oder welcher Gedanke zu dem nächsten großen Roman führt, und weil es eben oft die abwegigsten und unmöglichsten Worte und Gedanken sind, ist alles erlaubt – ja sogar erwünscht. Das ist schwierig genug. Man muss die schrille Stimme des inneren Redakteurs zum Verstummen bringen, der meckert, dies oder jenes könne man so oder so nicht schreiben, und überhaupt sei alles, was man bislang aufs Papier gebracht habe, ziemlich peinlich.

Wenn man diese Stimme nicht zum Verstummen bringt, zumindest zeitweise, wird man eigenes Potenzial niemals ganz ausschöpfen und die wirklichen Anliegen, die man selbst beim Schreiben hat (seien sie nun thematisch oder formal), erkennen und umsetzen können.

Wenn wir nun im Prozess des Schreibens einen weiteren Schritt tun, dann bedienen wir uns dabei der Ergebnisse der vorher absolvierten Übungen, der dabei entstandenen Texte oder zumindest Teilen davon. Sie dienen als thematisches und sprachliches Rohmaterial, aus dem wir die Stücke nehmen, die für den weiteren Verlauf unserer Textproduktion nützlich erscheinen.

Mindestens eines haben sämtliche Übungen des vorangegangenen Kapitels gemeinsam: Sie haben den Text als etwas Ganzes betrachtet, als eine in sich selbst ruhende Einheit, die auf einen Impuls oder eine Idee hin entstanden ist.

Ob dieser Text nun einen Sinn ergab oder nicht, ob er eine erkennbare Geschichte erzählte oder nur eine wohlklingende Aneinanderreihung von Wörtern oder Zeichen war – all das hat uns nur sekundär interessiert, viel mehr interessierte uns, ob sich der Schüler damit wohl fühlte.

Nun aber wollen wir erzählen. Die Geschichte tritt in den Vordergrund, die Befindlichkeit des Schülers logischerweise in den Hintergrund. (Weshalb dies so zu sein hat, erklären wir ausführlich im Kapitel 3.2.2 *Distanz*. Und weshalb dies nicht gleichzeitig heißt, dass wir die Persönlichkeiten und Befindlichkeiten der Schüler künftig vollkommen außer Acht lassen, werden wir am Rande dieses Kapitels noch klären.)

Sich dem Erzählen hinzuwenden, heißt zunächst einmal, kleinteiliger zu arbeiten. Einen Text nicht mehr nur als Ganzes zu sehen, sondern in seine Einzelteile zu zerlegen:

▸ Handlung
▸ Charaktere / Figuren
▸ Zeit
▸ Ort
▸ Dialog
▸ Perspektive
▸ Szene

Diese Elemente kommen in zahlreichen erzählenden Text vor. Ausnahmen gibt es viele. Doch selbst das Weglassen etwa des Dialogs ist das Ergebnis eines Überlegensprozesses.

Wir geben uns nicht der Illusion hin und lassen uns nicht zu dem Versprechen Ihnen gegenüber verleiten, wir könnten im Folgenden all diese Punkte erschöpfend abhandeln. Das können wir nicht und das müssen wir nicht. Es gibt Literatur zuhauf darüber, ob nun wissenschaftliche, literaturkritische oder ratgebende. Wir wollen einen Überblick bieten. Weil niemand, der sich mit Texten, der Vermittlung von Texten oder der Vermittlung des Schreibens beschäftigt, daran vorbeikommt.

Wirklich?

Ein Schüler, mit dieser Frage konfrontiert, wird für gewöhnlich antworten: „Perspektive? Charaktere? Handlung? Brauche ich alles nicht. Ich erzähle meine Geschichte so, wie ich will."

Ein Schüler, der so spricht, hat Recht. Nicht in der Sache vielleicht, aber er hat ein gutes Recht, eine solche Meinung zu äußern. Das Erzählen ist, wie jede andere Kunstform, die der Mensch Zeit seines Lebens automatisch und fast täglich betreibt, schließlich zunächst einmal eine instinktive Angelegenheit. Schüler erzählen den ganzen Tag. Wenn sie miteinander sprechen, tun sie fast nichts anderes. Sie erzählen, was sie zu Hause erleben. Sie erzählen von der letzten Party. Sie erzählen von Filmen, Computerspielen und vom letzten Besuch im Freizeitpark. Lehrern erzählen sie die abenteuerlichsten Geschichten darüber, warum sie unmöglich ihre Hausaufgaben machen konnten oder weshalb sie zu spät gekommen sind. Für die Eltern sind jene Geschichten reserviert, in denen erklärt wird, weshalb in einem bestimmten Schulfach keine bessere Note zu holen war oder weshalb das Fortbestehen der Menschheit von einem nach hinten verlegten Zapfenstreich am Wochenende abhängt.

Natürlich sind diese Alltagsgeschichten gesprochenes Wort. Aber sie funktionieren nach denselben Prinzipien wie all das, was wir in unseren Unterrichtsprojekten verschriftlichen wollen.

Dabei treffen Schüler übrigens sehr wohl Entscheidungen über die oben erwähnten Elemente. Wer hat noch niemals erzählt „Stellt euch vor, was ich gestern gesehen habe", obwohl man es gar nicht selbst war, sondern das, was dann kommt, nur vom Hörensagen kennt? Wer hat noch nie ein Ereignis „kürzlich" stattfinden lassen, obwohl er sich nicht sicher war, ob es nicht schon länger zurückliegt, einfach weil es einen größeren Eindruck hinterlässt, näher dran und früher informiert zu sein als der Rest der Welt? Und schließlich: Wer hat noch nie eine Person beschrieben, die den Zuhörern unbekannt war und wahlweise die positiven oder negativen Eigenschaften bewusst übertrieben, im Wissen, dass so der eigenen Geschichte damit besser gedient ist?

Aha, es findet also sehr wohl eine Auseinandersetzung mit erzählerischen Elementen statt. Sie müssen nur bewusst gemacht und in einen anderen Erzählzusammenhang transportiert werden.

Das heißt:
▶ Das gewöhnliche, alltägliche und vor allem mündliche Erzählen wird verschriftlicht.
▶ Die sehr konkrete Zuhörerschaft, deren Vorlieben und Erwartungen man im besten Fall kennt, wird ersetzt durch einen anonymen Leser.

Woran aber soll ich mich orientieren, wenn ich meine Zuhörer- bzw. Leserschaft nicht kenne und nicht weiß, was sie erzählt bekommen will? Ganz banal geantwortet: Zunächst einmal muss man sich auf das eigene Gespür verlassen. Darauf, was man selbst gern erzählt bekommen würde oder das man so interessant findet, dass man es gern erzählt.

2.1.2 Vorgehen

Ich brauche also zunächst einmal eine Idee.

Der Einfachheit halber sagen wir mal, es soll eine inhaltliche Idee sein. Wir wollen nicht verschweigen, dass es durchaus Autoren gibt, die einen Text von einer formalen Idee her entwickeln. Im letzten Kapitel haben wir uns sogar in der Hauptsache mit dieser Herangehensweise beschäftigt. Doch wir haben die Erfahrung gemacht, dass bei Schülern die inhaltliche Variante besser funktioniert.

An dieser Stelle wollen wir kurz unterbrechen, um zwei Dinge zu klären. Erstens: Mit allem, was wir in diesem Kapitel beschreiben, wollen wir die Schüler in die Lage versetzen, einen Kurztext, eine Kurzgeschichte oder einen Roman bzw. ein Romankapitel zu schreiben. Wir werden aber noch nicht über diese unterschiedlichen Formen sprechen, noch nicht ihre Vor- und Nachteile für die Arbeit mit und an ihnen im Deutschunterricht bzw. mit einer Schulklasse unter die Lupe nehmen.

Zweitens: Wir treten nun in einen Prozess ein, der nicht nur voranschreitet, sondern auch ständig dazu zwingt, das bisher Gemachte und Gedachte noch ein-

67

mal zu überdenken, zu prüfen und möglicherweise komplett zu verwerfen. Dies erfordert Geduld. Dies erfordert auch eine gewisse Frustrationstoleranz. Die ist bei Schülern nicht immer zu bekommen. Deshalb ist es oft eine Ermessensfrage, die nur der jeweilige Lehrer für eine bestimmte Klasse oder einen bestimmten Schüler beantworten kann.

Zurück zur Ideenfindung. Sie steht zunächst einmal vor jedem weiteren Schritt. Egal, ob man nun eine Kurzgeschichte oder einen Roman anstrebt, als allererstes will geklärt sein, worum es denn nun eigentlich geht. Wer sich ein wenig Zeit für die Beantwortung dieser Frage nimmt, wird schnell feststellen: Es ist gar nicht so leicht oder gar unmöglich, diesen Punkt von den anderen Punkten zu trennen. Wie kann ich mir eine Geschichte ausdenken, ohne mir auch Gedanken über Zeit, Ort und Personen zu machen?

Berechtigter Einspruch. Aber irgendwo muss man eben beginnen.

So bietet das erzählende Schreiben und der bewusst gemachte Prozess, dem Schüler vor allem die Möglichkeit, sich und seine Persönlichkeit mit literarischen Mitteln zu verorten, sich neu zu erfinden, Wünsche und Ängste zu äußern – und in manchen Fällen (auch wenn man daraus keine Regel machen kann) dazu, Literatur und erzählende Texte (neu) für sich zu entdecken.

2.2 Handlung

2.2.1 Grundbegriffe

Story und Plot: Grundlegend für die Handlung erzählender Texte sind die Begriffe Ereignis, Geschehen und Geschichte. Das Ereignis ist die „kleinste elementare Einheit der Handlung" (Martinez/Scheffel, 2009, S. 108). Mehrere Ereignisse fügen sich zu einem Geschehen. „Im Geschehen seriell aneinander gereihte Ereignisse ergeben aber erst dann eine zusammenhängende Geschichte, wenn sie nicht nur (chronologisch) aufeinander, sondern auch nach einer Regel oder Gesetzmäßigkeit auseinander folgen" (Martinez/Scheffel, 2009, S. 109). Eben diesen Unterschied zwischen chronologischer Aneinanderreihung von Ereignissen und einer Geschichte, die ihren eigenen Regeln folgt, hat E. M. Forster, ein englischer Schriftsteller, in *Aspects of a Novel* bereits 1927 dargestellt. Auch wir verwenden seine viel zitierten Definitionen von Plot und Story: „Der König starb, und dann starb die Königin": Dies bezeichnet Forster als „Story". „Der König starb und dann starb aus Trauer auch die Königin" bezeichnet nach Forster den Plot. Die Story erzählt also das Geschehen, die reine Abfolge des „Und dann und dann und dann". Der Plot erzählt die Geschichte, also das „Warum" und arbeitet mit der Komposition und dem Arrangement der Ereignisse, mit den Begriffen von Ursache und Wirkung, Motivationen und Handlungssträngen. Was geschieht mit welcher Folge? Wie beginnt die Geschichte und auf welches Ende steuert sie zu? Weshalb und wie (vgl. Martinez/Scheffel, 2009, S. 110 ff.)?

Konflikt: Der Konflikt ist eigentlich ein Begriff aus der Gattung Drama. Dort ist er die handlungstreibende Kraft, die im Mittelpunkt steht und das „Aufeinander-prallen verschiedener Kräfte" bedeutet (Platz-Waury, 1992, S.101 f.). Als Konflikt wird auch in der erzählenden Literatur all das bezeichnet, was als Hindernis oder unterschiedliche Interessenslage zwischen Personen oder Ereignissen steht. Au-ßerdem kann sich eine Figur im Konflikt mit sich selbst befinden, mit einer un-definierten oder übernatürlichen Macht, einer Gruppe oder gleich der gesamten Gesellschaft (vgl. Platz-Waury, 1992, S.102.). Konflikte erzeugen Spannung und „um Spannung zu halten, muss man sie aushalten. Einfacher und angenehmer ist es, diese aufzulösen, weshalb Konflikte in den ersten Texten von Schülern oft nicht ihr Potenzial entfalten" (Richhardt, 2011, S. 50).

2.2.2 Überlegungen

Was zeichnet eine gute Geschichte aus?

Ist es eine gute Idee? Eine verallgemeinerbare Aussage? Ganz und gar unge-wöhnliche oder neuartige Sprache?

Vielleicht ein bisschen von allem. Nichts davon jedoch alleine. Wer aber da-mit rechnet, eine Aussage über die Qualität eines Textes sei nicht zu treffen, den müssen wir eines Besseren belehren. Es gibt ein einzelnes und eindeutiges Indiz für eine gute Geschichte: Eine gute Geschichte ist eine Geschichte, die der Leser aus freien Stücken und gern bis zum Ende liest.

Wir leben in einer Gesellschaft, die Geschichtenerzählern weder formal noch inhaltlich Grenzen setzt. Das ist an sich eine sehr erfreuliche Tatsache, führt an-dererseits aber zu einem Überangebot an Geschichten. Und jeden Tag kommen neue hinzu. Das wissen die Leser. Sie wissen auch, dass ihre (Lebens-)Zeit be-grenzt ist und dass sie niemals alle Geschichten lesen, hören und sehen werden. „Setzen wir, dass man vom 5000. Tage an leidlich mit Verstand zu lesen fähig sei; dann hätte man, bei einem green old age von 20.000 demnach rund 15.000 Le-setage zur Verfügung. (…) Ich möchte es noch heilsam-schroffer formulieren: Sie haben einfach keine Zeit, Kitsch oder auch nur Durchschnittliches zu lesen (…)" (Schmidt, zit. nach Schmitz, 2006, S. 840 f.).

Warum sollten die Leser sich also mit einer Geschichte aufhalten, die ihnen nicht gefällt? Warum sollten sie ein langweiliges Buch nicht zur Seite legen und ein anderes aufschlagen, das ihnen größeren Genuss verspricht? Freilich gibt es Leser mit dem Grundsatz, ein einmal begonnenes Buch müsse man auch zu Ende lesen. Doch diese Leser sind die Minderheit. Und welcher Autor will sich schon damit brüsten, einen Text verfasst zu haben, den die meisten Leser nur widerwil-lig oder gar nicht gelesen haben?[1]

Mit dem Begriff der „Handlung" geht oftmals ein Missverständnis einher. Das Missverständnis nämlich, dass er wie auch im alltäglichen Sprachgebrauch auf einzelne Tätigkeiten reduziert wird, und damit auf die Frage, was in einem Text passiert. In dieser Verwendung greift der Begriff jedoch zu kurz. Es geht bei wei-

69

tem nicht nur darum, was geschieht – sondern auch um das Warum, also um die „Gesamtheit der dargestellten Geschehnisse in einem (…) erzählenden Text. (…) Dieser Handlungsbegriff umfasst also mehr als intentionale Einzelhandlungen, er bezeichnet deren dynamische Kombination als Interaktionen, aber auch nicht-intentionale (natürliche oder übernatürliche) Geschehnisse, Verhaltensweisen, ‚inneres' Geschehen, im Einzelfall auch Zustände und Gegebenheiten" (Metzler Literaturlexikon, 2007, S. 302).

Um die Unterscheidung artikulierbar und greifbar zu machen, sprechen wir hier hauptsächlich von „Plot" und „Story"[2].

Unter „Story" verstehen wir, wie oben bereits dargestellt, die Folge von Ereignissen.

Ein Beispiel aus unserer Schularbeit. Hierbei handelt es sich um eine Romangeschichte, die von einer 8. Realschulklasse erdacht wurde.

8. Klasse, Realschule

Ein Junge wurde während seiner Schulzeit im Internat, das auch ein Waisenhaus war, von seinen Lehrern und Mitschülern gequält. Viele Jahre später kehrt er als Hausmeister an eben dieses Internat zurück. Er will dazu beitragen, dass kein Schüler sein Schicksal teilen muss. Allerdings nimmt er dieses Ansinnen mit der Zeit zu ernst und beginnt, besonders grausame Lehrer und Schüler umzubringen.

Das mag sich martialisch anhören, ist aber eine Geschichte, die Schüler sich ausgedacht haben. Später werden wir noch ein wenig genauer darauf eingehen. Für den Moment interessiert uns hauptsächlich, welcher Plot aus dieser Idee entstanden ist.

8. Klasse, Realschule

Jack, ein Mann von etwa 40 Jahren, tritt eine Stelle in einem englischen Internat an. Weil er adoptiert wurde und sich sein Nachname geändert hat, erkennt niemand in ihm den Schüler von früher. Dies erfährt der Leser aus dem Tagebuch, das Jack schreibt. Jack versucht, sich im Alltag an der Schule zurechtzufinden. Er kümmert sich fürsorglich um die Schüler, über seine Pflicht heraus. Besonders Dave, der unbeliebt ist und den Anfeindungen der Lehrer und Mitschüler gleichermaßen ausgesetzt ist, genießt den Schutz des Hausmeisters. Doch in dessen Wahrnehmung vermischen sich die Unterschiede zwischen dem heutigen und dem damaligen Jungen. Die Erlebnisse seiner eigenen Kindheit treten bei Jack plötzlich wieder mit solcher Deutlichkeit zutage, dass auch der letzte Rest Distanz verloren geht und er zu drastischen Mitteln greift.

Durch das Zusammenspiel aus erzählenden Passagen, Tagebucheinträgen und vielen Dialogen wird aus der recht einfachen Grundgeschichte ein spannendes Spiel mit Wirklichkeits- und Wahrnehmungsebenen.

Dabei geht es, und hier sind wir bei der Essenz des Plots, um Komposition, um Kausalzusammenhänge innerhalb des Geschehens ebenso wie um die Entscheidung, was und wie viel der Leser an welcher Stelle der Geschichte wissen oder ahnen darf.

Na schön, das geht jetzt alles ein wenig schnell. Gerade noch waren wir damit beschäftigt, überhaupt eine Idee für unseren Text zu entwickeln – jetzt fragen wir uns schon, wie man diese Idee am besten inszeniert.

Die beiden Schritte lassen sich kaum voneinander trennen. Denn erst dann, wenn man sich Gedanken über die textliche Inszenierung, die Komposition macht, wird man herausfinden, ob die Idee überhaupt genug hergibt. Denn so manchem Text, so gut er sich im ersten Augenblick anhört, geht über die Strecke die Puste aus. Mancher Stoff ist ideal für eine Kurzgeschichte oder Erzählung, trägt aber nicht für einen Roman. Umgekehrt sind manche Stoffe so umfangreich und vielschichtig, dass eine Kurzgeschichte nicht den notwendigen (quantitativen) Raum bietet.

Ein gutes Beispiel für letztere Art ist die bereits vorgestellte Internats-Geschichte. Sie beinhaltet so viele Ebenen und braucht so viel Entwicklung und Erklärung innerhalb des Textes, dass sie sinnvoll nur als Roman erzählt werden kann.

Tatsächlich stammt sie, in ihrer Grundform, der Story, wie auch in ihrer Komposition, komplett aus der Feder einer unserer Projektklassen, und zwar einer 8. Realschulklasse. Natürlich war einiges an Hilfestellung und Moderation nötig, um dieses Ergebnis herbeizuführen. Das liegt daran, dass Schüler zunächst meistens ihre ganz eigene Vorstellung davon haben, was eine interessante Idee oder Story sein und was als Grundlage für einen erzählenden Text taugen könnte. Diese Vorstellungen sind oft denkbar weit von dem entfernt, was sich umsetzen lässt oder was danach auch nur annähernd so spannend oder interessant ist, wie anfangs gedacht.

2.2.3 Schüler und Handlung

Wenn es um Ideenfindung geht, fängt jeder Mensch erst einmal dort mit der Suche an, wo er sich am besten auskennt. Für Schüler heißt dies, dass sie sehr oft von dem inspiriert werden, was sie aus Hollywoodfilmen, dem Fernsehen oder aus Computerspielen kennen. Im Laufe unserer Arbeit sind verschiedene Szenarien und Ideen immer wieder aufgetaucht. Wir haben sie unter verschiedenen Kategorien zusammengefasst und mit den passenden Überschriften versehen:

▶ Weltuntergang und Rettung: Ein verrückter Wissenschaftler entwickelt in seinem Labor eine Atombombe oder ein tödliches Virus, mit dem Ziel, wahlweise die gesamte Menschheit oder gleich den ganzen Planeten zu vernichten. Je nach Vorliebe der Ideengeber gelingt ihm das oder er wird durch einen Superagenten/-helden in letzter Sekunde daran gehindert.

▶ Massenmörder: Ein wahnsinniger Einzeltäter tötet wahllos. Ob in der Schule, im Einkaufszentrum oder in Sportstadion. Seine Motivation wird dabei gern mit den Worten „Es macht ihm halt Spaß" umschrieben.

▶ Alien-Angriff: Ein Raumschiff mit feindlich gesinnten Außerirdischen landet auf der Erde. Zunächst entführen sie einzelne Menschen für wissenschaftliche Experimente, anschließend beginnen sie ihren Feldzug der vollständigen Vernichtung der Menschheit.

▶ Liebe mit Hindernissen. Die Heldin der Geschichte ist in einen Jungen verliebt, der jedoch mit der Schönheitskönigin der Schule liiert ist. Weil die zweite große Leidenschaft der Heldin die Musik ist, gewinnt sie einen Gesangs-Talentwettbewerb im Fernsehen, wird berühmt und kann dadurch auch den Traumjungen für sich gewinnen.

▶ Raub(überfall): Dem Protagonisten gelingt – gern unter Anwendung asiatischer Kampfsportarten – der Coup seines Lebens, woraufhin er reich und berühmt wird.

Die Variationen dieser Grundthemen sind vielfältig. Es gibt zweifellos noch einige andere Themen, doch stehen die eben genannten exemplarisch für das Phänomen, mit dem man sich hier konfrontiert sieht. Allesamt haben sie eines gemeinsam: Sie sind weit von der Lebens- und Erfahrungswirklichkeit der Schüler entfernt und beziehen sich auf stereotype und immer wiederkehrende Motive.

Wenn man mit einer Klasse arbeitet, aus deren Reihen solche Vorschläge kommen, hat man zwei Möglichkeiten. Erstens: Man verwirft alles und zwingt die Schüler, sich mit einem anderen Thema zu beschäftigen. Zweitens: Man beißt in den sauren Apfel, aber unter der Voraussetzung, dass sich die Idee mit jedem weiteren Schritt näher an die Wirklichkeit der Schüler bewegt oder zumindest dorthin, wo sie etwas zu erzählen haben.

Wie unschwer zu erkennen ist, hatte auch die Internatsgeschichte ihren Ursprung im Stereotyp. Dem nämlich vom wahnsinnig gewordenen Massen- und Serienkiller. Die fragliche Klasse hatte sich jedoch bereits so vollständig in die Grundidee verliebt, dass wir beschlossen, uns mit kleinen Schritten aus der erzählerischen Sackgasse herauszumanövrieren.

In dieser Situation nehmen wir die Rolle eines Moderators ein, nicht unähnlich der Rolle eines Psychotherapeuten, der zwar eine ungefähre Vorstellung davon hat, was dem Patienten fehlt und was ihm helfen könnte, der sich aber hüten wird, damit herauszuplatzen und dem Patienten die Chance zur Selbsterkenntnis zu nehmen und damit den Therapieerfolg zu gefährden. Bei der Arbeit mit Schülern ist es ähnlich. Sobald sie sich gegängelt fühlen, verlieren sie entweder vollständig die Motivation oder haben zumindest das Gefühl, nicht mehr an ihrem eigenen Projekt zu arbeiten.

Bei der Internatsgeschichte hatten wir folgende Ausgangssituation: Zusammen mit der Klasse hatten wir entschieden, einen gemeinsamen Roman zu schreiben. Die Idee sollte gemeinsam entwickelt werden – in wechselnden Gruppen- und Plenumsphasen (dies werden wir später noch genauer beschreiben). Entgegen aller Ratschläge und Bedenken unsererseits hatte sich eine Massenmördergeschichte in allen Vorabstimmungen durchgesetzt.

Die Schüler sollten ihre Idee gern umsetzen, aber nur dann, wenn sie so ausgearbeitet wäre, dass sie auch über 29 Kapitel hinweg tragen würde. So viele Schülerinnen und Schüler hatte die Klasse, und jede und jeder von ihnen sollte am Ende ein eigenständiges Kapitel verfassen.

Hier ein rekonstruierter und sehr stark gekürzter Dialog, der aber einen guten Eindruck der Themen vermittelt, die während der Diskussion verhandelt wurden. (Anmerkung: Da es sich hier um eine Rekonstruktion handelt, wissen wir nicht mehr, welche Aussage von jeweils einem anderen oder demselben Schüler kam. Deshalb verzichten wir auf eine Benennung mit Buchstaben oder Zahlen.) Zur Diskussion stand lediglich die folgende Idee: Ein irrer Massenmörder tötet nacheinander alle Lehrer einer Schule.

Dozent:	Weshalb tötet er?
Schüler:	Weil's ihm Spaß macht.
Dozent:	Das ist dann eine sehr kurze Geschichte. Ein Mann tötete fünf Lehrer. Es machte ihm Spaß. Bumm. Ende.
Schüler:	Nein. Er bringt Lehrer um, weil die Lehrer gemein zu ihm waren, als er selbst noch ein Schüler war.
Dozent:	Sind das x-beliebige Lehrer?
Schüler:	Nein, das sind die Lehrer, die ihn gequält haben.
Schüler:	Er geht an die Schule, an der er früher selbst war.
Dozent:	Fällt das nicht auf, ein fremder Mann an einer Schule?
Schüler:	Der arbeitet da.
Schüler:	Der ist da Hausmeister. Und das ist ganz weit weg von der Stadt, wo die Polizei ganz lange braucht.
Schüler:	In England. Da war ich mal, da ist fast alles weit weg von der Stadt.
Dozent:	Das glaubt niemand. Jemand bewirbt sich als Hausmeister und eines Tages fängt er an um sich zu schießen. Die erkennen ihn doch schon beim Bewerbungsgespräch.
Schüler:	Er hat jetzt einen anderen Namen, weil eine Familie ihn adoptiert hat.
Schüler:	Und am Anfang will er gar niemanden umbringen. Er will nur den Schülern helfen, damit es ihnen nicht auch so schlecht geht wie ihm.

So geht es noch eine Weile weiter, bis letztlich das vorläufige Ergebnis auf dem Tisch liegt bzw. an der Tafel steht. Die neue Version verzichtet nicht vollständig auf das Blutvergießen, für das sich 14-jährige Schüler nun mal begeistern. Wenigstens ist sie aber ein kleines Stück in Richtung Glaubwürdigkeit und ein großes Stück in Richtung der Lebensrealität der Schüler vorangekommen. Genau dieser letzte Punkt ist für uns entscheidend. Wir versuchen, die Schüler dorthin zu lenken, *wo sie selbst sich befinden*. Weil sie von dort aus etwas zu erzählen haben. Auch deshalb zielen viele der Übungen, die wir im ersten Kapitel beschrieben haben, in diese Richtung. Sie sollen die Schüler öffnen und ihre Bereitschaft wecken, über sich selbst, ihre Befindlichkeiten, Ängste, Wünsche, kurz: über ihr Leben zu schreiben.

Damit stehen wir jedoch im Widerspruch zu dem, was Schüler zunächst wollen. Oder besser: Das Bedürfnis zum autobiografischen Schreiben ist durchaus vorhanden, steht aber erstens im Widerspruch zu dem Wunsch, cool und frei von Schwächen zu sein, zweitens wird der eigene Alltag und damit das eigene Leben, so viele Unwägbarkeiten und Probleme es darin auch geben mag, weder als spannend noch als glamourös genug empfunden, um es in einer Kurzgeschichte oder einem Roman zu thematisieren.

Wenn man die Schüler nicht zu einem Seelenstriptease untereinander zwingen will, bietet sich dieser elegante Umweg an, sie ihren eigenen fiktionalen Rahmen kreieren zu lassen, in dem sich dann wiederum alles entfalten kann, was sie grade so beschäftigt.

Im Falle der Internatsgeschichte waren das:
▶ Probleme und Machtspiele zwischen Lehrern und Schülern
▶ Gefühle der Einsamkeit und Unsicherheit innerhalb der Familie
▶ Mobbing und Geltungsdrang unter Mitschülern
▶ Erste sexuelle Erfahrungen oder Liebeserfahrungen

Insofern war die Ursprungsidee eine hervorragende Matrix, mit deren Hilfe ganz konkrete Lebenswirklichkeiten verhandelt werden konnten. Freilich läuft dieser Prozess nicht immer so reibungslos ab und das Ergebnis muss auch nicht immer gleich zufriedenstellend sein.

Und natürlich ist das beschriebene Vorgehen in höchstem Maße manipulativ. Aber gegen eine gut manipulierte Schulklasse ist nichts einzuwenden, solange sie die Möglichkeit bekommt, einen gesamten Schaffensprozess zu durchlaufen und dabei eine Reihe von Erfolgserlebnissen zu haben, inklusive der frustrierenden Phasen, die eben auch dazu gehören.

Letztlich gibt es keine eindeutige Vorgehensweise und kein Rezept für den Ideen- und Handlungsfindungsprozess, den wir soeben beschrieben haben. Jeder Roman hat seinen eigenen Prozess, ob ihn nun ein Einzelner schreibt oder eine Gruppe. Immerhin kann diese Beschreibung als Vorlage dienen. Außerdem werden wir im nächsten Abschnitt einige Übungen und Methoden vorstellen, die man begleitend einsetzen kann. Aber am Ende kennt jeder Lehrer seine Klasse am besten und weiß, was er ihr abfordern und welche Potenziale er ausschöpfen kann. Und auch die Geschmäcker dessen, was man als Ergebnis eines Themenfindungsprozesses stehen lassen will, sind höchst unterschiedlich.

2.2.4 Übungen

Bei den Übungen zur Ideenfindung und der Erstellung einer Romanhandlung ist es vor allem wichtig, dass die Schüler sich so sicher fühlen, dass sie auch auf den ersten Blick abstruse oder für sie selbst relevante Gedanken äußern. Die entsprechend notwendige kreative Atmosphäre wird durch die vorherige Durchführung zumindest einiger der im ersten Kapitel beschriebenen Übungen begünstigt.

Übung 1: Verwertbarkeit bisheriger Ergebnisse prüfen
Die Ergebnisse der ersten Arbeitseinheiten sollen auf gute Ideen und Geschichten hin untersucht werden oder auf Themen, an denen die Schüler gern weiterarbeiten und in die sie sich vertiefen möchten. Anschließend werden mögliche Themen in Zweier-, danach in Vierergruppen und schließlich im Plenum diskutiert.
▸ Zeitrahmen: 60 – 90 Minuten

Übung 2: Schritt- und Zeitschiene
Dieser Schritt zielt vor allem auf die Überprüfung der Tragfähigkeit der Grundidee ab. Lässt sich die Geschichte innerhalb einer Erzählung oder Kurzgeschichte behandeln oder wird dafür ein Roman benötigt? Bietet die Idee genügend Stoff für einen Roman, bei dem jeder Schüler letztlich ein Kapitel schreiben soll?
Die Idee soll in kleine Einheiten zerteilt werden. Eine Ausgangssituation und einen Schluss – außerdem alle Zwischenschritte, die den Anfang mit dem Schluss verbinden. Bei jedem Zwischenschritt sollte das „Warum?" und das „Wie?" geklärt und diskutiert werden. So beugt man unlogischen Handlungssprüngen vor.
Parallel dazu kann man mit dem Erstellen einer Zeitschiene beginnen. Näheres zur Zeitschiene in Kapitel 2.4.
▸ Zeitrahmen: 60 Minuten

Übung 3: Plotten
Anhand von wenigen Stichwörtern (z. B. Auto, Hund, Eltern, Regen) sollen mindestens fünf gänzlich verschiedene Mini-Plots à zehn Zeilen geschrieben werden.
▸ Zeitrahmen: 45 bis 60 Minuten

2.3 Charaktere / Figuren

2.3.1 Grundbegriffe

Hauptfiguren vs. Nebenfiguren: Diese Unterscheidung ist quantitativ und spricht für sich selbst. Welche Aufmerksamkeit bzw. welchen Raum gibt ein Text einer bestimmten Figur?

Protagonist vs. Antagonist: Der Held und sein Gegenspieler. Meistens ist das Verhältnis zwischen Protagonist und Antagonist geprägt durch einen Konflikt (vgl. Kapitel 2.2.1).

Held und Antiheld: Diese Unterscheidung ist qualitativ. Mit dem Begriff „Antiheld" wird nicht etwa (wie von vielen Schülern oft fälschlicherweise angenommen) ein Gegner des Helden benannt. Vielmehr steht das „anti" hier für das Gegenkonzept zum Heldentum an sich. Unter einem Helden versteht man den oder einen Protagonisten, der sich auf ernstzunehmende, zielführende und oft auch erfolgreiche Art und Weise der Lösung des Hauptkonflikts und damit der Erreichung eines Ziels nähert. Der Antiheld wird dieses Ziel öfter nicht erreichen. Und wenn doch, dann eher durch Zufall oder ein helfendes Schicksal oder andere äußere Umstände, weniger durch seine eigene Strategie oder sein eigenes Zutun. Antihelden sind für den Leser meistens deutlich als solche zu erkennen. Sie ziehen, aufgrund ihrer Besonderheiten, Fehler und Schwächen, eher Wohlwollen (Holden Caufield/*Fänger im Roggen*) oder Mitleid (*Woyzeck*), manchmal sogar Abscheu (Jean Baptiste Grenouille/*Das Parfüm*) als Bewunderung auf sich.

Flache Charaktere vs. runde Charaktere: Diese Einteilung ist qualitativer Art. Sie leitet sich aus der Frage ab, ob die Figur stereotyp und eindimensional oder vielschichtig und in sich widersprüchlich dargestellt wird. Dabei verläuft zwischen beiden Figurentypen nicht zwingend die Grenze zwischen Trivial- und Hochliteratur. Vielmehr spielen auch hier Faktoren wie Textlänge und Personal eine Rolle. Ein sehr kurzer Text muss sich mitunter auf einzelne Eigenschaften von Figuren beschränken. Entwicklungen und Widersprüche können in einer Kurzgeschichte nicht dargestellt werden. Wenn man es mit einem Roman zu tun hat, sollten natürlich die Hauptfiguren nicht flach oder eindimensional sein. Aber eine marginale Nebenfigur, die nur einmal auftaucht und nur einem einzigen Zweck dient, muss nicht in ihrer gesamten widersprüchlichen Persönlichkeit geschildert werden. Doch wie soll nun eine literarische Figur angelegt sein? „Ich stecke in einem Gestrüpp von Bedingungen fest", schreibt James Wood, Literaturkritiker und Professor in Havard (Wood, 2011, S. 101). Er plädiert, und das halten wir für sinnvoll, für Figuren, für die der Autor ein „vitales Interesse" bekundet (Wood, 2011, S. 115) – ob flach oder rund, sympathisch oder abscheulich. „Das Scheitern eines Romans entscheidet sich, wie ich meine, nicht daran, ob meine

Figuren lebendig oder tief genug sind; ein Roman droht vielmehr daran zu scheitern, wenn er es uns nicht beibrachte, uns auf seine Regeln einzustellen, wenn er es nicht verstand, einen spezifischen Hunger auf seine Figuren, auf seine eigene Wirklichkeit zu wecken" (Wood, 2011, S. 112).

2.3.2 Überlegungen

Menschen interessieren sich vor allem für eines: Menschen. Dieses Interesse ist vermutlich der Grund dafür, dass es erzählende Literatur gibt. Menschen erzählen sich Geschichten, in denen sie anderen und sich selbst ihr eigenes Leben und Dasein erklären, in denen sie darüber mutmaßen, was hätte sein können, wenn sie nur eine einzige Entscheidung anders getroffen hätten. In denen sie einen Blick in die Zukunft, in die Vergangenheit oder in die Gegenwart werfen.

Die Figuren in den Geschichten werden beneidet und bewundert, verachtet und bemitleidet – man identifiziert sich mit ihnen oder man grenzt sich von ihnen ab. Sie sind die Vehikel, mit deren Hilfe die meisten Leser in Texte eintauchen.

Ja, es gibt auch erzählende Texte, die ohne (menschliche) Figuren auskommen. Doch bei den meisten dieser Texte tritt etwas anderes an die Stelle der Menschen, etwas, das vermenschlicht wird und damit doch wieder nichts anderes ist als eine Person mit Wünschen, Ängsten, Hoffnungen und Schwächen.

Für einen Autor bedeutet dies, dass er den Figuren in seinen Geschichten besondere Aufmerksamkeit schenken sollte. Funktionieren die Figuren nicht, funktioniert für gewöhnlich der gesamte Text nicht. Gleiches mag zwar auch für andere der hier dargestellten Elemente gelten. Kaum ein Leser wird jedoch sagen: Mir hat das Buch nicht gefallen, weil mir die Perspektive nicht gefallen hat.

Mit den Figuren eines Textes kann man also eine Menge falsch machen.

Was zeichnet aber eine gelungene literarische Figur aus? Niemand wird auf diese Frage eine kurze oder gar einfache Antwort erwarten. Höchstens vielleicht die, dass sie glaubwürdig sein muss.

Man muss ihr abnehmen können, dass sie ist, wie sie ist, dass sie tut, was sie tut. Man muss ihre Motivation nicht verstehen, aber nachvollziehen können. Man muss sich nicht vollständig mit ihr identifizieren, darf aber auch nicht vollständig abgestoßen werden. Selbst die abstoßendsten Helden der Weltliteratur, ob es nun klassische Figuren wie Dracula und Doktor Frankenstein sind oder Protagonisten der neueren Horror- oder Popliteratur wie Hannibal Lecter (*Das Schweigen der Lämmer*, Thomas Harris) oder Patrick Bateman (*American Psycho*, Bret Easton Ellis) lassen dem Leser noch Andockpunkte, und mögen die auch nur in einer gewissen Eleganz und Würde liegen, mit der sie bei all ihren Abscheulichkeiten zu Werke gehen.

Wie elaboriert muss eine Figur sein, um überhaupt glaubwürdig wirken oder die Sympathie des Lesers auf sich ziehen zu können? Diese Frage rührt bereits an eine Wertung über die Vielschichtigkeit literarischer Charaktere, bei denen man, wie oben dargestellt, zwischen „flachen" und „runden" Charakteren unterscheidet. Dabei wird oft genug „flach" mit „schlecht gemacht" oder „trivial" gleichgesetzt. Vor allem amerikanische Schreibratgeber, wie z. B. das von Alexander Steele herausgegebene *Romane und Kurzgeschichten schreiben,* tendieren zu dieser Lehrmeinung. Im Übrigen haben sich auch Christian Friedrich Hebbel (für das Drama) und E. M. Forster (für den Roman) dahingehend normativ festgelegt (vgl. Pfister, 1988, S. 241 ff.). Diese Wertungen sind zu allgemein und lassen vor allem zwei Faktoren außer Acht, die für unsere Arbeit wichtig sind.

▸ Aufgabe im Text: Nicht jede Nebenfigur muss in all ihren Dimensionen durchleuchtet werden, wenn doch ihre Funktion innerhalb des Textes auf ein einziges Element beschränkt ist. Beispiel: Eine Hauptfigur, lassen wir sie eine junge Frau sein, hat soeben am Telefon erfahren, dass ihr Freund, der in einer anderen Stadt lebt, sie hintergangen hat. Zur Klärung will sie sofort zu ihm fahren und kauft sich am Schalter im Bahnhof eine Fahrkarte. Dabei wird sie von einem äußerst unfreundlichen und sehr inkompetenten Mann mit Seitenscheitel und Schnauzbart bedient. Natürlich stellen wir diesen Mann, soweit er nur dieses eine Mal auftaucht, sehr skizzenhaft und flach dar. Natürlich verfallen wir dabei auch leicht in ein Stereotyp. Damit werden wir zwar sehr wahrscheinlich nicht seiner vielschichtigen und sicher manchmal auch liebenswerten Persönlichkeit gerecht. Aber wir haben den Anforderungen der Geschichte genüge getan: Unsere junge Frau hat ihre Fahrkarte bekommen und ganz nebenbei noch die Bestätigung dafür, dass sich an diesem Tag die ganze Welt gegen sie verschworen hat.

▸ Textlänge: Dieser ganz banale Punkt hat ebenfalls entscheidende Auswirkungen auf unsere Möglichkeiten, Figuren zu gestalten. Hier gilt die einfache Faustregel: je kürzer der Text, desto flacher die Figuren. Der Grund dafür liegt auf der Hand. Erzählungen oder Kurzgeschichten zeigen meistens nur eine einzige Situation im „Leben" einer Figur. Das Davor und das Danach lassen sich im besten Fall erahnen, sind jedoch in aller Regel unwichtig. Nur der Roman, mit seiner Aneinanderreihung von Szenen und seiner Möglichkeit, lange Zeiträume zu überbrücken, bietet die Möglichkeit, eine Figur aus allen Perspektiven und in all ihrer Vielschichtigkeit auszuleuchten.

In jedem Fall muss sich der Autor die Frage stellen: Was soll die Figur innerhalb der Geschichte leisten und welches Bild muss sich der Leser von dieser Figur machen können, um diese Geschichte zu verstehen?

Eine andere Anforderung hat die Figur nicht zu erfüllen. Schon gar nicht die, ihr reales Vorbild, so es denn eines gibt, würdig zu repräsentieren. Und damit sind wir beim letzten wichtigen Punkt in diesem Abschnitt angekommen: der Autobiografie.

Wie autobiografisch bzw. wie wirklichkeitsnah dürfen Figuren sein? Darüber gibt es die unterschiedlichsten Ansichten. Klar ist jedoch: Im Allgemeinen sind literarische Texte von jungen (und ganz besonders von jugendlichen) Autoren noch viel mehr oder viel deutlicher autobiografisch geprägt als von älteren oder erfahrenen Autoren. Es gibt für dieses Phänomen zwei mögliche Erklärungen. Die erste ist, dass junge Autoren tatsächlich mehr von ihrer Lebenswirklichkeit einfließen lassen, weil sie sich als Gesamtperson noch in einer Findungsphase befinden und sich auch durch die Literatur ausprobieren. Die andere ist, dass erfahrene Autoren mehr Mittel bei der Hand haben, autobiografische Elemente zu überdecken.

Unter Autoren gibt es generell sehr unterschiedliche Ansichten darüber, wodurch literarische Figuren entstehen. Die einen behaupten, Figuren seien ausnahmslos und immer von Menschen inspiriert – der Autor brauche einen realen Ankerpunkt, um eine Figur in seiner Vorstellung lebendig werden zu lassen. Andere Autoren beharren darauf, von der Wirklichkeit unabhängige und vollkommen eigenständige Charaktere zu erschaffen, die von realen Personen weder inspiriert noch sonst wie beeinflusst sind.

Die Entscheidung muss und darf jeder für sich treffen. (Wie in vielen anderen Zusammenhängen lässt sich für den Leser ohnehin nicht nachvollziehen, was und wie viel der Autor sich in der Wirklichkeit abgeschaut hat. Er kann es also getrost unter der Rubrik „literarische Geheimnisse" verbuchen.) In einem dürften sich jedoch alle einig sein: Wenn es sich nicht gerade um einen historischen Charakter oder eine Figur des öffentlichen Lebens handelt, sollte man zumindest so viel literarische Verfremdung einbauen, dass Rückschlüsse nicht gezogen werden können. Dies gilt ganz besonders im Schulkontext, wenn man mit Schülern arbeitet. Vorsicht ist geboten, wenn deutlich erkennbar Mitschüler oder Lehrer in einen Text einfließen.

Wie gesagt: Reale Bezüge, und immerhin darüber dürfte unter Autoren Einigkeit bestehen, sind keine Rechtfertigung für literarische Nachlässigkeit. Die Figur muss auf dem Papier funktionieren, sie muss im Rahmen der erzählten Geschichte funktionieren. Der Hinweis „Der ist aber so" ist keine Rechtfertigung für literarische Defizite.

2.3.3 Schüler und Figuren

Hier wollen wir zunächst einmal Lex sich selbst vorstellen lassen:

Fabian, Realschule, 14 Jahre

Ich bin Lex, ein Magier. Ich traf mich mit meinen Freunden Rio und Lano, wir hatten eine Mission. Diese bestand darin, das Feuerelementar, das unser Land schon immer terrorisiert hatte, zu töten. Diese Aufgabe hatten wir vergangenen Monat von dem Herrscher unseres Landes bekommen. Rio ist ein Schamane und Lano ein Paladin. Ich als Magier kann gut mit Magie umgehen, Rio als Schamane kann Totems aufstellen, die einem mehr Kraft geben und andere Gegner irritieren. Sie können auch recht gut mit Magie umgehen. Lano ist der beste Schwertkämpfer in unserem Lande.

Aha. Gut zu wissen. Dann können wir wohl davon ausgehen, dass so ziemlich alles möglich ist und vor allem so ziemlich alles gelingen wird, solange Lex nur an unserer Seite kämpft. Denn Lex trägt den Erfolg quasi schon in den Genen. Das könnte daran liegen, dass Lex eigentlich keine literarische Figur ist, sondern die Figur eines Computerspiels.

Gleichzeitig ist Lex jedoch Vertreter einer Spezies, die es Jugendlichen ganz besonders angetan hat:

▶ Superhelden: Diese Bezeichnung verwenden wir für alle Figuren, die über ein außergewöhnliches Talent verfügen und eine Mission erfüllen, von der sie möglicherweise am Anfang einer Geschichte noch nichts wissen. Deshalb könnte man diese Mission auch Schicksal nennen. Lex' Schicksal etwa besteht darin, die Welt zu retten. Lex könnte ebenso gut Johnny oder Hassan heißen und Fußballer oder Sänger sein. Dann würde sich zwar das Setting ändern, das Prinzip bliebe aber dasselbe: Der Superheld ist unbesiegbar, fast übermenschlich. Weshalb dieser Superheld ein übermenschliches Wesen ist? Weil er im Unterschied zu den meisten Comic-Superhelden (wie zum Beispiel Spiderman Peter Parker) niemals Schwächen zeigt oder strauchelt.

Der Superheld ist eine der liebsten und typischsten Figuren, mit denen Schüler daherkommen, wenn sie die Aufgabe haben, Personal für eine Geschichte zu rekrutieren. Gründe dafür gibt es viele. Die zwei wichtigsten sind, dass Schüler erstens mit solchen Superhelden täglich über Medien in Kontakt kommen, ob nun in Computerspielen, Filmen, Comics oder im Fernsehen. Zweitens sind Superhelden eine Projektionsfläche für alles, was man sich erträumt oder eben einfach nicht so ist wie im gewöhnlichen, langweiligen Alltagsleben.

Es gibt zwei weitere Figurenarten, die uns bei der Arbeit mit Schülern immer wieder begegnen:

▶ Der Wahnsinnige: Hinter diesem Label verbirgt sich ein Amokläufer, ein verrückter Wissenschaftler oder der Anführer einer Bande von Aliens. Ihr einziger Auftrag und Wunsch besteht in der Auslöschung einer möglichst großen Anzahl von Menschen. Einen Grund muss es dafür (zumindest nach dem Dafürhalten ihrer Schöpfer) nicht geben. Die beiden letztgenannten Spezies, Wissenschaftler und Alien, haben dank ihrer besonderen Technik und Fähigkeiten übrigens gegenüber dem schlichten Amokläufer den Vorteil, dass sie auf Wunsch die gesamte Menschheit auslöschen können.

▶ Der Einzelgänger: Er ist der Desperado unter den Lieblingshelden unserer Schüler und kommt vor allem in (ja!) Einzelarbeiten vor. Er bewegt sich in der riesigen Spanne zwischen Genialität und Selbstkasteiung. Ganz egal, wie groß der Grad der Depression oder Autoaggression ist (nicht selten gipfeln die Texte im Selbstmord des Protagonisten), immer ist er unverschuldet in diese Situation gekommen, weil die Umwelt ihn nicht versteht.

Sehr autobiografisch hört sich all das nicht an. Und doch lässt sich an den Protagonisten, die Schüler für ihre Geschichten wählen, eine ganze Menge über ihre Befindlichkeiten, Wünsche und Probleme ablesen.

Grundsätzlich ist nichts einzuwenden gegen einen Superhelden. Er birgt jedoch die Gefahr, dass er so weit vom Leben der Schüler entfernt ist, dass sie ihn nicht plastisch darstellen können was wiederum zur Folge hat, dass er zu einem Abziehbild eines Menschen / Charakters wird und die Geschichte nicht mehr funktioniert.

Unsere Aufgabe haben wir deshalb immer darin gesehen, den Alltag und die persönliche Erfahrung der Schüler in die noch sehr grob konzipierten Figuren zu bringen. Das Vorgehen ähnelt der weiter oben beschriebenen Strategie bei der Suche nach einer Handlung.

Im Folgenden werden wir Übungen vorstellen, die wir in diesem Zusammenhang einsetzen. Die meisten von ihnen rücken die Figuren ganz automatisch näher an das alltägliche Leben heran. Und zwar aus dem einfachen Grund, weil Schüler, sobald sie gezwungen sind, ihren Figuren Details hinzuzufügen, auf eigene Erfahrungen zurückgreifen.

2.3.4 Übungen

Beginnen wollen wir den Überblick jedoch mit einer Übung zur Materialsammlung.

Übung: Außenrecherche
Die Schüler haben die Aufgabe, im öffentlichen Raum Menschen zu beobachten sowie deren mutmaßliche Geschichten festzuhalten: Woher kommen sie? Wie sieht ihr Tag aus? Genaue Beschreibung von Gesicht, Körper, Haltung, Verhalten und Mimik. Es versteht sich von selbst, dass solche Außenrecherchen respektvoll und diskret durchgeführt werden. Bei dieser Gelegenheit lernen die Schüler außerdem Orte, Gebäude, Wetter usw. einzusammeln und zu beschreiben. Je nach Alter kann die Übung einzeln oder im Klassenverbund durchgeführt werden.

▸ Zeitrahmen: 60 bis 120 Minuten

Übung: Figuren-Biografie
Das ganze Leben der Figur wird dargestellt, vor allem die Zeit vor der erzählten Handlung. Auf diese Weise kann man herausfinden, ob die Figur in bestimmten Situationen auf bereits gemachte Erfahrungen zurückgreift – oder es erklären sich Motivationen und Herangehensweisen.

▸ Zeitrahmen: 60 Minuten

Übung: Fiktive Biografie

Die Schüler erstellen für sich selbst eine Lebensgeschichte – das heißt, sie beginnen mit der Geburt und enden mit dem Tod. Und transportieren die Lebensgeschichte zudem in ein anderes Zeitalter und / oder an einen anderen Ort. Diese Übung kann übrigens auch außerhalb der Arbeit an Erzählungsfiguren und -charakteren gemacht werden. Wir setzen sie mitunter auch bei den Schreibprojekten „Kurztext", „Das Ich" oder „Literarische Enzyklopädie" ein (vgl. Kapitel 5).

▸ Zeitrahmen: 60 Minuten

Übung: Figureninterview

Eine gute Methode, sich in eine erfundene Figur hineinzuversetzen, besteht darin, zu überlegen, was sie auf bestimmte Fragen antworten würde. Die Fragen zum Thema überlegen sich die Schüler gemeinsam oder in Kleingruppen – dann wird im Plenum über einen Standard-Fragebogen entschieden. Oder die Fragebögen werden in Zweier- oder Vierergruppen für die Figuren der jeweils anderen Gruppenmitglieder individuell erstellt.

▸ Zeitrahmen: 45 Minuten

Übung: Frontalinterview

Ein freiwilliger Schüler stellt eine Figur da. Die Klasse teilt sich in zwei „Mannschaften". Die eine Gruppe stellt der Figur Fragen, die andere Gruppe berät den Schüler bei den zu gebenden Antworten. So können lebhafte Diskussionen darüber entstehen, weshalb Personen / Charaktere gewisse Dinge tun oder nicht tun und welche Gründe sie jeweils für ihre Entscheidung haben. Auf diese Weise kommen Unstimmigkeiten und Lücken in der Figurenerstellung schnell an die Oberfläche.

▸ Zeitrahmen: 30 Minuten

Übung: Foto als Schreibimpuls

Suchen Sie Fotos aus, die eindrückliche Gesichter oder Menschen in ungewöhnlichen Situationen, Umgebungen oder Konstellationen zeigen. Jeder Schüler bekommt ein Foto vorgelegt. Ob alle Schüler über das gleiche Bild schreiben oder jeder ein anderes bekommt, ist Ihnen überlassen. Die Aufgabe besteht darin, die Person(en) auf dem Bild zu charakterisieren, ihre Biografie zu schreiben und/oder etwas über ihre momentanen Befindlichkeiten zu erzählen.

▸ Zeitrahmen: 30 Minuten

2.4 Zeit

2.4.1 Grundbegriffe

Erzählzeit und erzählte Zeit: Mit diesen beiden Begriffen werden die zwei Zeitspannen des Erzähltextes bezeichnet. Die „Erzählzeit" ist die tatsächliche Zeit, die vergeht, bis die Geschichte erzählt ist, die Zeit also, die der Leser für die Lektüre braucht. Die „erzählte Zeit" umfasst die Zeit, die innerhalb der Geschichte vergeht. Das Verhältnis, in dem die beiden Zeiten zueinander stehen, wird als Erzähltempo bzw. Erzählgeschwindigkeit wahrgenommen. Im klassisch erzählten Roman können innerhalb der Handlung durch das sogenannte zeitraffende Erzählen oftmals Jahrhunderte vergehen. Die moderne Erzählliteratur mit ihren Bewusstseinsströmen („stream of consciousness") versucht hingegen, die erzählte Zeit der Erzählzeit anzunähern, hier spricht man von zeitdeckendem Erzählen bzw. von der Szene. James Joyce' *Ulysses* ist hier sicherlich das bekannteste Beispiel. Bei extremer Dehnung kann die Erzählzeit sogar noch länger sein als die erzählte Zeit. Der Vollständigkeit halber seien noch die Pause genannt, in der das Geschehen still steht (z. B. während einer Landschaftsbeschreibung) sowie die Ellipse, bei der die Erzählung still steht, während das Geschehen weiter geht (vgl. Martinez / Scheffel, 2009 S. 44).

Tempus: Die grammatische Zeitform, in der ein Text verfasst ist, hat vor allem Auswirkung auf Unmittelbarkeit und Distanz zum Leser. Das Präsens verstärkt meist den Eindruck, am Geschehen unmittelbar teilzunehmen. Dagegen kann das historische Präteritum die Geschichtlichkeit einer Erzählung verdeutlichen, oft bleibt aber der zeitliche Abstand zum Erzählten auch im Unbestimmten. Das epische Präteritum suggeriert dem Leser eine „fiktive Gegenwärtigkeit" (Martinez / Scheffel, 2009, S. 72). Darum kann das epische Präteritum auch mit Adverbien der Zukunft gemeinsam verwendet werden: „Morgen kam er wieder."

Zeitlicher Hintergrund: In welcher Zeit spielt die Geschichte, wann ist sie angesiedelt – Jetzt-Zeit, vor 20 Jahren, während des Zweiten Weltkriegs oder im Mittelalter? Jeder dieser Zeitabschnitte zieht auf der Handlungsebene eine ganze Reihe von Konsequenzen nach sich.

2.4.2 Überlegungen

Diese Konsequenzen stehen immer dann im Mittelpunkt, wenn wir die Schülerdiskussionen und ihre Entscheidungen moderieren. „Moderieren" ist wörtlich gemeint. Denn dabei geht es nicht darum, eine bestimmte Epoche oder ein Tempus vorzugeben. Vielmehr wollen wir den Schülern die größtmögliche Gestaltungsfreiheit lassen, ohne dabei die erreichbaren Ziele aus den Augen zu verlieren.

Bei der Wahl des zeitlichen Hintergrundes gehört eine gute und realistische Einschätzung der Bereitschaft dazu, auch mal einen größeren Rechercheaufwand zu betreiben. Denn eines ist klar: Je weiter die Zeit, in der die Erzählung spielen soll, von der Gegenwart entfernt liegt, desto mehr muss recherchiert werden.

▸ Weit entfernte Vergangenheit, z.B. Mittelalter: Welche Kleidung haben die Menschen getragen? Wie haben sie miteinander kommuniziert? Wer durfte oder konnte sich unter welchen Umständen wie weit von seinem Geburtsort entfernen und wie geschah dies?
▸ Zukunft: Was ist der Stand der Forschung und welche Möglichkeiten bietet die Wissenschaft künftig bzw. in welche Richtungen wird gedacht? Auch hier müssen sich Kommunikation, Kleidung und Alltag entsprechend von dem unterscheiden, was wir aus unserer Wirklichkeit kennen.
▸ Nahe Vergangenheit: Hier steckt der Teufel oft im Detail. Hat man im Jahr 1996 bereits mit Handys telefoniert und war es im Jahr 1975 üblich, mit Kreditkarten zu zahlen? Wann wurde es üblich, dass in jedem Haushalt mindestens ein Computer stand?

Bei der Entscheidung über das Tempus, in dem eine Geschichte erzählt werden soll, spielen die oben beschriebenen Grundsätze eine gewisse Rolle. Aber Regeln gibt es dafür nicht. Letztendlich entscheidet der Geschmack darüber, ob Präsens oder Präteritum zum Einsatz kommt. Im Zweifel kann man Teile des Erzähltextes einfach mal in beiden Tempora schreiben. Dies kostet zwar Zeit, doch diese Herangehensweise des Ausprobierens und Verwerfens ist auch bei Profis durchaus üblich.

Auch bei der Gewichtung von Erzählzeit und erzählter Zeit lässt man am besten das Gefühl entscheiden. Das Tempo, das eine Geschichte benötigt, hängt von ihrem Plot ab. Wie es jedoch genau auszusehen hat, lässt sich in aller Regel erst bestimmen, wenn die erste Version vorliegt. Meistens muss der Text dann erheblich gestrafft oder erheblich gedehnt werden. Denn viele Schüler neigen zu einem der beiden Extreme: Sich entweder in weit reichenden Ausführungen und Abschweifungen zu ergehen – oder aber ganze Handlungsblöcke in zwei kleinen Sätzen zusammenzufassen.

2.4.3 Schüler und Zeit

Es ist schwer, Schülern, die sowohl als Leser als auch als Schreibende unerfahren sind, die Grundlagen des Erzähltempos zu vermitteln. Wie gesagt, dies sollte bei der Vorarbeit auch eine untergeordnete Rolle spielen.

Auch die Wahl des Tempus kann man getrost auf einen späteren Zeitpunkt verschieben, wenn erste Textfragmente stehen. Das Tempus eines Textes lässt sich relativ leicht verändern. Zwar bedeutet dies einen gewissen Aufwand, durchaus auch doppelte Arbeit (was bei Schulklassen meist weniger guten Anklang findet), umso anschaulicher ist aber der Unterschied, wenn man zwei Versionen einer Geschichte vorliegen hat.

An dieser Stelle sei ein kleiner Einschub gestattet. Mit dem Phänomen der Mehrfacharbeit, der Änderung eines Textes, werden wir es noch öfter zu tun bekommen. Mehr noch: Die intensive Arbeit an einem einzigen Text, das ständige Umschreiben, Variieren und Modifizieren ist geradezu die Grundlage der praktischen Auseinandersetzung mit erzählenden Texten. Schüler sind daran traditionell nicht gewöhnt, zumindest war es bei den meisten von ihnen so, mit denen wir bislang zusammengearbeitet haben. Also gab es an einem gewissen Punkt, an dem es zum ersten Mal ans Umschreiben ging, immer zunächst eine Diskussion, ob man sich den Aufwand nicht ersparen könnte. Das Umarbeiten der Tempora ist hier noch eine sehr dankbare Aufgabe, die sich gut für den Einstieg ins Umschreiben eignet. Dann ist es später, wenn wirklich weitreichende und weitaus kompliziertere Eingriffe nötig sind, nicht mehr ganz so schlimm. Was aber sehr wohl bereits in einem frühen Stadium der Arbeit diskutiert werden kann und muss, ist die Epoche, in der Schülertexte angesiedelt sind. Die meisten der dabei immer wieder auftauchenden Möglichkeiten haben wir bereits genannt. Hier eine Liste der zeitlichen Hintergründe, die uns bei der Arbeit am häufigsten begegnet sind bzw. vorgeschlagen wurden. Oft hängen sie mit bestimmten Genres oder Themen zusammen, die wir der Vollständigkeit halber gleich mitliefern:

▶ Mittelalter (Fantasy, Heldengeschichten, Ritter- und Prinzessinnenliebe)
▶ Zweiter Weltkrieg („Verrückter Wissenschaftler", Kriegsgeschichten, Heldengeschichten)
▶ Unmittelbare Vergangenheit – 1960er- bis 1980er-Jahre (Liebesgeschichten und Lebensgeschichten, v. a. der Elterngeneration)
▶ Zukunft („Verrückter Wissenschaftler", Angriff auf die Erde, autobiografisch geprägte Helden- und Stargeschichten)
▶ Jetztzeit (alle Genres, außerdem die ganz realistischen und autobiografisch geprägten Geschichten)
▶ Zeitlosigkeit

Diese letzte Option ist meist nur eine theoretische. Zwar kann man als Autor darauf verzichten, die Zeit, in der die Geschichte spielt, konkret zu nennen. Meist lässt sie sich aber durch Indikatoren erschließen, ob es nun die Handys, das Internet, mp3-Player auf der einen oder Schwerter, Ritterrüstungen und Burgfräuleins auf der anderen Seite sind.

Nun gilt es, mit den Schülern abzuwägen, welche zeitlichen Hintergründe für ihre Geschichte(n) realistisch, notwendig und vor allem authentisch aufbereitet werden können. Diese Diskussion wird naturgemäß unterschiedlich verlaufen, ob man nun an mehreren Kurzgeschichten oder an einem Roman arbeitet. Beim Roman kann man die Recherchearbeit, die bei allem, was außerhalb der Gegenwart liegt, unvermeidbar ist, auf mehrere Schüler bzw. Gruppen aufteilen. Andererseits müssen sich dann aber alle Schüler an dieselben Vorgaben halten. Vorteile verkehren sich also leicht in Nachteile.

Am besten nähert man sich dem Thema mit einer Checkliste an:
- ▶ Brauche ich eine bestimmte Zeit, um meine Geschichte erzählen zu können?
- ▶ Kann ich den Rechercheaufwand in der mir zur Verfügung stehenden Zeit und mit den mir zur Verfügung stehenden Mitteln bewältigen?
- ▶ Steht der Rechercheaufwand in einem Verhältnis zur Textlänge, zur Bedeutung des Textes und zu der Rolle, die der verwendete zeitliche Hintergrund und seine Eigenheiten schlussendlich in der Geschichte spielen?
- ▶ Kann meine Geschichte überhaupt in dieser Zeit spielen, ohne unglaubwürdig zu sein?

Zur Illustration kehren wir einmal mehr zu Jack zurück, dem Helden des Achtklässler-Romans über ein abgeschiedenes Waisenhaus:

8. Klasse, Realschule

Durch den Plot war vorgegeben, dass sich die Handlung zu einem gewissen Punkt auf einen (zugegebenermaßen etwas gewalttätigen) Showdown zubewegt. Der Hausmeister und frühere Schüler Jack gerät außer Kontrolle und bedroht nicht nur Lehrer, die für die Qualen einiger Schüler verantwortlich sind, sondern auch Schüler, die sich vergleichsweise kleiner Vergehen schuldig gemacht haben, z. B. indem sie jüngere Schüler schlicht geärgert oder sich über sie lustig gemacht haben.

Bei diesem Showdown ist die Situation unübersichtlich, weil er erstens nachts stattfindet, das Gebäude verschachtelt ist und die meisten Schüler und Lehrer gar nicht wissen, wer für die Situation verantwortlich ist.

In diesem Fall kamen wir bei der Diskussion gemeinsam zu dem Schluss, dass eine solche Situation, wie sie in dieser Geschichte erzählt werden soll, aus heutiger Sicht nicht denkbar ist. Jeder der Schüler würde ein Handy haben und damit auch sofort einen Hilferuf in die Außenwelt absetzen können.

Sollte die Handlung glaubwürdig bleiben, musste sie in die Zeit vor den Handys verlegt werden, in eine Zeit überdies, in der es in normalen Haushalten lediglich einen einzigen Telefonanschluss gab, der leicht gekappt werden konnte. Wir kamen zu der Übereinkunft, die Geschichte im Jahr 1980 anzusiedeln. Dies schien ein guter Kompromiss, der nicht zu weit in der Vergangenheit liegt, aber doch genug, damit uns nicht sämtliche technische Errungenschaften der letzten dreißig Jahre die Glaubwürdigkeit unserer Geschichte zerstören.

Auch sonst versuchen wir mit Kompromissen zu arbeiten. Bei der Internats-Geschichte hat die Verlegung ins Jahr 1980 immerhin dazu geführt, dass die Schüler ausgiebig über diese Zeit recherchieren mussten. Diese Mehrarbeit haben sie in Kauf genommen, um die Geschichte wie geplant erzählen zu können. In der Mehrzahl der Fälle sehen wir unsere Aufgabe allerdings eher darin, Mehrarbeit zu verhindern bzw. zu verringern.

Prominentes Beispiel ist die bereits oben erwähnte Vorliebe für das Mittelalter bei Fantasygeschichten. Lässt man sich auf diese Idee ein und die Schüler daran arbeiten, stellt sich schnell heraus, wie groß der Aufwand ist. Das führt zu Frust und dieser weiter zu Schreibunlust – und beides zu verhindern, treten wir schließlich an.

Also versuchen wir auch hier, eine Kompromisslösung schmackhaft zu machen, die wir „Türenlösung" nennen. Das heißt: Die Geschichte beginnt in der Jetzt-Zeit, der Protagonist gerät aber (durch zu benennende Umstände) in eine andere Welt mit anderen Gesetzen. Auf diese Art funktionieren beispielsweise die *Harry Potter*-Romane. Man schlägt zwei Fliegen mit einer Klappe. Einerseits können die Schüler ihr Expertenwissen zur Jetzt-Zeit einsetzen, andererseits müssen sie nicht auf das Vergnügen verzichten, fantastische Welten zu erschaffen und Ritter und Drachen auftreten zu lassen.

Wie gesagt, bei allen Dimensionen des Themas Zeit, so unterschiedlich sie in ihrer Art und Auswirkung auch sein mögen, geht es um Abwägen, aber auch um die Frage, wie viel Schüler zu leisten imstande und willens sind. Als Lehrer kennt man seine Klassen und weiß, was man ihnen zumuten kann und wann man sie davor bewahren muss, sich zu überschätzen und letztlich nur in Frustration zu versinken.

2.4.4 Übungen

Bei den Übungen zum Themenblock „Zeit" handelt es sich hauptsächlich um handwerkliche Fingerübungen sowie Recherchen, die sowohl ein Bewusstsein für den Aufwand als auch für den Inhalt der Sache bieten.

Übung: Recherche Erfindungen
Die Schüler sollen eine Zeitleiste mit wichtigen (technischen) Erfindungen erstellen. Diese Übung erfordert entweder den Zugang zu Lexika (das ist die zeitaufwendige und nicht ganz zeitgemäße Variante) oder aber zum Internet. Es können beliebige Gegenstände / Erfindungen zugrunde gelegt werden: Staubsauger, Auto, Waschmaschine, Telefon, Glühbirne, PC, Handy, Synthesizer – die Liste kann beliebig fortgesetzt werden. Interessant ist jeweils auch, wann der jeweilige Gegenstand auch für die Masse erschwinglich und damit nutzbar wurde.
Zeitrahmen: 45 Minuten

Übung: Recherche zeitlicher Hintergrund
Diese Übung bietet sich entweder dann an, wenn bereits eine zeitliche Einordnung für eine (gemeinsame) Geschichte festgesetzt wurde oder wenn die Frage im Raum steht, ob eine solche Recherche aufwendig ist. Erforderlich ist dieselbe Infrastruktur wie bei der vorherigen Übung. Man kann wahlweise Fragen zugrunde legen (Wie sah der Alltag eines Bauern im 12. Jahrhundert aus? Welche Möglichkeiten gab es, in ein anderes Land zu reisen? Gab es Schulen und wie wurde dort unterrichtet?) oder Themengebiete (Medizin, Technik, Kommunikation, Wohnen …).
Zeitrahmen: 45 Minuten bzw. Hausaufgabe

Übung: Tempus-Wechsel
Ein Fremdtext oder ein bereits selbst verfasstes Textfragment wird in ein anderes Tempus umgeschrieben, um daran zu beobachten, wie sich der Charakter des Textes ändert. Wie also Unmittelbarkeit durch Präsens entsteht und eine gewisse erzählende Distanz durch das Präteritum. Hier kann man ganz bewusst Texte wählen, die bereits entsprechende Charaktereigenschaften besitzen (beschreibende oder charakterisierende Passagen für Präteritum, aktionsreiche Passagen für Präsens). Die Länge dieser Texte sollte moderat sein, Richtschnur ist eine halbe gedruckte Seite.
Zeitrahmen: 30 Minuten

2.5 Ort

2.5.1 Grundbegriffe
Erzählte Welt: Jede fiktive Handlung entfaltet sich in einer eigenen fiktiven Welt. Diese Welt kann fantastisch, unheimlich, unlogisch, möglich oder unmöglich, stabil oder instabil sein oder so ähnlich, wie die, in der wir leben.
Schauplatz: Der geografische Punkt, an dem ein erzählender Text angesiedelt ist.

2.5.2 Überlegungen
Schon die sehr kurzen Definitionen zeigen, dass dieses Thema für unsere Belange[3] bei weitem nicht so vielschichtig und komplex ist wie das Thema Zeit. Doch auch der Schauplatz oder die Schauplätze des Erzähltextes sollten frühzeitig festgelegt werden, weil sie erheblichen Einfluss auf die anderen Elemente oder auf Atmosphäre und Anmutung eines Textes haben.

Genau wie die Epoche, in der ein erzählender Text spielt, gibt auch der Ort einen Rahmen vor, der erstens beim Leser gewisse Erwartungen weckt und zweitens immer wieder die Frage nach der Berechtigung oder Notwendigkeit stellen lassen muss. Kann eine Geschichte nicht auch an einem nicht näher genannten Ort spielen?

Sie kann. Vielleicht wird das die Geschichte sogar ein Stück universeller machen, genau wie eine Geschichte, die zu einer nicht näher genannten Zeit eine gewisse Universalität hat. Dabei verzichtet der Autor jedoch auf eine Möglichkeit der Identifikation und Einordnung. Was an und für sich kein Problem darstellt, man muss sich dieser Tatsache nur bewusst sein.

Auf den Leser wird eine Geschichte, die in Berlin spielt, von Beginn an eine andere Ausstrahlung haben als eine, die im tiefsten Allgäu angesiedelt ist. Und ein Autor, der weiß, was er tut, kann sich diese Erwartungen zunutze machen, um entweder gewisse Dinge nicht erst erklären zu müssen, weil er sie beim Leser als Allgemeinwissen voraussetzen kann. Oder er spielt ganz bewusst mit den Erwartungen, ohne sie zu erfüllen. In den vergangenen paar Jahren hat das Lokalkolorit in der deutschen Literatur, vor allem der Krimi-Genreliteratur, stetig an Bedeutung gewonnen, zumindest quantitativ. Ganz sicher ist niemand angehalten, sich an diesen Trend zu hängen oder ihn über die Maßen in die Klassenzimmer zu tragen. Immerhin haben die deutschen Städte und die deutsche Provinz damit aber ihre – so widersinnig dies klingt – Provinzialität abgestreift und sind bis zu einem gewissen Maß salonfähig geworden.

So muss nicht mehr jede Geschichte an jenen immer gleichen Orten spielen, die nun mal dem Namen nach so viel glamouröser sind als Tauberbischofsheim oder Greifswald: New York, London, Paris, San Francisco oder Barcelona, um nur ein paar zu nennen.

Das ist für Autoren eine gute Entwicklung. Sie müssen nicht mehr verkrampft nach Gründen suchen, weshalb ihre Geschichten unbedingt an diesen Schauplätzen spielen müssen. Dies kommt der Authentizität zugute. Denn die steht auf dem Spiel, wenn man eine Geschichte an einem Ort spielen lässt, der einem fremd ist oder zumindest nicht so vertraut wie die Orte, an denen man sich täglich bewegt.

2.5.3 Schüler und Ort

Dies ist ein Umstand, der auch Schülern ins Bewusstsein gebracht wird. Sie bestehen bei den Schauplätzen für ihre Erzählungen im ersten Moment oft auf den großen Städten, die sie aus Filmen oder aus dem Fernsehen oder aus Kinofilmen kennen und die dort als besonders erstrebenswert gelten. Fast reflexartig werden Los Angeles, Miami oder eben New York als Handlungsorte ins Spiel gebracht. Und die darauf folgenden Diskussionen folgen fast immer demselben Muster.

Dozent: Weshalb Miami?
Schüler: Weil das eine coole Stadt ist, Florida und so.
Dozent: Warst du schon mal da?
Schüler: Nein.
Dozent: Gibt es da ein Gebäude, das dir besonders gut gefällt?
Schüler: Ich kenne kein Gebäude dort. Rathaus oder so, Einkaufszentrum.
Dozent: Wie sieht es mit einer U-Bahn aus. Gibt's die in Miami?
Schüler: Keine Ahnung. Ja. Weiß nicht. Steht doch in Wikipedia.
Dozent: Und S-Bahn? Irgendeine Vorstellung, wie die beiden wichtigsten S-Bahn-Haltestellen heißen.
Schüler: Nee, Hauptbahnhof vielleicht und Stadtmitte.
Dozent: Wie soll das beim Schreiben der Geschichte funktionieren, wenn du die Gebäude und Straßen nicht kennst?
Schüler: Ich schau bei Google Earth.
Dozent: Und du meinst nicht, die Geschichte könnte in einer anderen Stadt spielen als in Miami?
Schüler: Nein. Miami ist die coolste Stadt überhaupt.

So verkürzt und zugespitzt dieses Gespräch auch sein mag, im Kern entspricht es dem, was wir im Unterricht schon oft ausdiskutiert haben. Bei dieser Gelegenheit sei uns eine Anmerkung zur Gesprächsführung gestattet. Es geht bei solchen Diskussionen nicht darum, Schüler vorzuführen oder sie lächerlich zu machen. Weder in diesem Buch noch im Unterricht. Es geht lediglich um die Entlarvung und Vermeidung von Gemeinplätzen oder inhaltlichen Irrtümern. Außerdem dient dieses gnadenlose Nachfragen im besten Fall der Verbesserung des Textes, an dem man arbeitet. Im Übrigen findet im stillen Kämmerchen des Schriftstellers nichts anderes statt. Wer Glück hat, entwickelt über die Zeit Strategien, sich und die eigene Textarbeit ständig solchen Verhören zu unterziehen. Wer weniger Glück hat, ist auf einen guten Lektor oder Redakteur angewiesen.

Was hat die Diskussion mit dem Schüler also ans Tageslicht befördert, abgesehen von der Tatsache, dass er Miami nur dem Namen nach kennt oder bestenfalls als gesichtslosen Schauplatz irgendwelcher Fernsehserien oder Kinofilme? Sie hat gezeigt, dass der Mensch eben dazu neigt, die eigene Umgebung auf die Welt zu übertragen, die er nicht kennt. Bei „Hauptbahnhof" und „Stadtmitte" handelt es sich um die beiden größten S-Bahn-Haltestellen Stuttgarts, die der Schüler, selbst Stuttgarter, aus eigener Anschauung kennt. Wenn wir mit einer Schulklasse arbeiten, sitzen wir einem ganzen Raum voller Experten gegenüber. Experten für die jeweilige Heimat- oder Wohnstadt. Wir müssen ihnen nur erst einmal zeigen, dass sie Experten sind und dass es Verschwendung wäre, dieses Wissen für die Geschichte nicht zu nutzen.

Am Ende wird der Leser merken, ob sich der Autor an dem Ort, über den er schreibt, auch wirklich auskennt. Denn der Schauplatz interagiert mit anderen

Elementen einer Geschichte, vor allem mit den Personen. Um Orte lebendig werden zu lassen, muss man wissen, wie sie sich anfühlen, man muss Details kennen, die man im Bedarfsfall abrufen kann, für bestimmte Stellen der Geschichte müssen einem die passenden Schauplätze förmlich vor das innere Auge springen. Siedelt man die Handlung dagegen an einem Ort an, den man noch nie persönlich bereist hat, wird jeder Leser, der den Ort besser kennt, dies sofort merken und die Glaubwürdigkeit und Gültigkeit der gesamten Geschichte anzweifeln.

Keine Schüler und keine Schulklasse haben wir bislang zu einem bestimmten Schauplatz genötigt – es sei denn, es handelte sich um einen freien Workshop mit einem regionalen Thema, das nun einmal in einer bestimmten Stadt oder in einer bestimmten Gegend spielen musste. Ja, wir haben Geschichten betreut, die letztlich doch in Miami spielten. Ja, wir haben uns manchmal den Schülerargumenten gebeugt, die Stuttgart oder den Schwarzwald „nicht cool genug" fanden. Andererseits haben viele Schüler die Vorzüge ihrer profunden Ortskenntnisse erkannt und für ihre Kurzgeschichten oder Romane genutzt.

Um ein Missverständnis gar nicht erst aufkommen zu lassen: Wir sind nicht der Meinung, eine schlecht erzählte Geschichte, die vor Ort spielt, sei besser als eine spannende und originelle Geschichte, die in Los Angeles angesiedelt ist. Aber unserer Erfahrung nach macht man es sich selbst, den Schülern und auch der Geschichte leichter, wenn man sich nicht ganz so weit von den Orten entfernt, an die man zumindest einmal gereist ist.

Wie in allen anderen Belangen auch ist es ratsam, den Schülern bei der Ortswahl mit diplomatischer Zurückhaltung entgegenzutreten. Die „Verhöre" führen wir offen und scharf – doch sobald die kritischen Fragen gestellt und mögliche Schwachstellen ins Bewusstsein gerufen sind, dürfen die Autoren selbst entscheiden. Manchmal hilft übrigens der Hinweis darauf, ein Leser in Florida würde sofort merken, wenn der Text von einem Ortsunkundigen stammt. Diese Blöße will sich dann meist niemand geben.

Unsere Waisenhaus-Geschichte spielte übrigens in England, in einer nicht genauer bezeichneten ländlichen Gegend. Hier ließ sich die Klasse um nichts in der Welt von ihrer Landeswahl abbringen. Wir haben auf der anderen Seite keine großen Anstrengungen auf uns genommen, um sie davon abzubringen. Die gesamte Handlung konzentrierte sich auf ein abgelegenes Haus, das nicht einmal mit dem Linksverkehr in Berührung kam. Der einzige Grund, weshalb die Schüler auf England bestanden, waren die Namen. Jack, Rick und Katie gefielen ihnen besser als Yves, Tilman und Ulrike.

2.5.4 Übungen

Übung: Außenrecherche
Hierbei handelt es sich um dieselbe Übung wie in Kapitel 2.3. Der Schwerpunkt der Außenbeobachtung liegt hier jedoch in der Beobachtung und Beschreibung von öffentlichem Raum, von Architektur und der Atmosphäre. Die Übung dient der Sammlung von Material, das nachher verwandt wird, um den Erzähltext mit Details oder Schauplätzen zu füllen.
Zeitrahmen: 90 bis 120 Minuten

Übung: Alltagswege
Die Schüler sollen einen Weg beschreiben, den sie in ihrem Alltag regelmäßig zurücklegen. Ob es sich um den Schulweg, den Weg zum Sportverein oder zum besten Freund handelt, spielt dabei keine Rolle. Es sollen markante Wegpunkte und Plätze genauer beschrieben werden, auch die Gefühle, Erinnerungen und Personen, die man mit diesen Punkten verbindet.
Zeitrahmen: 15 Minuten

Übung: Landkarte
Die Schüler zeichnen eine Landkarte aller Schauplätze, die in der Geschichte eine Rolle spielen. Je nachdem, ob ein Gruppentext (z.B. Roman) oder Einzeltexte geplant sind, findet auch diese Übung einzeln oder in Gruppen statt.
Zeitrahmen: 30 Minuten

Übung: Ortsrecherche
Diese Übung ist nur nötig, wenn die Geschichte an einem weit entfernten Ort oder gar in einem anderen Land spielt. Dann müssen die Schüler möglichst viele Informationen zusammentragen. Landkarten, Architektur, Stadtpläne und so weiter, je nachdem, was aufgrund der Handlung benötigt wird.
Zeitrahmen: 60 Minuten bzw. Hausaufgabe

2.6 Dialog

2.6.1 Grundbegriffe

Dialog: Als Dialog bezeichnen wir alles, was mindestens zwei Figuren in einem erzählenden Text in direkter Rede miteinander sprechen. Formal wird der Dialog meist in Anführungszeichen dargestellt. Als vom Dialog abgegrenzt seien hier noch Monolog, innerer Monolog und Gedankenstrom genannt, näher eingehen werden wir darauf hier jedoch nicht.

Indirekte Rede: Zwiegespräche können auch vom Erzähler in indirekter Rede wiedergegeben werden, diese Art der Rede rechnen wir hier jedoch nicht dem Dialog zu.

2.6.2 Überlegungen

Braucht ein erzählender Text den Dialog? Nein. Damit ist eine große Frage kurz und klar beantwortet und wir können uns der nächsten Frage zuwenden: Was macht der Dialog mit einem Text, welchen Nutzen und welchen Schaden kann er einer Geschichte bringen? Auf diese zweite Frage gibt es keine einzelne und klare Antwort, es gibt deren unendlich viele.

Am Dialog scheiden sich die Geister von Schriftstellern, Kritikern, Wissenschaftlern und Lesern. Die einen halten ihn für trivial und überflüssig, die anderen sehen in ihm das einzig wahre Salz in der literarischen Suppe. Dies sind die beiden Extrempositionen einer Debatte, die seit Ewigkeiten sehr emotional geführt wird und vermutlich niemals ein Ende findet (vgl. z.B. Wood/dt. Klemm 2011 S. 183ff.). Wir werden sie hier mit Sicherheit nicht unnötig ausbreiten, ignorieren können wir sie aber auch nicht. Denn ihren Ursprung hat diese Debatte in einem sehr interessanten Phänomen: Dort, wo im erzählenden Text Dialoge auftauchen, entscheidet sich nämlich oft, wie unmittelbar der gesamte Text die Lebensrealität beschreibt oder wie „literarisch" er sich gibt. Dieses „literarisch" setzen wir deshalb in Anführungszeichen, weil es sich im Zusammenhang mit der beschriebenen Diskussion um ein wertendes „literarisch" handelt.

Niemand mag wohl ernsthaft in Abrede stellen, dass authentische und interessante Dialoge einen Text auflockern und den Figuren Lebendigkeit verleihen. Woran sich die Geister scheiden, ist, wie viel und vor allem, wie eine Figur reden darf. Wie der Autor selbst auch redet? Mit Dialekt oder vielleicht sogar vulgär? So, wie man im Alltag redet, lediglich flüssiger, eleganter und ohne Füllwörter? Soll eine Figur in einer Kunstsprache sprechen, die es in der Wirklichkeit nicht gibt? Oder soll sie lieber gleich den Mund halten und es dem Erzähler überlassen, sie in indirekter Rede zu zitieren?

Wir wollen hier noch eine dritte Gruppe ins Spiel bringen, die auch am Dialog-Streit beteiligt ist, wenn auch weniger sicht- und hörbar. Bei dieser Gruppe handelt es sich um diejenigen, die das Ganze etwas entspannter, weniger dogmatisch, dafür aber pragmatisch sehen. Dieser Gruppe rechnen wir uns zu. Wir halten den Dialog nicht für das Maß aller Dinge, in erzählenden Texten aber durchaus für nützlich und unterhaltsam. Wir mögen in Bezug auf unsere Figuren weder Geschwätzigkeit noch übermäßige Verschwiegenheit.

Wir sind uns der Vorteile der direkten Rede im Text bewusst:
▸ Der Dialog lockert den Text auf, macht ihn lesbarer.
▸ Im Dialog können Stimmungen, Gefühle und Meinungen von Figuren transportiert werden, und zwar von den Figuren selbst. Das wirkt unmittelbarer als durch Beschreibungen oder Erklärungen. In Dialogen können auch andere Figuren charakterisiert werden,
▸ Der Dialog macht den Text lebensnäher.

So weit die Vorzüge und Chancen. Im Dialog lauert aber immer auch die oben erwähnte Gefahr der Banalisierung des Textes. Deshalb sollen hier auch gleich die Gefahren und Fallstricke des Dialogs im erzählenden Text genannt werden.

▸ Der Dialog kann belanglos sein.

Mit belangloser direkter Rede haben wir es überall dort zu tun, wo sie nicht zu einem bestimmten Zweck eingesetzt wird, der dem Fortlauf bzw. dem Aufbau der Geschichte dient. Das Beispiel stammt in diesem Fall von uns.

Erzählimpuls
Daniel begrüßte mich bereits an der Tür.
„Guten Morgen", sagte er.
„Guten Morgen", sagte ich.
„Wie geht's?", fragte er.
„Geht so", antwortete ich. „Gibt's was Neues?"
„Wie meinen Sie das?", wollte er wissen.
„Na so, wie ich es sage", gab ich zurück. „Ob's was Neues im Fall Kleinschmidt gibt."
„Ach so", sagte er.
„Na? Und? Gibt's was Neues?"
„Nein, nicht dass ich wüsste."
Also ging ich an meinen Schreibtisch und zündete mir erst einmal eine Zigarette an.
Es würde wohl wieder ein langer Tag werden.

Sollte dieser Dialog nicht zufällig dazu dienen, einen sprachlichen Eindruck vom stumpfen Alltag eines Kommissars wiederzugeben, ist er an Redundanz kaum zu überbieten. Zwar werden solche Gespräche täglich tausendfach geführt. Es ist aber nicht die ungetrübte Abbildung, die sich die meisten Leser von Literatur versprechen, sondern Geschichten, die zwar lebendig und wie aus dem Alltag gegriffen wirken, aber viel interessanter sind als das eigene Leben.

▸ Dialekt im Dialog kann ungewollt komisch sein.
Mit dem Einsatz von Dialekt in der direkten Rede sollte man vorsichtig sein. Zunächst einmal aus einem ganz banalen Grund: Dialekt ist sehr schwer zu schreiben und die Regeln hierfür sind kompliziert. Versucht man es dennoch, ohne sich vorher eingehend mit der Schriftlichkeit des Dialekts beschäftigt zu haben, läuft man Gefahr, sich und den Text formal angreifbar zu machen. Darüber hinaus sollte man sich der Tatsache bewusst sein, dass Dialekt dort, wo er nicht in seinem üblichen (weil regionalen) Zusammenhang steht, meistens mit einem geringeren Bildungsgrad oder gar mit geringerer Intelligenz in Verbindung gebracht wird. Man gibt also eine Figur womöglich der Lächerlichkeit Preis, ohne dass dies in einem Zusammenhang mit der Geschichte steht, die man erzählen will. Im Extremfall kann der Effekt, der mit dem Dialekt einhergeht, die Intention eines Dialogs konterkarieren. Dies gilt vor allem dann, wenn nur eine bestimmte Figur Dialekt spricht, ohne dass dies einen sichtbaren Grund hat.

▸ Die richtige Abwägung zwischen Alltagssprache und artifizieller Sprache ist schwierig.
Wie nah muss die Ausdrucksweise an das herankommen, was Menschen im Alltag tatsächlich sprechen? Sollen ebenfalls Füllwörter, Floskeln und andere Bestandteile Verwendung finden, ohne die ein Gespräch unter Menschen kaum denkbar ist? Das richtige Maß zu finden, ist schwierig – zwischen dem lockeren Plauderton, der einem Text Lebendigkeit verleiht und der artifiziellen Verkürzung und Zuspitzung, die dem Text literarische Qualität verleiht.

▸ Verbum dicendi et sentiendi nennt man die den Dialog umschließenden Verben des Sagens und der Wahrnehmung. Also „Geh doch nach Hause", sagte sie bzw. „Geh doch nach Hause", hörte sie ihn rufen. Diese Verben sind mit Vorsicht zu gebrauchen – ohne gleich in einen dogmatischen Purismus zu verfallen. „Ich bestehe darauf, dass Sie das Adverb in Begleitung von wörtlicher Rede nur in den allergrößten Ausnahmefällen verwenden … und auch dann nur, wenn es sich nicht vermeiden lässt. (…) Und wahrscheinlich haben Sie Ihre Geschichte so gut erzählt, dass der Leser weiß, wie er etwas sagt, wenn Sie ‚er sagte' schreiben – ob schnell oder langsam, glücklich oder traurig. Sollte er in einem Sumpf versinken, werfen Sie ihm auf jeden Fall ein Seil zu … Sie müssen ihn allerdings nicht mit einem dreißig Meter langen Stahlkabel bewusstlos schlagen" (King, 2011, S. 155 ff.). Dennoch zeigen ein paar Beispiele, wie albern diese Verben wirken können: „Geh doch nach Hause", bellte sie kurz vor dem Siedepunkt oder „Geh doch nach Hause", flüsterte sie leise oder „Geh doch nach Hause", platzte es hämisch aus ihr heraus usw.

2.6.3 Schüler und Dialog

Für gewöhnlich hat man es bei Schülern nicht mit der Frage zu tun, ob ein bestimmter Dialog sämtlichen Anforderungen hoher Literatur gerecht wird. Gleichwohl halten wir es für wichtig, mit Stärken, Schwächen und Fallstricken vertraut zu sein, die dieses Textelement bietet und beinhaltet. Auch versuchen wir, im Unterricht möglichst vieles davon zu transportieren.

Zunächst jedoch sehen wir uns meistens mit Schülern konfrontiert, die große Schwierigkeiten haben, direkte Rede in ihren erzählenden Texten zu verwenden. Dafür gibt es vor allem zwei Gründe. Der erste ist schlicht Faulheit. Wer beim Schreiben vor allem ein Ziel hat, nämlich schnell damit fertig zu werden, für den bedeutet Dialog nur eine lästige Verzögerung:

> **Sofia, Realschülerin, 15 Jahre**
>
> Der Beamte war natürlich nicht begeistert und meinte, sie solle ein paar Tage abwarten. Er meinte, dass sich die Angelegenheit von selber aufklären würde. Doch sie war anderer Meinung und sagte daraufhin, dass sie mit dem Vorgesetzten sprechen wolle und sich nicht so einfach abwimmeln lassen würde. Sie riss die Tasche auf und knallte die Briefe auf den Tisch. Plötzlich ging die Türe auf und der Kommissar Ulf Giesenknecht kam herein. Er fragte, was hier los sei und warum es so laut wäre und dann fing Pelin an zu reden. Vom Verschwinden von Chiara, von der Radtour und von dem heimlichen Verehrer, der die seltsamen Briefe schrieb. Sie war schon ganz rot im Gesicht weil sie zwischen den Wörtern kaum Luft holte, aber sie redete trotzdem weiter. Der Beamte beruhigte sie und gab ihr ein Glas Wasser. Dann wollte er ein Protokoll aufnehmen. Sie schilderte den Radausflug und die eigenartigen Telefonanrufe…

Das ist nur ein kleiner Ausschnitt. Das „Gespräch", das hier beschrieben wird, dauert schon eine Weile an und geht auch noch eine Weile so weiter. In der gesamten Szene auf der Polizeiwache (wo sich diese Szene abspielt) findet sich kein einziges direktes Zitat. Zwar fehlt inhaltlich nichts von dem, was die Schülerin erzählen wollte. Doch schön zu lesen ist das nicht. Es wäre leicht gewesen, wenigstens aus einigen der indirekten Zitate einfach direkte zu machen. Dadurch hätten die Figuren Stimmen und die Leser etwas Abwechslung bekommen.

Dafür gibt es Schüler, die es mit der direkten Rede dann sehr gut meinen und auf sämtlichen Fließtext verzichten.

> **Kevin, Realschüler, 14 Jahre**
>
> Christoph: „Okay, als du dann aus dem Fenster geklettert bist, bist du sofort in den Wald gerannt, oder?"
>
> Dave: „Ja, dabei habe ich vergessen, den Teddy, den mir Jack geschenkt hat, mitzunehmen."
>
> Michael: „Welchen Teddy?"

Dave: „Na den Teddy, den Jack mir geschenkt hat, als er hier angefangen hat zu arbeiten."

Christoph: „Aber als wir das Waisenhaus durchsuchten, haben wir keinen Teddy gefunden."

Dave: „Ich bin mir aber ganz sicher, dass ich ihn dort gelassen habe!"

Hier ist es weniger die Faulheit, sondern die schlichte Unwissenheit, wie direkte Rede im erzählenden Text verwendet und eingebunden werden kann. Bei Schülern, die in ihrer Freizeit keine Romane oder Erzählungen lesen, ist dies kein Wunder.

Bei der Planung und beim Verfassen erzählender Prosatexte gehört es deshalb fast immer dazu, die grundlegenden Satzzeichen zu vermitteln, Möglichkeiten der Einbindung der direkten Rede im Fließtext zu erörtern und ständig dazu zu ermutigen, direkte Rede im Text einzusetzen, sei es nun zur Auflockerung oder zur näheren Charakterisierung der Figuren.

2.6.4 Übungen

Im Gegensatz zu den eher von Recherche und Inhalten geprägten Übungen für die Themenbereiche „Ort" und „Zeit" sollte man beim Dialog Wert auf formale (Zeichen-)Bestandteile und handwerkliche Fingerübungen legen. Dies hängt natürlich von den Vorkenntnissen der Klasse ab. Bei lese- und schreibkundigen Klassen kann auf die meisten Vorübungen verzichtet werden. Hier legt man den Schwerpunkt bei den Dialogen lieber auf die Bearbeitung erster Textentwürfe. Die beiden hier dargestellten Übungen sind als Ergänzung gedacht und als Möglichkeit, zugleich handwerkliche und inhaltliche Fragen im Klassenplenum zu thematisieren.

Übung: Dialogische Umsetzung einer Alltagssituation

Die Schüler bekommen eine Situation vorgegeben, die ihnen aus dem eigenen Leben vertraut ist. Meistens sind dies familiäre Situationen oder welche aus der Schule oder dem Freundeskreis. Beispielsweise eine Esstischsituation mit den Eltern, bei der es um die letzte Note in einer Klassenarbeit geht und um die Frage, ob der Sohn bzw. die Tochter am nächsten Wochenende ausgehen darf (und wie lange). Die Situation sollte der Altersgruppe entsprechen und zur sozialen Lebenswirklichkeit der Klassenmehrheit passen. Denkbar sind auch verschiedene Situationen, aus denen man wählen kann.

Diese Situation soll dialogisch in einem Fließtext umgesetzt werden. Ziel ist ein Text von etwa einer handgeschriebenen Seite.

Zeitrahmen: 45 Minuten

Übung: Szenisch dargestellter Dialog
Diese Übung bietet sich an, wenn bereits eine Handlung geplant wird. Aus dem Roman oder Erzähltext wird eine Szene / Situation herausgegriffen, die exemplarisch für den Gesamttext ist und viel Dialog erhalten soll. Sämtliche Figuren, die in dieser Szene vorkommen, werden mit Schülern besetzt.
Diese Schüler haben die Aufgabe, die Szene (die noch nicht verschriftlicht wurde) nachzuspielen. Zwei oder drei Schüler haben die Aufgabe, wortgenau zu protokollieren oder auf ein (digitales) Aufnahmegerät aufzunehmen. Auch hier leisten Mobiltelefone inzwischen gute Dienste. Der Lehrer oder ein ausgewählter Schüler spielen Regisseur. Sie achten darauf, dass das Spiel unterbrochen wird, wenn es für die Protokollanten zu schnell geht oder sich in eine falsche Richtung entwickelt.
Danach wird diskutiert, ob die Dialoge
1. authentisch sind, d.h. zu den Figuren passen.
2. die Handlung / Geschichte vorantreiben.
3. so verfasst sind, dass sie auch auf dem Papier funktionieren, wo man die Schauspieler nicht vor sich hat.
(An dieser Stelle muss dann meist nachbearbeitet werden, wie etwa die Beschreibungen der Personen, den Klang der Stimme, die Mimik und Gestik und so weiter.)
Zeitrahmen: 30 bis 45 Minuten

2.7 Perspektive

2.7.1 Grundbegriffe

Perspektive: Das Verhältnis vom Erzähler zum Geschehen innerhalb eines (erzählenden) Textes. Die drei häufigsten Perspektiven sind Ich-Erzählung sowie auktorialer und personaler Erzähler (beide Er-Erzählung).

Erzähler: Beim Erzähler handelt es sich mehr um eine Instanz als um eine Person. Der Erzähler ist nicht identisch mit dem Autor, selbst dann nicht, wenn der Autor eine autobiografische Geschichte erzählt. Er ist sein Sprachrohr.

Ich-Erzählung: Der Erzähler ist entweder Teil der Handlung oder er betrachtet sie von außen. In jedem Fall kann er nur das beschreiben, was für ihn sichtbar ist oder das ihm (innerhalb der Logik der Geschichte) zugetragen wurde. Dies führt erstens dazu, dass der Wahrnehmungs- und Erzählradius eines Ich-Erzählers sehr eingeschränkt ist. Zweitens ist sein Charakter selbst Teil der Erzählung – das heißt, der Leser ist entweder darauf angewiesen, dieser „Person" und seinen Schilderungen zu vertrauen – oder ihm gegenüber Misstrauen zu entwickeln, etwa wenn es sich um einen in welcher Art auch immer traumatisierten Erzähler handelt. Mit dieser Art von unzuverlässigem Erzähler kann der Autor natürlich auch bewusst spielen. Auch mit der Nähe, die der Ich-Erzähler dem Leser zu sich selbst vermittelt.

Personale Erzählung: Der Erzähler ist zwar ebenfalls an eine bestimmte Figur gebunden, jedoch nicht mit ihr identisch. Er ist gleichzeitig teilnehmend und sich zurücknehmend. Sein Blickwinkel ist genauso eingeschränkt wie der des Ich-Erzählers, jedoch tritt seine Persönlichkeit nicht zutage. Für den Leser soll so die Illusion entstehen, er befände sich mitten im Geschehen (vgl. Martinez/Scheffel, 2009, S. 90).

Auktoriale Erzählung: Der Erzähler ist weder mit einer Person identisch noch an eine bestimmte Figur gebunden. Und doch besitzt er eine eigene Persönlichkeit, jedoch eine, die außerhalb (perspektivisch gesprochen: oberhalb) der Geschichte angesiedelt ist. Der auktoriale Erzähler besitzt die Vorherrschaft der Allwissenheit (Martinez/Scheffel, 2009, S. 92) und greift nicht nur erzählend, sondern mitunter auch kommentierend in die Erzählung ein.

Inzwischen wurden diese drei von Franz K. Stanzel beschriebenen Erzählperspektiven um den Blickwinkel, die narrative Ebene und die Handlungsbeteiligung des Erzählers, die Außen- und Innensicht der Figuren etc. ersetzt und verfeinert. Im Rahmen dieses Buches werden wir darauf nicht eingehen, empfehlen aber Interessierten und Theoriebegeisterten die Lektüre *Einführung in die Erzähltheorie* von Matias Martinez und Michael Scheffel bzw. Gérard Genettes *Die Erzählung*.

2.7.2 Überlegungen

Wer sich ein wenig mit Literatur beschäftigt, braucht weder viel Zeit noch sonderlich viele Hinweise, um in einem erzählenden Text die Perspektive zu identifizieren. Die Indikatoren sind meistens eindeutig. Nicht nur, was die Unterscheidung zwischen den Ich- und den Er-Perspektiven anbelangt, sondern auch die Abgrenzung zwischen personalem und auktorialem Erzähler.

Wer sich jedoch nicht nur ein wenig, sondern eingehend mit Literatur beschäftigt, wird feststellen, dass sich die Perspektive gegenüber den Autoren offensichtlich lange nicht so unkompliziert verhält wie gegenüber den Lesern. Es gibt kaum einen Erzähltext, ob Roman oder Kurzprosa, in den sich nicht einige, mitunter sogar viele Perspektivenfehler eingeschlichen haben. Bei genauer Betrachtung ist dies nicht verwunderlich. Jeder Satz, jedes noch so kleine Detail eines erzählenden Textes wird durch die Perspektive beeinflusst und ist in irgendeiner Form auf sie bezogen.

Denn in der Perspektive drückt sich eben nicht nur die Positionierung des Erzählers gegenüber dem oder den Protagonisten aus, sondern auch gegenüber der Handlung, gegenüber Ort und Zeit, gegenüber jedem noch so kleinen Detail der Geschichte.

Für die Praxis bedeutet dies, dass die Perspektivenwahl zu den wichtigsten Entscheidungen gehört, die ein Autor für den Text zu treffen hat. Diese Entscheidung wirkt sich auf alles andere aus und wird von allem anderen beeinflusst. Die Perspektive entscheidet darüber, wie nahe der Leser bestimmten Figuren kommt. Der Autor entscheidet über den Fortlauf der Geschichte und darüber, was der Leser zu welchem Zeitpunkt der Geschichte weiß.

Die meisten Perspektivenfehler in erzählenden Texten beziehen sich genau auf diese Frage: Was kann wer zu welchem Zeitpunkt wissen? Und woher? Oft wollen uns Ich-Erzähler weismachen, sie wüssten, was im Kopf anderer Figuren vorgeht. Hier ein von uns erdachtes Beispiel.

Erzählimpuls

Als ich ins Café kam, war Roland schon da. Er saß an einem Tisch und langweilte sich.

Viel ist es nicht, was hier erzählt wird. Falsch ist es allemal. Woher soll der Ich-Erzähler wissen, dass Roland sich langweilt?

Ja, das ist kleinkrämerisch. Aber in der Literatur, wo es auf jedes Wort ankommt, müssen wir uns eben auch mit diesen kleinteiligen Angelegenheiten befassen. Die hier gezeigte Kompositionsschwäche wäre ganz einfach zu vermeiden gewesen. Ein paar Beispiele, wie man dasselbe erzählen und dabei akkurat im Kopf der erzählenden Figur bleiben kann:

1. Als ich ins Café kam, war Roland schon da. Sein Gesicht verriet mir, dass er sich langweilte.
2. Wie ich Roland kannte, war er mal wieder überpünktlich, mit dem Ergebnis, dass er warten musste und sich langweilte. Und tatsächlich, als ich das Café betrat, saß er schon da.
3. Sobald ich Roland an dem Tisch sitzen sah, verlor ich die Lust an unserem Treffen. Alles an ihm war ein Vorwurf. Die nach unten gezogenen Mundwinkel und der zusammengesunkene Oberkörper.
4. Roland saß schon da, als ich ins Café kam. Vor ihm stand eine Tasse. Er tauchte den Löffel ein und sah zu, wie der Kaffee zurück in die Tasse tropfte.

Es sind keine umfangreichen Eingriffe, die getätigt werden mussten. Ein paar für die erzählende Person sichtbare Signale – und schon wird dem Leser vermittelt, woraus der Erzähler schließt, dass Roland sich langweilt.

Wenn ein Ich-Erzähler schon nicht weiß, was in den Köpfen anderer Figuren vor sich geht, weiß er erst recht nicht, was in anderen Räumen, Häusern oder gar Städten passiert. Dies muss man bei der Planung des Plots natürlich beachten. Reicht es aus, sich an die Fersen einer einzigen Hauptperson zu heften, um eine Geschichte in der Weise zu erzählen, wie man sich das vorstellt?

Oder braucht man das Adlerauge des allwissenden Erzählers, der von oben in jede Situation blicken kann und der sich weder von Wänden noch von Schädeldecken abhalten lässt?

Als Zusatzlösung gibt es theoretisch den Perspektivenwechsel. Der ist jedoch, wie der Tempuswechsel auch, voller Fallstricke und erst recht kompliziert, weshalb man ihn normalerweise denjenigen überlassen sollte, die beruflich Geschichten erzählen und deshalb den ganzen Tag Zeit haben, sich mit solchen Fragen auseinanderzusetzen.

Trotzdem ist es nicht unmöglich, dem Leser auch solche Informationen zukommen zu lassen, die dem Erzähler von der Logik her nicht zugänglich sein dürften. Dazu muss man sich solcher Tricks bedienen, wie sie das Theater seit jeher ebenfalls anwendet, z. B. bei der sogenannten „Mauerschau" (Teichoskopie), wo der Zuschauer Geschehnisse, die auf der Bühne nicht stattfinden können, durch Hörensagen vermittelt bekommt.

2.7.3 Schüler und Perspektive

In der erzählenden Prosa können wir auf einen erweiterten Katalog von Spielarten zurückgreifen. Belauschte Dialoge oder Telefongespräche, abgefangene Briefe – das Instrumentarium des Erzählers erinnert nicht selten sehr stark an das eines Geheimagenten.

Auch bei unserem Beispiel mit der Waisenhaus-Geschichte mussten wir uns einer solchen Methode bedienen. Hier hatte sich die Klasse sehr früh auf zwei personale Erzähler festgelegt, weil die Geschichte im Wechsel aus der Sicht des Hausmeisters und einem der Schüler erzählt werden sollte. Bei einigen Schülern sorgte diese Aufteilung für Unmut. Ihnen schien der personale Erzähler zu mittelbar, sie wollten dem Hausmeister Jack näher kommen und ihn mit eigener Stimme erzählen und seine Taten begründen lassen. So entstand die Idee, sein Tagebuch in die Handlung einzubauen, das Jahre später von einem der Schüler entdeckt wird und so Teil der Geschichte wird. Darauf konnten sich damals alle einlassen, auch wenn einige Schüler dadurch am Ende zwei Perspektiven einnehmen mussten, wenn in ihrem Kapitel nicht nur der personale Erzähler, sondern auch Tagebuchpassagen vorgesehen waren.

Wie schon gesagt – im beschriebenen Fall handelte es sich um eine Ausnahme, um eine Kompromisslösung. Der Wechsel zwischen zwei Perspektiven überfordert die meisten Schüler – mindestens deshalb, weil es sich bei der Perspektivenfrage an sich um eines der komplexesten und fehleranfälligsten Einzelthemen des erzählenden Schreibens handelt.

Schon bei den Schülern in ihrer Rolle als Leser so etwas wie Perspektivenbewusstsein zu wecken, kann eine sehr anspruchsvolle Aufgabe sein. Dies aber auch noch übertragbar zu machen auf das Schreiben eigener Texte, wo doch selbst Profis ihre liebe Not damit haben, ist schier aussichtslos.

Deshalb gehen wir auch bei diesem Thema als Rat erteilende Moderatoren in die Diskussionen und versuchen, die Schüler in die Richtung zu lenken, die der Geschichte angemessen und den Schülern selbst naheliegend ist: die Ich-Perspektive.

Nicht umsonst ist dies die am häufigsten verwendete Perspektive in literarischen deutschen Debüts der letzten zwanzig Jahre. Zwar stimmt die allgemeine Annahme, für den Autor handle es sich um die leichteste Einstiegsperspektive, nur bedingt. Eben weil man sich im alltagsgewohnten Ich so sicher fühlt, schleichen sich immer wieder Fehler ein – ob es sich dabei um die oben beschriebenen Allwissenheitsfehler handelt oder aber darum, dass die Trennung zwischen Erzähler und Autor gern einmal verschwimmt. Dennoch fällt es den meisten Schülern leichter, wenn sie beim Erzählen die Ich-Position einnehmen.

Zu beachten: Wenn Jungen im Pubertätsalter aus der Sicht eines Mädchens oder einer Frau schreiben sollen/müssen, sind mitunter Diskussionszeit einzuplanen und Überredungskünste einzusetzen. Teils derb formulierte Weigerungen sind keine Seltenheit: Der Satz „Das mache ich nicht, das ist mir zu schwul" ist in diesem Zusammenhang in unserem Unterricht schon einige Male gefallen.

2.7.4 Übungen

Übung: Eine Situation – mehrere Perspektiven

Es wird eine bestimmte Situation vorgegeben, mit mindestens zwei beteiligten Figuren. Beispiel: Ein Enkel besucht seine Großmutter. Sie sitzen im Wohnzimmer und trinken Kaffee (sie) und Kakao (er). Bevor er wieder geht, will sie ihm eine Tafel Schokolade schenken und verlässt das Zimmer, um sie zu holen. In diesem Moment fällt der Blick des Enkels auf das Portemonnaie der Großmutter, das auf einer Ablage liegt. Er nimmt alle Scheine heraus. Die Großmutter bemerkt nichts davon, zumindest nicht bis zum Abschied.

Die Schüler sollen diese kurze Geschichte aus drei verschiedenen Perspektiven schreiben. Zweimal als Ich-Erzählung aus der Sicht des Enkels bzw. der Großmutter. Dann als auktoriale Erzählung oder als personale Erzählung. Jede Szene sollte ungefähr eine handschriftliche Seite umfassen, zur Vereinfachung kann der Beginn jeweils vorgegeben werden. Am Ende werden einige der Ergebnisse vorgelesen und diskutiert.

Zeitaufwand: 45 bis 60 Minuten

Übung: Perspektiven-Variation

Ein kurzer Ausgangstext soll zweimal umgeschrieben und in die beiden anderen Perspektiven versetzt werden. Hier bieten sich Texte an, die bei der Übertragung gewisse Probleme aufwerfen können, z. B. Gedanken oder Gefühle, die ein Ich-Erzähler schildert.
Zeitaufwand: 30 Minuten

Übung: Perspektiven-Planung

Falls die Handlung der Erzählung oder des Romans bereits feststeht, sollen die Schüler einzeln und danach in der Gruppe erarbeiten, was der Leser zu welchem Zeitpunkt erfahren soll oder muss, um die Geschichte voranzubringen. Darauf aufbauend, sollen sie ihre Empfehlung für eine Perspektive geben.
Zeitaufwand: 20 Minuten

2.8 Szene

Dieser Abschnitt unterscheidet sich von den vorangegangenen vor allem in einer Hinsicht: Bei der Szene handelt es sich nicht um ein Strukturelement des erzählenden Schreibens, sondern um eine quantitativ abgrenzbare Einheit des Gesamttextes. Eigentlich ist es nicht einmal üblich, den Begriff im Zusammenhang mit erzählenden Prosatexten zu verwenden. Und dort, wo „inszeniert" wird, meint der Begriff etwas anderes als wir.

In Ermangelung eines besseren Wortes verwenden wir den Begriff der Szene in unseren Projekten für die Anordnung von Figuren, Schauplätzen, Dialogen, Ereignissen und weiteren Elementen. Und tatsächlich handelt und denkt der Autor manchmal in ähnlicher Weise wie ein Filmregisseur. Es geht dann um die Frage, was zu einem bestimmten Zeitpunkt des Geschehens passieren soll. Muss etwa eine Figur näher charakterisiert werden, um etwas, das sie später tut, plausibel erscheinen zu lassen? Muss die Handlung einen wichtigen Schritt nach vorne tun, etwa indem ein Konflikt, der seit geraumer Zeit geschwelt hat, offen zum Ausbruch kommt? Geht es im Gegenteil darum, ein Ereignis noch hinauszuzögern und den Leser ein paar Seiten mehr auf die Folter zu spannen?

Die Szene erfüllt im Ganzen des erzählenden Textes immer eine Funktion. In ihr werden unterschiedliche Elemente der Erzählung zueinander in Bezug gesetzt. Eine Person trifft beispielsweise auf einen besonderen Ort, und weil beide so sind, wie sie sind, beginnt die Person, auf diesen Ort zu reagieren. Gefühle und Verhaltensweisen werden offenbar. Dasselbe gilt natürlich, wenn zwei Personen aufeinandertreffen. Was geschieht zwischen ihnen? Welcher Körpersprache bedienen sie sich, welche Gedanken haben sie und welche Dialoge führen sie?

Für den Autor ist die Szene essentiell, weil er in ihr zeigen kann. Er muss es sogar tun. Ein wichtiger Grundsatz des Erzählens lautet folgendermaßen: Don't state – show! Behaupte nicht – zeige!

Die Szene ist der Raum, in dem der Autor seinen Lesern etwas zeigen kann.

Erzählimpuls

Sitzen. Das war schon mal gut. Durchatmen, ausruhen, den Puls auf eine erträgliche Geschwindigkeit bringen. Es musste ja nicht gleich heißen, dass man unvorsichtig wurde. Nein, unvorsichtig war Jakob ganz bestimmt nicht. Den Mantel behielt er an. Den rechten Arm ließ er schlaff herunterhängen, die Hand schwebte wenige Zentimeter über dem Griff der Tasche. Wenn es ernst wurde und Jakob fliehen musste, würde sie zupacken und die Tasche mitreißen. Ein lautes Klirren ließ Jakob zusammenfahren. Die Hand zuckte in Richtung Griff. Doch dann wurde ihm klar, dass es nur das Geräusch von Porzellan gewesen war, das unsanft auf Porzellan gestellt wurde. „Was darf ich Ihnen bringen?"
Instinktiv fuhr Jakobs Arm hoch. Das Erstaunen auf dem Gesicht des Kellners spiegelte Jakobs eigenes Erstaunen über die plötzliche und völlig unbegründete Bewegung wieder.

In diesem von uns selbst verfassten Beispiel haben wir es mit einem ängstlichen Menschen zu tun. Das dürfte auch ein unaufmerksamer Leser bemerkt haben. Wir wissen nicht, ob Jakobs Angst nun begründet ist oder ob seine Psyche verrückt spielt. Doch seinen Zustand haben wir transportiert, ohne das Wort Angst auch nur zu erwähnen. Sämtliche relevanten Informationen hätten sich auch kürzer transportieren lassen:

Erzählimpuls

Jakob hatte Angst. Um zur Ruhe zu kommen und etwas zu trinken, ging er in ein Café.

Auch so erfährt der Leser von Jakobs Angst. Mit dem Unterschied nur, dass er sich dabei auf die Behauptung des Erzählers verlassen muss. Bei der ersten Variante zieht er seine eigenen Schlussfolgerungen. Er ist ins Geschehen involviert, wird an dem beteiligt, was in und mit Jakob passiert.

Darum geht es bei der Inszenierung von Geschichten. Situationen und Szenen zu schaffen, die den Lesern eigene Schlussfolgerungen erlauben und sie also aktiver am Geschehen teilhaben lassen.

Das ist natürlich aufwendiger als die bloße Behauptung. Der Autor muss sich die Frage stellen, wie er Angst inszeniert. Im vorliegenden Fall hat er sich für die Darstellung der Schreckhaftigkeit (Zucken bei lauten Geräuschen; Abwehrhaltung) und die Planung der Flucht (Tasche griffbereit) entschieden.

Bei Schülern, die sich von Haus aus lieber etwas Arbeit ersparen, ist diese Methode meistens im ersten Moment nicht sehr beliebt. Bis auf wenige Ausnahmen werden sie auch dann nicht von sich aus szenisch schreiben, wenn man es mit ihnen einige Male geübt hat. Gleichwohl ist es meistens ein Leichtes, ihren detektivischen Spürsinn wachzukitzeln und in gemeinsamer Diskussion oder in Gruppenarbeit solchen Fragen nachzugehen, zum Beispiel, wie sich ein ängstlicher Mensch verhält und in welcher Art von Szene man dies verarbeiten kann.

2.9 Kurzes Innehalten

2.9.1 Ein bisschen viel

Angesichts der Vielzahl von Gestaltungselementen und ihrer Komplexität ist es natürlich unmöglich, allen hier beschriebenen Aspekten und Übungen gleich viel Raum und Zeit im Unterricht zu geben. Das ist auch weder gewollt noch notwendig. Vielmehr muss man die Dinge sich entwickeln lassen. Meistens treten die Problempunkte von allein zutage, in der Klassendiskussion oder wenn einzelne Schüler mit ihren Erzählungen oder Romankapiteln nicht weiterkommen. Mit einigen Themen wird man sich jedoch in jedem Fall befassen müssten. Ohne Themenplanung und Ploterstellung wird das Projekt nicht weit gedeihen.

Man sollte sich, wenn man literarisch mit einer Klasse arbeitet, nicht in der Rolle des Wissensvermittlers sehen, sondern als Moderator. Das heißt, man beschäftigt sich ausführlich mit allen Aspekten des epischen Erzählens, mit Details zur Perspektive und zur Figurencharakterisierung. Man tut dies nicht, um Schülern dann darüber Vorträge zu halten, sondern um sie kompetent zu beraten, wenn es um die Planung ihrer eigenen Projekte geht. Dazu gehört, Chancen und Schwächen von Ideen und Ansätzen zu erkennen und Hilfestellungen zu leisten, um das volle Potenzial einer Geschichte auszuschöpfen.

Man tut als Lehrer oder Dozent gut daran, vorbereitet zu sein. Das heißt nicht, dass wir in jedem Moment wissen, wie es besser geht. Aber wir können Wege und Fragestellungen anbieten, die zu einer Identifizierung der Schwachstellen und zu einer sinnvollen Überarbeitung führen.

Was die Lage zugegebenermaßen noch weiter verkompliziert, ist die Tatsache, dass wir weder festgelegte Zeitpunkte noch eine Reihenfolge für die Behandlung der einzelnen hier aufgeführten Themen bieten können. Manchmal kann es sinnvoll sein, über Perspektive zu sprechen, noch bevor es erste Textentwürfe gibt. Manchmal bietet es sich wiederum an, zu warten, bis eigene Textbeispiele vorliegen.

Das kommt auf die Klasse an, auf ihre Vorkenntnisse und darauf, welche Art von Projekt man mit ihnen durchführt. Schreibt man einen Roman mit einer Klasse, hat zwar jede Änderung etwa in Perspektive oder Schauplatz weitreichende Auswirkungen und muss mitunter zu weiteren Änderungen führen. Andererseits gilt dann aber für alle Schüler dasselbe, so dass Plenumsdiskussionen über

Geschichtendetails auf allseitiges Interesse stoßen. Eine Figur aus einer Kurzgeschichte eines einzelnen Schülers zu streichen, wird die Überarbeitung begrenzen, jedoch auch die Zeit, die man darauf im Plenum verwenden kann, es sei denn, man kann daraus einen exemplarischen Fall machen, den jeder Schüler auf sein eigenes Schaffen übertragen kann.

Diese Ökonomie des Aufwandes gilt übrigens auch für das Schreiben selbst. Ein Autor wird seinen Rechercheaufwand immer auch an der Länge und der Wichtigkeit seines Textes orientieren. So wie er, wenn er im Interesse seiner Leser schreibt, deren Zeit für so wertvoll erachtet wird, sie nicht mit sinnlosem Erzählballast zu belasten, der mit der eigentlichen Geschichte nichts zu tun hat.

2.9.2 Planung ist alles

Meistens kann man den Aufwand für eine Geschichte oder ein literarisches Projekt zu Beginn nicht vollständig überblicken. Entsprechend vorsichtig sollte man planen. Gerade bei der Arbeit mit Schülern sollte ein Rhythmus gefunden werden, der den Schülern und ihren Neigungen entspricht und sie bei der Stange hält. Das heißt für gewöhnlich eine gute Balance zwischen praktischer Schreibarbeit und Textarbeit, die zwar beileibe nicht theoretisch ist, aber oft so empfunden wird.

Zu Beginn ist den Schülern vor allem das Thema ihrer Geschichte wichtig, die Grundidee also. Der Ideenentwicklung sollte man daher auch genügend Raum geben, so dass sie sich entfalten kann. Nur wenn man darüber einen allgemeinen Konsens erreicht, wird die Motivation groß genug sein, um den (manchmal sehr anstrengenden) Weg bis zum Ende zu gehen.

Ab diesem Zeitpunkt ist es dann auch nicht schlimm, die Schüler ins kalte Wasser zu stoßen und sie erst einmal drauflos schreiben zu lassen – auch auf die Gefahr hin, dass später am Text noch gefeilt und verändert werden muss.

Je nach Möglichkeit, kann es auch nicht schlecht sein, z. B. ein Romanprojekt nach der Entwicklung einer ersten Idee drei Wochen lang ruhen zu lassen und es erst dann wieder im Plenum zur Sprache zu bringen. Dann kann sich mitunter zeigen, ob eine Idee, die sich im ersten Moment aufregend und neu angehört hat, wirklich so innovativ und spannend ist.

Wir haben weiter hinten ein paar exemplarische Projekt-Fahrpläne zusammengestellt. Man sollte sie jedoch mit der nötigen Vorsicht genießen. Jede Klasse ist anders und hat ihre speziellen Eigenheiten. Und niemand ist so sehr Experte für die eigene Klasse wie ein Lehrer, der mit ihr möglicherweise seit Jahren arbeitet. Ein wenig ist es aber auch Übungssache. Wenn man solche Projekte mehrmals durchführt, entwickelt man ein Gefühl für die Anforderungen und Zeitfresser. Die haben übrigens bei solchen kreativen Tätigkeiten auch mit der Persönlichkeit des Unterrichtenden selbst zu tun.

2.9.3 Plagiate

Wir kommen nun zu einem unangenehmen Thema, um das wir uns nicht drücken können, das wir aber so kurz wie möglich abhandeln wollen: Plagiat und Ideenklau.

Alle Schüler sehen fern, einige gehen ins Kino und lesen Bücher. Alle sind ihr Leben lang und ständig mit Geschichten konfrontiert. Und manchmal wandert eine Geschichte, eine Idee, eine Figur oder ein bestimmter Ort in den Ideenpool eines Klassenprojekts.

Realistisch müssen wir sagen, dass wir dies nicht vollständig ausschließen können. Woher sollten wir auch jede einzelne Serie, jeden einzelnen Film und jedes Buch kennen, aus denen Schüler sich bedienen?

Was wir jedoch hoffen zu tun, ist, diese (ob nun bewusst oder unbewusst) gestohlenen Ideen durch unsere Hinterfragungen und Modifizierungen so zu verfremden und zum Gegenstand des kreativen Denkens der Schüler zu machen, dass sie schließlich doch noch zur Eigenleistung werden, selbst wenn der Grundgedanke von außen kam.

2.9.4 Wie es weitergeht

Wir haben mit der Arbeit an den formalen Bausteinen des erzählenden Schreibens ganz nebenbei den Bereich der Textarbeit begonnen – der ständigen Hinterfragung und Überarbeitung. Im folgenden Kapitel soll es nun um Wege in diese Textarbeit gehen. Um Strategien, Erzähltext-Projekte als Prozesse zu sehen, als Abfolge von sich kontinuierlich verändernden (und hoffentlich dabei auch weiterentwickelnden) Textversionen.

Anmerkungen

1 Vor einigen Jahren gab es in Großbritannien zu diesem Thema sogar eine Top Ten der am häufigsten nicht zu Ende gelesenen Bücher. Unter den belletristischen Werken war damals DBC Pierres *Jesus von Texas* mit 35 Prozent derer, die das Buch zwar begonnen, nicht aber beendet hatten, auf Platz 1, dicht gefolgt vom vierten Band der *Harry Potter*-Reihe. (http://news.bbc.co.uk/2/hi/6440981.stm)
Jede von Nick Hornbys Kolumnen in *Mein Leben als Leser* beginnt mit einer Liste der gekauften und einer der gelesenen Bücher. Auf den letzten Seiten resümiert er: „Aber mit jedem Jahr, das verstreicht, und mit jeder Neuanschaffung aus einer Laune heraus, drücken unsere Bibliotheken mehr und besser aus, wer wir sind, ob wir die Bücher lesen oder nicht" (Hornby, 2005, S. 138f.).

2 An dieser Stelle ein Wort zu der häufigen Verwendung englischer Begriffe. Sie hat ihren Ursprung nicht in unserer Unfähigkeit oder unserem Unwillen, uns mit deutschen Begrifflichkeiten zu beschäftigen. Die Ursachen liegen in der Tradition der literarischen Schreibvermittlung. In Deutschland hat sich eine solche erst in den letzten zehn bis fünfzehn Jahren entwickelt. In den USA hingegen gehört sie zur Selbstverständlichkeit. Viele der großen Erzähler der letzten Jahrzehnte haben während ihres Studiums auch eine Ausbildung in „Creative Writing" erhalten. Kein Wunder also, dass sich dabei eine ganze Palette von Begrifflichkeiten herausgebildet hat, die im deutschen Sprachraum übernommen wurden. Erschwerend kommt hinzu, dass die Übersetzungen mitunter sehr unzureichend sind. Schon der Begriff „Creative Writing" ist mit „Kreativem Schreiben", zumindest so, wie er hierzulande verwendet wird, keinesfalls gleichzusetzen.

3 Natürlich ist auch dieses Thema nicht ohne Komplexität. Allen Interessierten sei nochmals die *Einführung in die Erzähltheorie* von Matias Martinez und Michael Scheffel wärmstens ans Herz gelegt.

3 Überschreiben – Arbeiten am Text

Erzählen, laut Grammatik, ist ein Tätigkeitswort.
Volker Klotz

3.1 Zwischenstation

3.1.1 Überlegungen

Einer der vielen Vorteile davon, ein Dozenten- bzw. Autorenteam zu sein, besteht in unserem Fall darin, fast zwei Jahrzehnte Schulpraxis aus Schülersicht überblicken zu können – von der Mitte der 70er-Jahre bis in die frühen 90er-Jahre. Dies sagt etwas über unser Alter aus. Umgekehrt können wir daher aber auch eine fundierte Aussage über die Paradigmen des Unterrichts machen, speziell des Deutschunterrichts, um den es hier ja gehen soll.

Zu jener Zeit, da wir Schüler waren, herrschte ganz ohne Zweifel die Ansicht vor, ein Text werde geschrieben und sei dann fertig. Das hatte in den Köpfen der Schüler, also auch in unseren Köpfen, vor allem folgenden Effekt: Was auf dem Papier steht, bleibt dort auch stehen, wie in Blei gegossen. Veränderungen waren nicht vorgesehen. Beim Diktat wurden wir (nach der Benotung!) aufgefordert, alle fehlerhaften Sätze noch einmal zu schreiben. Beim Aufsatz gab es einen kleinen Absatz mit Note und Anmerkungen, wenn wir Glück hatten mit Tipps versehen, was wir beim nächsten Mal besser machen konnten. Der Unterricht ließ sich aber nicht aufhalten. Mit der Note unter der Klassenarbeit oder Hausaufgabe war die Unterrichtseinheit abgeschlossen und man wandte sich dem nächsten Thema zu.

Das soll nicht heißen, dass wir es mit unwilligen oder unfähigen Lehrerinnen und Lehrern zu tun hatten. Im Gegenteil. Wir wären heute nicht dort, wo wir sind und würden nicht das tun, was wir tun, wenn es nicht Deutschlehrer gegeben hätte, die uns inspirierten und die Art und Weise beeinflussten, wie wir über Sprache und Literatur denken und wie wir mit beidem umgehen.

Doch dieser Einfluss war mehr dem besonderen Engagement der Lehrer geschuldet als den Curricula und Lernvorgaben des Deutschunterrichts. Bei uns und vielen anderen Generationen von Schülerinnen und Schülern hat sich dadurch dieses Bild vom Text eingeprägt: Die Form wird vorgegeben, dann wird sie besprochen und am Ende haben wir einen Text zu schreiben, der möglichst genau dieser Form entspricht, wenn auch mit einem anderen Thema oder mit einer anderen Fragestellung.

Das Problem dieser Herangehensweise ist, dass sie mit der Realität nichts zu tun hat. In keinem Bereich des Lebens gibt es fest vorgegebene Textformen. Es mag Standard- oder Formbriefe geben oder Formulare und Anträge, die bestimmte Vorgaben erfüllen sollen. Aber wo bitte schön ist uns im Leben schon mal ein Interpretations- oder Argumentationsaufsatz, wo ist uns schon mal eine Erörterung begegnet, die dem, was wir unter dieser Überschrift im Deutschunterricht fertigen mussten, auch nur ähnelte?

Wir wollen hier nicht den gesamten Unterricht auf den Kopf stellen. Doch kommen wir um diese Problematik und die sich daraus ergebenden vielfältigen Effekte nicht herum.

Die klassische Herangehensweise an Texte, die Behauptung, es gebe eine feste Form, an die man sich zu halten und der man zu entsprechen habe, verhindert jede Art von kreativem Herangehen an Text und Sprache.

Kein Schriftsteller auf dieser Welt, kein Journalist oder Essayist befindet sich in der Situation, in der sich Schülerinnen und Schüler zu unserer Zeit befanden – dass nämlich die erste Fassung eines Textes auch die endgültige sein muss. Im Gegenteil – der Erstentwurf eines Textes mag vielleicht nicht gleich der Beginn des Schreibprozesses sein, aber ganz sicher ist er auch nicht der Schlusspunkt.

Seit unserer eigenen Schulzeit haben sich die Dinge ein wenig geändert. Gleichwohl stoßen wir bei unserer Arbeit an Schulen und mit Schülergruppen nicht selten auf Unverständnis, wenn wir aufgrund einer Textbesprechung eine Überarbeitung verlangen und dann noch eine und dann noch eine.

Schüler empfinden es regelrecht als Zumutung, sich mit der vermeintlich vollständig erledigten Arbeit noch einmal auseinandersetzen zu müssen. Vielleicht steckt dahinter ja auch mehr als die Tatsache, dass sie dieses Vorgehen aus ihrem Deutschunterricht nicht kennen. Möglicherweise ist diese Abwehr ja auch Ausdruck einer natürlichen menschlichen Ungeduld. Aber Literatur nötigt ihren Urhebern nun mal viel Geduld ab und die Bereitschaft, sich einem Prozess zu unterwerfen, an dessen Ende (vielleicht!) ein literarischer Text steht[1].

Im Folgenden werden wir die verschiedenen Aspekte dieses Prozesses vorstellen:
▸ Zunächst zeichnen wir einen idealtypischen und exemplarischen Verlauf der Entstehung eines literarischen Textes nach.
▸ Im Zentrum steht dabei natürlich für uns die Frage, wie man diesen Weg für Schüler nachvollziehbar und gangbar machen kann. Wir stellen Arbeitssituationen vor, durch die man literarische Prozesse und Textarbeit ins Klassenzimmer und in den Deutschunterricht holen kann.
▸ Zuletzt stellen wir einige wichtige Methoden der Überarbeitung vor.

3.2 Stationen eines Prozesses

Weiter oben haben wir bereits festgestellt, dass literarische Texte in den seltensten Fällen bei der Veröffentlichung die Form haben, die der Version ihrer ersten Niederschrift entspricht. Wer sich die Mühe macht, ein Literaturarchiv zu besuchen oder die historisch-kritische Ausgabe eines literarischen Werkes zu lesen, wird schnell feststellen, wie massiv die Veränderungen teilweise sind, die ein Text durchläuft. Unter Schriftstellern, Literaturwissenschaftlern, Lektoren und allen anderen, die sich beruflich mit Literatur auseinandersetzen, ist diese Tatsache wohlbekannt.

Nur im Bewusstsein der meisten anderen Menschen hat sich sonderbarerweise die Vorstellung verfestigt, ein Schriftsteller habe eine Idee, setze sich hin und schreibe diese Idee auf. Und wenn er die Geschichte (oder was immer er da schreibt) fertig erzählt habe, schraube er den Füller zu (in der moderneren und weniger romantisierten Form klappt er den Laptop zu) und schicke den Text zum Verlag, der ihn dann druckt. Diese Vorstellung hat sich in den letzten Jahrhunderten kaum verändert – davon ausgehend dürften Schriftsteller im öffentlichen Bewusstsein hierzulande eine der stabilsten Berufsgruppen überhaupt sein, vermutlich zusammen mit Schäfern und Förstern.

Wir wollen im letzten Satz eine besondere Betonung auf den Begriff „hierzulande" legen. Die Vorstellung vom Schriftsteller-Genie, aus dem fertige und druckreife Texte fließen, scheint ein spezifisch deutsches Phänomen zu sein, das bis in die Aufklärung zurückzuverfolgen ist.

In Wirklichkeit hat die Schaffung und Entstehung eines literarischen Textes genauso wenig mit der Geradlinigkeit der allgemeinen Vorstellung zu tun, wie das Leben eines Schäfers heutzutage darin besteht, am Rand einer großen Wiese zu sitzen, auf die Schafherde zu starren und sich einen langen Bart wachsen zu lassen.

Wir stellen den Schreibprozess in diesem Kapitel in einer Reihenfolge dar. In der Praxis sind jedoch die Stationen nicht so klar voneinander abgegrenzt. Oder sie wechseln sich ständig ab. Aber auch wenn sich der Ablauf bei jedem Textprojekt unterscheiden mag, im Groben bleiben die einzelnen Schritte immer dieselben.

Und noch eine Bemerkung zu einem Satz aus dem vorangegangenen Kapitel. Dort haben wir gesagt, der Schriftsteller müsse sich dem literarischen Prozess „unterwerfen". Dies klingt so gar nicht nach selbstbestimmtem und selbstbewussten Arbeiten eines Künstlers. Schon oft wurden wir gefragt, ob der Autor diesen Prozess nicht viel eher aktiv gestalten könne. Doch nach allem, was wir von unserer eigenen Arbeit wissen und aus Gesprächen, die wir mit anderen Autoren geführt haben, kann man diesen Prozess durchaus aktiv und nach eigenen Vorstellungen gestalten. Aber leider erst, nachdem man sich ihm unterworfen hat. Denn fast jeder Autor würde auf die eine oder andere Phase der Entstehung eines literarischen Textes gern verzichten, weil nicht alles, was man da zu tun hat und über sich selbst und das eigene Schreiben erfährt, angenehm ist.

3.2.1 Erste Entwürfe

Irgendwo muss man anfangen. Beim Schreiben tun wir das entweder mit einer bestimmten Idee, die wir zu Papier bringen wollen oder aber ohne feste thematische Vorgabe. Dieser letztgenannte Fall tritt z. B. bei Übungen wie dem Automatischen Schreiben (siehe Kapitel 1) oder beim Tagebuchschreiben auf.

Für unsere Herangehensweise ist es irrelevant, ob wir bereits mit einem Thema antreten oder nicht. Das Ziel ist in jedem Fall das gleiche: Wir wollen so frei wie möglich schreiben. Konkret heißt das:

▸ Rechtschreibung und Grammatik spielen keine Rolle.
▸ Freies Assoziieren ist nicht nur erlaubt, sondern erwünscht. Der Text darf in dieser Phase sprunghaft und ohne erkennbare Richtung sein.
▸ Wir kümmern uns nicht um die Verwertbarkeit, Gültigkeit, Qualität und die Coolness des Geschriebenen.
▸ Wir bewegen uns beim Schreiben auf dem Papier (oder dem Bildschirm) nur in eine Richtung: nach vorn. Was wir einen Absatz, zwei Zeilen oder fünf Wörter vorher gemacht haben, interessiert uns vorerst nicht.

Das ist sehr allgemein gesprochen. Aber alles läuft auf eine bestimmte Absicht hinaus: Wir wollen beim Schreiben zunächst alles zulassen. Nichts ist verboten, nichts ist zu dumm. Das ist leichter gesagt als getan, das wissen wir aus eigener Erfahrung. Der innere Redakteur lässt sich nicht ohne Weiteres und nicht immer abschalten. Manche Schreibenden brauchen ein wenig Übung, bis sie dieses freie Schreiben zulassen können[2].

Wie wohl man sich in dieser Situation fühlt, hängt auch davon ab, welcher Schreibtyp man ist. Wir unterscheiden zwei Typen:

1. Vielschreiber: Das sind diejenigen, die keine Probleme damit haben, wild drauflos zu schreiben und relativ schnell Seite um Seite zu füllen.
2. Wenigschreiber: Jeder Satz muss erkämpft werden. Meistens entsteht zwischen zwei Sätzen eine längere Denkpause, oft genug sogar in der Satzmitte.

Es ist klar, dass vor allem dieser zweite Typus sich das freie, assoziative und spontane Schreiben erkämpfen und erarbeiten muss. Ebenso ist es klar, dass es einem Vielschreiber leichter fallen wird, bei der Überarbeitung auf ein paar Sätze oder sogar Seiten zu verzichten als einem Wenigschreiber, der so viel Mühe aufwenden musste, sie überhaupt hervorzubringen. Diese Typisierung sei nur der Vollständigkeit halber erwähnt. Meistens wissen Lehrer, die eine Klasse schon länger unterrichten, welcher Gruppe die einzelnen Schüler jeweils angehören.

Nun wollen wir aber endlich über Texte reden, und zwar über einen Erstentwurf. Eine Schülerin (9. Klasse Realschule) hat sich, inspiriert durch eine Dialogübung (siehe Kapitel 2.6.4: Übung 1), dafür entschieden, eine Kurzgeschichte über ihr erstes Zuspätkommen nach einem Partybesuch zu schreiben.

In der ersten Version ihrer Geschichte schildert sie, wie sie sich mit ihrer Freundin für die Party verabredet und wie sie besprechen, was sie beide anziehen werden. Es folgt ein Gespräch mit den Eltern und das Versprechen, um halb elf zu Hause zu sein. Die Beschreibung der Party selbst fällt überraschend nüchtern aus, auch wenn sich die Schülerin bemüht, durch Vokabeln wie „cool", „gechillt" und „übel geil" Begeisterung zu erzeugen. Richtig intensiv wird der Text mit der Schilderung des Nachhausekommens, fast eineinhalb Stunden zu spät.

Lara, Realschule, 15 Jahre

Das war so klar, dass mein Vater mir die Tür aufgemacht hat. Wenn es was zu tun gibt, lässt er immer meine Mum arbeiten, aber motzen kann er am besten. Ich dachte, was regt der sich so auf, wer erzählt denn immer die Geschichten, wie er früher mit seinen Freunden abgegangen ist? Bestimmt haut er mir eine runter, hab ich gedacht. Wenn man die Augen zumacht, tut es weniger weh, wenn er haut. Aber er hat mich nicht gehauen. Dann bin ich rein und hab gesagt, dass ich nichts dafür kann, dass Adisa schuld ist, weil ihr Bruder nicht weg wollte von der Party. Und dann hat mein Vater gesagt, lass mich in Ruhe und geh in dein Zimmer. Ich gehe in mein Zimmer, aber jetzt denke ich, dass ich sonst, wenn was ist, auch immer in mein Zimmer gehe, aber dann sage ich, er soll mich in Ruhe lassen. Weil er mir eine runtergehauen hat. Und dann rede ich nichts, aber dann kommt er immer zu mir und versucht mir ins Gesicht zu zwicken. Bis ich lachen muss und dann war es meistens wieder gut. Jetzt ist es anders. Seither schimpft immer meine Mum mit mir und mein Vater hat dann jetzt lieber mit Caro gespielt.

Dieser Abschnitt ist von einem literarischen Text, wie ihn sich die meisten von uns vorstellen, weit entfernt. Er entspricht jedoch ziemlich genau dem, was wir uns von einem Schülertext erwarten. Er ist authentisch und lebensnah. Die Grammatik- und Zeitenfehler können wir getrost ignorieren, die Rechtschreibfehler haben wir für den Abdruck hier entfernt.

Manche Schülerinnen und Schüler haben bereits Schwierigkeiten, bis zu diesem Punkt, dieser ersten Version zu kommen. Auch wenn sie sich bei der Ideenfindung ins Zeug legen und viele Einfälle haben, heißt das noch nicht, dass sie diese auch umsetzen können. Viele scheitern dann an den Erwartungen, aus der Idee auf Anhieb einen besonders tollen Text zu machen. In dieser Phase hilft manchmal gutes Zureden, manchmal Geduld und das Angebot, Textfragmente immer wieder vorzulegen (weil wir nicht ständig an Schulen sind, wird dieses Angebot in unserem Fall meistens per E-Mail wahrgenommen).

3.2.2 Distanz

Die vielleicht größte Überraschung, die wir in diesem Abschnitt bieten können, ist diese: Am Text werden wir noch nichts verändern. Das kommt erst später. Angesichts der zahlreichen offensichtlichen Defizite mag das verwundern. Alles so lassen? Ja. Vorerst.

Der nächste Schritt hat zunächst nichts mit dem Text zu tun. Zumindest nicht mit seiner Gestalt. Was aber der Arbeit und der Überarbeitung bedarf, ist das Verhältnis der Autorin zu ihrem Text. Weiter oben haben wir erwähnt, dass die erste Version eines Textes im Idealfall in freier Assoziation entsteht auch von der Frage, wie sich diese Worte nachher für andere Leser darstellen und was mit ihnen geschehen soll.

Was dabei entsteht, ist eine Momentaufnahme des Autors und seiner Gedanken- und Schreibwelt. Ein Zusammenspiel aus momentaner Stimmung, Schreibanlass, Ort, möglicherweise eines Themas oder einer Idee und was diese gerade jetzt im Autor hervorrufen – oder eben nicht.

Wenn all diese Voraussetzungen für den Idealfall zutreffen, ist dieser Text im Moment des Entstehens identisch mit seiner Verfasserin. Ein Abbild ihrer Gedankenwelt und ihres Innenlebens. Die Berechtigung für die Existenz dieses Textes ergibt sich aus seiner Unmittelbarkeit und den Begleitumständen seiner Entstehung:

▶ Authentizität
▶ Die Autorin hat sich an die Aufgabenstellung gehalten
▶ Der Text hat Journal-Charakter, d. h., er greift Befindlichkeiten, Erinnerungen und Gefühle auf, wie auch ein Tagebuchtext

Dass der Text in seiner jetzigen Form noch nicht unseren Ansprüchen an einen Prosatext entspricht, haben wir bereits angemerkt. Es gibt noch einen anderen, ebenso wichtigen Grund, weshalb wir die Geschichte vom Zuspätkommen nach einer Party und der damit einhergehenden Probleme nicht veröffentlichen würden: Sie ist zu persönlich. In ihrer jetzigen unmittelbaren Form würde sich die Autorin mit diesem Text angreifbar machen. Weil jede Kritik am Text auch eine Kritik an ihr selbst wäre – eben weil er so spontan und authentisch ist.

Die Schülerin muss zunächst einmal Distanz zwischen sich und den Text bringen.

Wie macht man das?

Nun, nehmen wir den Begriff ganz wörtlich. Distanz herstellen heißt, mental einen Schritt vom Text zurückzutreten und ihn wie einen fremden Text zu betrachten. Was in der Theorie sehr einfach gesagt ist, kann in Wirklichkeit große Probleme verursachen. Kurz zuvor hieß es doch noch, man solle ganz tief in sich hineinhören und sein Innerstes nach außen kehren und auf Papier bringen. Und plötzlich soll man sich ausgerechnet von diesem Teil seiner selbst entfernen?

Diese Aufgabe ist auch für professionelle Autoren nicht leicht. Die meisten arbeiten aus diesem Grund so eng mit Kollegen, Redakteuren und Lektoren zusammen. Es ist gut, einen Ratgeber zur Seite zu haben, der einem bei der objektiven Sicht auf den eigenen Text hilft. Die Rolle dieses Ratgebers nehmen bei den Schülern wir ein.

Hier wollen wir mal wieder einen kleinen Einschub machen. Weil es sich gerade an dieser Stelle anbietet, wo es um Distanz und um Persönliches geht: Man kommt bei kreativen Prosaprojekten mit Schulklassen nicht umhin, Details über die Schüler zu erfahren, die man sonst womöglich nie erfahren hätte. Diese Details können teilweise unangenehm sein. Sie können eine Grenze überschreiten, die man nicht überschreiten wollte. Sie können auch bewirken, dass man bestimmte Dinge nicht einfach so im Raum stehen lassen kann, ohne darauf einzugehen. In den meisten Fällen geht es aber um unproblematische Themen. Man sollte nur gerüstet sein, dass es auch anders geht.

Hier eine kleine Liste von Themengebieten, die uns bei unserer Arbeit schon begegnet sind, manche häufiger, manche sehr selten:

▸ Todesfälle in der Familie
▸ Krankheiten
▸ Drogenerfahrungen und -sucht (eigene und von nahen Menschen / Freunden)
▸ Psychosomatische und körperliche Störungen (Bulimie, Depression)
▸ Gewalterfahrungen und Gewaltfantasien
▸ Extreme sexuelle Erfahrungen und Vorlieben
▸ Suizidgedanken

Wir haben kein Patentrezept dafür, wie man auf solche Texte zu reagieren hat. Jeder kennt seine Schüler normalerweise gut genug, um einschätzen zu können, wie notwendig eine Reaktion ist und wie sie ungefähr auszufallen hat. Generell plädieren wir dafür, nicht bei der kleinsten Gewaltfantasie, die im Text durchscheint, einen Psychologen hinzuzuziehen. Anders ist es natürlich, wenn die Textwerdung von Problemen nur ein Hinweis von vielen ist.

Ebenso wie vor Überreaktionen wollen wir davor warnen, die Schüler und ihre Befindlichkeiten nicht ernst zu nehmen. Die Bandbreite der überwiegenden Themen, die in Schülertexten auftauchen, ist nun mal begrenzt. Darauf haben wir bereits in Kapitel 2 hingewiesen. Trotzdem sollte man sich selbst angesichts des fünfzigsten Textes über den unverstandenen jugendlichen Renegaten, der das Gewicht der ganzen Welt schultert und dabei die ganze Menschheit gegen sich hat, nicht voreilig den Stereotypen der jugendlichen Fantasie verschließen.

Auch wenn diese Themen in etwa so originell sind wie die Geschichte von der 15-Jährigen, die sich in der Disco ein Mikrofon schnappt und zur Freude aller Anwesenden mitträllert, was natürlich ein Plattenproduzent hört, der sie binnen drei Wochen zum gefeierten Weltstar und zur Millionärin macht.

Unsere Aufgabe sehen wir darin, das Potenzial eines Textes bzw. Themas mit dem Potenzial und den Stärken des Schülers in Einklang zu bringen, der ihn geschrieben hat. Einfach gesagt: Jeder Schüler soll die Möglichkeit bekommen, durch uns angeleitet den besten Text zu schreiben, den zu schreiben er in der Lage ist. Oft genug werden wir dabei überrascht. Und zwar in beide Richtungen. Schüler, von denen wir uns aufgrund ihrer Plenumsbeteiligungen und Vorübungen viel erwartet haben, liefern manchmal bestenfalls ordentliche Texte ab, Texte, denen es an Inspiration und Besonderheit fehlt. Und Schüler, die wir davor kaum wahrgenommen haben, liefern uns einen Text ab, der uns schlichtweg umhaut.

Zurück zu den Erstentwürfen und der Frage, wie wir Distanz erzeugen. Grob gesagt gibt es drei Möglichkeiten:

▸ **Zeit verstreichen lassen:** Diese Methode ist auch unter Autoren zunächst einmal die üblichste. Man legt die erste Version eines Textes beiseite und liest sie erst nach einigen Tagen, Wochen oder gar Monaten noch einmal. Nach dieser Zeit hat sich für gewöhnlich die erste Emotionalität gegenüber einem Text abgekühlt.

▸ **Verhör:** Dieser Begriff klingt martialisch, der Vorgang ist es keineswegs. Es geht lediglich darum, sich als außenstehende Person den Text präsentieren zu lassen. Anschließend stellt man dem Autor Fragen zum Text. Diese Fragen dürfen sehr kritisch sein. Der Autor soll dabei auch für sich selbst prüfen, wie weit er hinter dem Text steht.

▸ **Fremdprüfung:** Die erste Fassung wird nicht vom Autor selbst, sondern von einem Mitschüler gesichtet und bearbeitet. Diese Methode erfordert sowohl Erfahrung als auch eine ganze Menge gegenseitiges Vertrauen. Deshalb kommt sie nur in Ausnahmefällen in Frage.

Genauso wichtig wie die Methode der Distanzerzeugung sind die Fragen, die in dieser Phase beantwortet werden sollen:

▸ Worum geht es in meinem Text? Welches ist die zentrale Geschichte?
▸ Unterscheidet sich diese Geschichte von der, die ich eigentlich erzählen wollte? Welche hat Vorrang?
▸ Will ich an diesem Text weiter arbeiten oder ihn verwerfen?

Wir kehren zu unserer Schülerin mit der Partygeschichte zurück. Der Terminplan unseres Schreibprojektes hat uns nicht erlaubt, mehrere Wochen verstreichen zu lassen. Also haben wir sie einem Verhör unterzogen. Einige der Fragen, die wir sie haben beantworten lassen:

– Wie gefällt dir dieser Text?
– An welchen Stellen fiel dir das Schreiben schwer, an welchen Stellen leicht? Weshalb?
– Beschreibe den Inhalt der Geschichte in einem Satz.
– Was gefällt deiner Meinung nach den Lesern deines Textes am besten?
– Gibt es etwas zu verändern am Text?
– Willst du den Text in eine Schublade legen oder ihn verbessern?

Der Schülerin gefiel ihr Text sehr gut und sie wollte alles andere, als ihn in der Schublade verschwinden zu lassen. Dafür stellte sich im Laufe unseres Gesprächs heraus, dass sie in Wirklichkeit eine andere Geschichte erzählte als diejenige, die sie sich vorgenommen hatte.

Zu dieser Erkenntnis waren wir bereits bei der ersten Lektüre des Textes gekommen. Jedoch wollten wir die Schülerin ebenfalls auf diese Fährte locken.

Dozent:	Was ist das Thema des Textes?
Schülerin:	Na das Zuspätkommen.
Dozent:	Was ist so besonders am Zuspätkommen?
Schülerin:	Na, das Mädchen ist noch nie so spät nach Hause gekommen.
Dozent:	Und was heißt das?
Schülerin:	Es ist das erste Mal.
Dozent:	Schon klar. Aber was ändert sich?
Schülerin:	Das Mädchen macht nicht mehr alles, was die Eltern sagen.
Dozent:	Ist sie darauf stolz?
Schülerin:	Jeder ist stolz, wenn er machen kann, was er will.
Dozent:	Ich hatte beim Lesen das Gefühl, dass sie auch traurig ist.
Schülerin:	Natürlich ist sie traurig.
Dozent:	Warum?
Schülerin:	Weil ihr Vater traurig ist.
Dozent:	Was ist das stärkste Gefühl, das das Mädchen an diesem Abend hat?
Schülerin:	Am meisten ist sie traurig, weil sie denkt, dass ihr Vater jetzt lieber mit ihrer kleinen Schwester spielt. Die ist noch klein und geht nicht auf Partys.

Die eigentlich spannende Geschichte, die in diesem Text anklingt, ist also beileibe nicht ein Partybesuch. Zumindest nicht in erster Linie. Vielmehr geht es um einen Moment des Erwachsenwerdens. Einen Moment, in dem ein Mädchen nicht mehr nur das kleine Kind eines Vaters ist. Zugegeben, diese Geschichte mag in den Augen von Erwachsenen nicht sonderlich originell und spannend sein. Doch hier geht es, ganz offen gesprochen, auch nicht um das, was wir selbst gern lesen, hören oder sehen würden. Es geht darum, dass Schüler in der Sprache und in der Literatur eine Möglichkeit des eigenen Ausdrucks sehen und beides als etwas begreifen, das ihnen offen steht und nicht einfach nur ein festes System ist, in dem man Fehler machen kann.

3.2.3 Überarbeitung

Was nun folgt, kann man getrost als Metamorphose bezeichnen. Ein Text verwandelt sich in einen literarischen Text. Nicht, dass die anderen Phasen nicht auch notwendige Teile des literarischen Entstehungsprozesses gewesen wären. Bis zu diesem Stadium hätte man sich aber auch dafür entscheiden können, alles so zu lassen, wie es ist und den Text eben für sich selbst geschrieben zu haben.

Mit Beginn der Überarbeitung tritt der Schriftsteller mit der Außenwelt in Kontakt. Mit den Fragen:

▸ Wer wird diesen Text lesen?

▸ Was soll mein Text ihm dabei erzählen?

▸ Was gebe ich dabei von mir selbst preis? Will ich das?

Für unsere Schülerin mit dem Party-Text ist noch eine Menge zu tun auf dem Weg zur veröffentlichungsfähigen Kurzgeschichte, das haben wir bereits festgestellt. Sie wird das gesamte Instrumentarium literarischer Textarbeit auf diesen Text anwenden müssen. Einige der Instrumente und Methoden dazu werden wir in diesem Kapitel noch vorstellen.

Vereinfacht ausgedrückt geht es darum, die eigentliche Geschichte herauszuarbeiten und zuzuspitzen. Streng genommen darf im Text am Ende nichts mehr stehen, was nicht zu dieser Geschichte gehört und ihrem Vorankommen nicht dient. Damit vollzieht sich auch bei der Sicht auf den Text ein Paradigmenwechsel mit weit reichender Wirkung. Plötzlich ist nicht mehr wichtig, was einen zum Text geführt hat, sondern das, was zur Geschichte gehört. Das heißt, Inhalte, Sätze und Wörter ziehen ihre Rechtfertigung und Daseinsberechtigung aus ihrer Notwendigkeit für die Geschichte. Die Rechtfertigung „das war aber so" gilt nicht mehr.

Auf dem Prüfstand stehen nun vor allem folgende Elemente:
▶ Anekdoten, die dem realen Leben entnommen und in den Text eingebaut wurden, „weil sie eben grade passten", ohne Prüfung, ob sie im Kontext eines Textes ebenso funktionierten

Lara, Realschule, 15 Jahre

Im Vorbeigehen sah ich meine Mum am Küchentisch sitzen. Sie trug das gelbe Kleid mit dem weißen Kragen. Ich kann mich noch genau daran erinnern, wie wir es gekauft haben. Sie hat es in der Umkleide angezogen und ist dann zu mir rausgekommen, um es mir zu zeigen und vor dem Spiegel auf und ab zu gehen. Und als sie wieder zurück in die Kabine wollte, hat sie den Vorhang weggezogen. Aber da war jemand drin, eine Frau, und die war fast ganz nackt und hat geschrieen. Meine Mum hat nämlich die falsche Kabine erwischt. Sie war später immer noch ganz erschrocken, deshalb wollte sie nach dem Einkaufen erstmal einen Kaffee trinken

Das ist eine sehr nette Anekdote, aber mehr nicht. Weder besonders außergewöhnlich noch besonders witzig, zumindest nicht für denjenigen, der nicht dabei war oder die beteiligten Personen nicht kennt. Und da dies auf die meisten Leser zutrifft, sollte diese Passage dem Leser vorenthalten werden. Zumal dieses Ereignis die Geschichte nicht vorantreibt und für den weiteren Verlauf nicht relevant ist. Außer es soll damit die typische Schusseligkeit einer Figur („Mum") illustriert werden. Für eine kleine, lustige Anmerkung am Rand reicht der Absatz nicht.

▶ Situationskomik oder Träume

Lara, Realschule, 15 Jahre
Morgens wachte ich auf und hatte einen total komischen Traum gehabt. Wir waren zum Schulausflug in Heidelberg und haben das Schloss angeschaut. Nachher durften wir eine Stunde in die Innenstadt. Chiara wollte nach Klamotten schauen, doch ich wollte ein Eis. Ein orangefarbenes Eis. Nicht mit einem Fruchtgeschmack, sondern einfach nur orange. Ich wusste sogar, wie es schmeckt, so ähnlich wie unser Sofa. Aber es gab in der ganzen Innenstadt kein orangenes Eis, nur gelbes, und Chiara wurde am Schluss ganz sauer, weil sie nicht Klamotten anprobieren konnte, und ich hatte dann ja auch kein Eis gefunden. Also war niemand zufrieden.

Solche Traum-Exkurse kommen häufig vor, vor allem, wenn innerhalb der Geschichte geschlafen wird. Sie erfüllen durchaus ihren Zweck (vgl. Kapitel 1.3.2). Oft sind sie nämlich Ausdruck des Versuchs des Autors, sich mit der Figur zu identifizieren und eigene Erfahrungen einzubauen. Im fertigen Text wirken sie dennoch redundant, wenn kein Bezug zum Text erkennbar ist. Wir werden darauf noch einmal kurz in Kapitel 3.4.2 („Kürzen") eingehen.

▶ Passagen, deren Atmosphäre oder Hintergründe sich mehr aus dem Gefühl während des Schreibens, weniger aus dem Text heraus, erklären.
Auch dazu gibt es eine ausführliche Passage in Kapitel 3.4.2.

3.2.4 Fertigwerden

Einmal in den Kreislauf aus Überprüfung und Überarbeitung, nochmaliger Überprüfung und nochmaliger Überarbeitung eingetreten, fällt es vielen Autoren schwer, wieder daraus hervorzutreten. Die Entstehung eines Textes als Prozess zu begreifen, heißt eben auch: Es mag einen nahezu perfekten Zustand (das heißt Wortlaut) eines Textes geben, aber nur für diesen einen Moment. Zwei Wochen später würde man ganz sicher das eine oder andere Wort ändern und den einen oder anderen Aspekt verstärken oder abschwächen.

Für Schüler geht es dabei nicht nur um literarischen Ehrgeiz oder die Anerkennung durch Kritiker und Kollegen – sondern ganz banal um Noten. Weil diese die Zukunft ganz entscheidend mitbestimmen, ist es nur verständlich, wenn Schüler also ein Interesse daran entwickeln, für ihre Mühe möglichst großzügig entlohnt zu werden. Im Zusammenhang mit kreativen Textwerkstätten, wie wir sie durchführen, verwandelt sich dieser Wunsch oft genug in eine Erwartungshaltung: Wenn ich schon diese ganzen Veränderungen und Korrekturen vorgenommen habe, sollte ich eine sehr gute, mindestens aber eine gute Note bekommen. Wir haben in diesem Buch darauf verzichtet, ein Kapitel über Notengebung zu integrieren. Das hat nichts damit zu tun, dass wir uns mit dieser Thematik nicht beschäftigt haben. Im Gegenteil: Im Zuge unserer Schulprojekte haben wir insgesamt fünfzehn Klassen über jeweils ein Schuljahr intensiv begleitet und dabei auch am Notengebungsprozess teilgenommen. Als Schulexterne durften wir natürlich keine bindende Entscheidung treffen. Doch zusammen mit den Lehrerinnen und Lehrern, mit denen wir im Tandem unterrichteten, versuchten wir, Kataloge mit Kriterien für die Beurteilung und Benotung literarischer Texte im Schulunterricht zu entwickeln.

Wir haben jeweils einen Modus gefunden, in dem sich sowohl unser literarischer Anspruch, die Anforderungen der Lehrpläne wie auch die (berechtigten) Erwartungen der Schüler wiederfanden. Doch von einem verallgemeinerbaren Notenschlüssel sind wir weit entfernt. Dieser muss in einem größeren Kontext sowohl diskutiert als auch formuliert werden.

Dennoch wollen wir an dieser Stelle anmerken, dass wir uns bemüht haben, den Prozess an sich in die Benotung mit einzubinden. Also auch das zu berücksichtigen, was in der schlussendlichen Textversion, die zur Benotung abgegeben wird, nicht sichtbar ist. Manche Schüler geben vier oder fünf Versionen eines Textes ab, teilweise mit gravierenden Änderungen. Übrigens stehen wir am Ende nur beratend zur Seite, wenn es darum geht, welche Version eines Textes die offizielle Schlussversion ist.

All dies führt zu zwei Phänomenen:
1. Nicht immer führen die Änderungen auch zu einer Verbesserung des Textes.
2. Bei zwei oder mehr vorliegenden Versionen eines Textes entscheiden sich die Schüler nicht selten für den (aus unserer Sicht) literarisch schwächeren Text.

Durch diese Einschätzungen und Entscheidungen seitens der Schüler kommt es vor, dass mitunter die Unterschiede im literarischen Geschmack indirekt in die Benotung einfließen. Umso wichtiger ist es, das gesamte Potenzial, die gesamte Arbeit und auch die verworfenen Versionen in der Note zu berücksichtigen.

Gleichwohl wird es immer Enttäuschungen geben. Es wird auch niemals zu vermitteln sein, was unsere tiefste Überzeugung ist: Eine schwache Schulnote zeugt nicht zwangsläufig von einem erfolglosen Schreibprozess.

Aber wann ist man nun fertig? Die meisten Profischriftsteller antworten darauf wahrscheinlich: Entweder wird ein Text nie fertig – „Ein Werk wird nie beendet, nur aufgegeben", wie Paul Valéry meint (Essig, 2007 S. 274) oder zur allerletzten Frist, die von einem Verlag oder einem anderem Auftraggeber gesetzt wurde. Ein Extremfall ist der Schriftsteller Malcom Lowry, dem der Verleger das Manuskript regelrecht aus der Hand reißen musste (vgl. Essig, 2007, S. 275).

Wir setzen den Schülern Fristen. Anders geht es nicht. Ansonsten steht man am Ende einer Horde von Erstautoren gegenüber, die sagen: „Ich möchte meinen Text erst dann abgeben, wenn ich auch sicher eine Eins dafür bekomme." Das ist uns oft genug passiert. Empfehlen können wir diese Strategie daher nicht.

3.3 Situationen des Überarbeitens

Wir werden den Schwerpunkt bei dieser Darstellung auf die Arbeit mit Schulklassen setzen. Natürlich sind die dabei eingesetzten Methoden und Situationen auch auf freie Werkstattangebote wie AGs und Wochenendworkshops übertragbar.

Die besondere Herausforderung einer großen Gruppe wie einer Schulklasse besteht darin, die Gesamtsituation zu kontrollieren, gleichzeitig aber jedem Text gerecht zu werden und jeden Text sogar detailliert betreuen zu können. Das ist sehr aufwendig und man wird um eine gehörige Portion an Mehrarbeit nicht herum kommen. Denn hier geht es nicht einfach nur darum, Texte zu korrigieren, sondern sie kreativ zu begleiten – das heißt unter Umständen, mehrere Überarbeitungsmöglichkeiten zu identifizieren, die für den entsprechenden Schüler passende herauszufiltern und ihn dann noch zu überzeugen, welchen Dienst er seinem Text, seinem Leser und letztendlich sich selbst damit tun kann.

Durch ein mehrstufiges Überarbeitungsmodell, wie wir es hier vorstellen, versuchen wir dennoch, einigermaßen ökonomisch zu bleiben. Schließlich soll die Verbesserung der literarischen Ausdrucksfähigkeit der Schüler auf der einen Seite nicht die Erschöpfung des Lehrers auf der anderen Seite bedeuten.

Außerdem haben wir bei den Klassenprojekten fast immer mit einer Lehrerin oder einem Lehrer im Tandem gearbeitet. Wir wissen also um den Unterschied zwischen unserer Situation und dem Alltag, in dem man der Klasse allein gegenübersteht.

3.3.1 Selbstinitiierte Textarbeit

Ginge es in diesem Buch um Tierarten, würde dieses Kapitel den ganz seltenen Exemplaren gehören, die nur diejenigen Forscher zu Gesicht bekommen, die sich geduldig und lange auf die Lauer legen.

Ja, es kommt höchst selten vor, dass sich Schüler nach dem Verfassen einer Erstversion von selbst an die Überarbeitung machen. Aber es ist durchaus schon vorgekommen. Und der Fairness halber muss man sagen, dass wir sehr viele professionelle Autoren kennen, die selbst mindestens eine Aufforderung brauchen, bevor sie diese meistens unangenehme und langwierige Arbeit beginnen.

Das heißt aber nicht, dass die Schüler kein Interesse an der Verbesserung ihrer Texte haben. Im Gegenteil. Sobald sie sich nämlich mit dem Gedanken angefreundet haben, dass ein Text in Schritten und Stufen entsteht, ist sehr oft schon ihr Ehrgeiz geweckt, ebenfalls von der Möglichkeit der Optimierung zu profitieren. Nur der erste Schritt ist eben sehr schwierig, deshalb wird man kaum einmal erleben, dass die Schüler dem allgemeinen Startsignal zuvorkommen.

3.3.2 Plenumsdiskussion

Wie groß die Bereitschaft dann doch ist, den eigenen Text noch einmal zu überdenken, erleben wir immer dann, wenn wir eine Plenumsdiskussion ansetzen. Diese Diskussion findet nach Fertigstellung aller Erstentwürfe statt und wird vorher angekündigt. Für gewöhnlich besprechen wir Texte nur dann in der gesamten Klasse, wenn wir die Schüler vorher um Erlaubnis gefragt haben[3]. Bei der Frage nach Freiwilligen, die ihren Text zur offenen Diskussion zur Verfügung stellen, hatten wir bislang nie das Problem, zu wenig Material zu bekommen. Im Gegenteil, meistens müssen wir aus einer Vielzahl von Texten die wenigen auswählen, die aus unserer Sicht sinnvoll erscheinen. Warum das so ist, können wir nur vermuten. Eine Zauberformel ist sicherlich der Hinweis, dass in diesem Stadium weder eine Note vergeben wird noch dass wir irgendwelche Erwartungen an die Texte knüpfen. Sobald man Schülern einen Freibrief ausstellt, auch mal etwas falsch machen zu dürfen, scheinen sie gar nicht so abgeneigt zu sein, sich mit diesen Fehlern auseinanderzusetzen.

Nach welchen Kriterien wählen wir Texte aus, die für die Plenumsdiskussion geeignet sind? Die Vermutung liegt nahe, Texte zu nehmen, die sich entweder besonders positiv oder besonders negativ abheben. Dies ist nur bedingt korrekt. Viel mehr interessiert, was und wie viel Verallgemeinerbares wir mit diesem Text zeigen können. Was dies im konkreten Fall bedeutet, hängt von der Art unserer Projektform ab[4]. Häufig sind die beiden folgenden Beispiele:

1. Kurzgeschichte
   ▸ Perspektive
   ▸ Zeit
   ▸ Redundanzen
   ▸ Inhalt: Ist die Geschichte interessant und dienen alle Elemente dieser Geschichte?

2. Roman
   ▸ Figuren / Charakterisierungen
   ▸ Perspektive
   ▸ Hält sich das Kapitel an die Vorgaben des Gesamtprojekts?
   ▸ Welche für das Gesamtprojekt relevanten Aspekte, die wir vorher noch nicht berücksichtigt haben, tauchen hier auf?

Über den genauen Ablauf eines solchen Gesprächs brauchen wir hier vermutlich keine Aussagen zu treffen. Jeder hat diesbezüglich genügend Erfahrung. Die meisten Klassen stellen sogar einen Regelkatalog auf, wie Plenumsdiskussionen abzulaufen haben, angefangen von den Wortmeldungsregeln bis hin zu der Regel, dass jede Anmerkung erst einmal die positiven Aspekte betont und erst dann das Verbesserungswürdige oder die Schwächen hervorhebt.

Wichtig erscheint uns in diesem Zusammenhang ein anderer Aspekt – und zwar unsere Kenntnis von den Texten, die wir besprechen. Es ist unerlässlich, nicht nur diejenigen Texte sehr gut vorzubereiten, die eingehend besprochen werden, sondern auch alle anderen. Und zwar nicht nur was ihre grobe Struktur und ihre oberflächliche Geschichte anbelangt, sondern auch Details – Formulierungen, Bilder, Wendungen und Dialoge.

Unerlässlich ist dies nicht nur, weil Diskussionen überraschende Verläufe nehmen können und plötzlich Dinge wichtig sind, die sich an Beispielen aus diesen Texten besonders gut illustrieren lassen. Darüber hinaus wissen es Schüler überaus zu schätzen, wenn man ihre Texte so gut gelesen hat, dass man aus dem Gedächtnis aus ihnen zitieren kann und Details präsent hat, die selbst ihnen nicht mehr gegenwärtig sind. Sobald sie merken, dass ihr Text auf diese Weise respektiert wird (und damit auch sie selbst), steigt ihre Bereitschaft, auch in anstrengende Arbeitsprozesse einzuwilligen und sich daran zu beteiligen.

Erfahrungsgemäß kann man in einer Doppelstunde drei Texte intensiv besprechen, in Ausnahmefällen vier. Mehr sollte man sich nicht vornehmen. Ansonsten bleibt nicht genug Zeit und Raum, die einzelnen Texte in ausreichender Tiefe zu besprechen. Darüber hinaus ist die Aufnahmekapazität von Schülern begrenzt (und übrigens auch die von Erwachsenen, wie wir bereits oft genug feststellen durften). Um keine lästigen Diskussionen über vergessene Vorbereitung zu vermeiden, lassen wir die Texte, die wir besprechen wollen, direkt vor Ort lesen. Das kostet zwar je noch einmal fünf bis sieben Minuten, stellt aber sicher, dass jeder im Raum den Text präsent hat.

Es gibt kaum ein Projekt, bei dem wir die Plenumsdiskussion als Arbeitsform nicht nutzen. Wir erleben sie immer wieder als einen sehr produktiven und konstruktiven Rahmen. Das gilt übrigens für alle Schularten. Zwar können wir nicht bestreiten, dass auch uns als Außenstehenden manchmal recht schnell Mobbingsituationen innerhalb der Klasse offensichtlich werden, wenn es welche gibt. Möglicherweise emotional sehr angespannte Stimmungen können sich aber auch ganz schnell wieder versachlichen. Wenn man weiß, dass ein bestimmter Schüler bestimmten Anfeindungen ausgesetzt ist, bietet es sich an, seinen Text nicht gleich zu Beginn einer Plenumseinheit zu besprechen. Man sollte aber auch nicht vollständig darauf verzichten.

Hier eine Zusammenfassung der wichtigsten Funktionen bzw. Bedeutungen der Plenumsdiskussion innerhalb unseres Schreibprozesses:

▸ **Universalität:** Viele der an den Beispielen besprochenen und thematisierten Punkte gelten auch für die anderen Texte. Jeder Schüler kann für die eigene Arbeit Schlussfolgerungen ziehen, ob sein Text besprochen wurde oder nicht.

▸ Sensibilisierung: Der Blick für bestimmte Textphänomene wird geschärft und Fragestellungen werden entwickelt, die später bei den eigenen Texten, aber auch bei der Beschäftigung mit Texten von Mitschülern (Schreibkonferenz), angewendet werden.

▸ Entmystifizierung: Textarbeit soll als etwas Normales und Unspektakuläres empfunden werden. Je mehr in gemeinsamer Diskussion die Notwendigkeit der Verbesserung buchstäblich erlebt wird, desto größer ist beim nächsten Erstentwurf die Bereitschaft, textlich auch mal etwas zu riskieren.

3.3.3 Schreibkonferenz

Nach der Arbeit im Klassenverbund und der Darstellung und Diskussion allgemein gültiger Sachverhalte und Themengebiete sind die Schüler für gewöhnlich gut gerüstet für die nächste Arbeitseinheit: die Schreibkonferenz.

Als wir vor über zwölf Jahren damit begannen, mit Klassen und Schülergruppen zu arbeiten, war die Schreibkonferenz für uns eine neue Form. Zu unserer eigenen Schulzeit wurde sie (zumindest von unseren Lehrern) nicht eingesetzt und auch sonst war sie uns nie begegnet. Mittlerweile haben wir dazugelernt. Nicht nur was die Inhalte und die Grundfunktion der Schreibkonferenz anbelangt. Auch ist uns inzwischen geläufig, dass diese Arbeitsform von Lehrerinnen und Lehrern höchst unterschiedlich (und teilweise höchst kritisch) beurteilt wird, sowohl was Durchführung als auch was Wirksamkeit anbelangt.

In die sehr differenziert geführte Debatte darüber wollen und können wir nicht grundsätzlich eingreifen. Im Zusammenhang mit unseren literarischen Projekten jedoch möchten wir sie dringend empfehlen. Wir haben damit überaus gute Erfahrungen gemacht. Dies ist vor allem der Verdienst der Lehrerin Rebecca Müller, mit der wir während unserer Schulprojekte fünf Jahre lang zusammengearbeitet haben. Auf ihre Anregung hin und mit ihr zusammen haben wir die Schreibkonferenz für unsere Bedürfnisse hin optimieren können.

Weshalb wir die Schreibkonferenz für so nützlich halten:

▸ Jeder Schüler bekommt so die Möglichkeit, mehrere Meinungen zu seinem Text einzuholen.

▸ Die Lehrer- oder Dozentenmeinung wird durch die Flankierung mit anderen Meinungen und Beurteilungen auf das reduziert, was sie ist: eben nur eine von vielen Meinungen. (Wenn auch eine erfahrene Meinung, das wissen die Schüler für gewöhnlich sehr gut zu unterscheiden.)

▸ Bei der Beschäftigung mit den Texten der Mitschüler werden die Sinne für die Arbeit am eigenen Text geschärft.

▸ Die Schüler nehmen nun (und auch schon während der Plenumsdiskussion) die Doppelrolle als Lesender und Schreibender ein, die von so fundamentaler Bedeutung für Autoren ist.

Die Vorbereitung der Schreibkonferenz

Von jedem Schülertext wird eine Kopie angefertigt und bei mehrseitigen Texten zusammengeheftet. Zusammen mit dem Fragebogen und mehreren leeren Papierbögen kommt dieser Text in eine Klarsichthülle. Die Klarsichthülle wird mit dem Namen des Schülers versehen, dessen Text sich darin befindet. Im Klassenzimmer wird an gut zugänglicher Stelle ein freier Tisch aufgestellt.

Zur richtigen Vorbereitung gehört auch, die Klasse entsprechend zu instruieren. Wir haben in den letzten Kapiteln ein Loblied auf die Vernunft und auf die kreative Energie der Schüler gesungen. Das werden wir auch weiterhin und bei jeder Gelegenheit tun. Aber Schüler sind eben in jedem Fall – Schüler. Und weil das Gros der nun folgenden Arbeit nicht im Plenum und also nicht unter direkter Beobachtung stattfindet, sondern am eigenen Tisch (und das multipliziert mit ungefähr 30), kann es nicht schaden, alle Gedächtnisse im Raum noch einmal aufzufrischen. Weil das so ist, packen wir nun, zum ersten und einzigen Mal im Verlauf des Prozesses, die Notenkeule aus. Indem wir allen einschärfen, dass wir die Ergebnisbögen der Schreibkonferenz sichten werden und dass sie in die Gesamtbenotung des Projekts einfließen. Das ist keine Schikane, sondern die konsequente Umsetzung unserer Überzeugung, dass zu einem Literaturprojekt nicht nur das Erdenken, Aufschreiben und Überarbeiten eigener Texten gehört, sondern auch die ernsthafte und respektvolle Auseinandersetzung mit Texten Anderer.

Der Fragebogen

Der Fragebogen besteht aus zwei Arten von Elementen: Festen und flexiblen Bestandteilen.

Feste Bestandteile:

▸ Der Name des Schülers, der den Text begutachtet.
▸ Rechtschreibung: Überprüfe den Text auf Auffälligkeiten in der Sprache (Rechtschreibung und Grammatik). Nicht jeden einzelnen Fehler aufzählen, nur generelle Aussagen machen.
▸ Lob und Kritik: Nenne mindestens drei Dinge, die dir im Text besonders gut gefallen haben, sowie mindestens drei, die du für verbesserungswürdig hältst.
▸ Note: Vergib eine Schulnote und begründe sie.

Flexible Bestandteile:

▸ Elemente: Hier können z. B. diejenigen Elemente aus Kapitel 2 aufgeführt werden, die aus der bisherigen Erfahrung mit der Klasse der besonderen Aufmerksamkeit bedürfen. Von uns häufig verwendete Beispiele sind Figuren, Perspektive und Plot.
▸ Idee: Welche Geschichte wird mir hier erzählt? Erfüllt sie meine Erwartungen an eine Geschichte? Begründung.

▶ Was würde mich noch genauer interessieren?
▶ Emotionen: Welche Empfindungen hatte ich beim Lesen? Bitte die Stelle nennen.

Von den flexiblen Bestandteilen sollten lediglich zwei, in Ausnahmefällen auch drei auf einem Fragebogen auftauchen, um den Rahmen nicht zu sprengen.

Die Durchführung

Zu Beginn bekommt jeder Schüler nach dem Zufallsprinzip eine Mappe zugeteilt mit der Aufgabe, den Text zu lesen und den Fragebogen möglichst ausführlich zu beantworten. Hierfür stehen die leeren Bögen zur Verfügung. Theoretisch besteht auch die Möglichkeit, den Schreibkonferenz-Fragebogen tabellarisch anzulegen, auf einem querformatigen DIN-A3-Bogen. Der Vorteil: Der Autor kann später die Anmerkungen seiner Mitschüler zu jedem Thema auf einen Blick sehen. Der Nachteil: Meistens reicht der Platz einer Tabelle nicht für die Anmerkungen aus. Außerdem werden die Kritiker dazu verleitet, nachzusehen, was der Vorgänger geschrieben hat, was die eigene Sicht ja zumindest beeinflusst.

Ist der Schüler mit der Bearbeitung fertig, legt er das Papier mit seiner Textkritik auf dem Lehrerpult ab und die Mappe auf den oben erwähnten zentralen Tisch. Von dort nimmt er sich auch gleich die nächste Mappe zur Bearbeitung. Jeder Schüler sollte während einer Doppelstunde auf diese Weise ungefähr drei bis vier Texte bearbeiten. Mehr sollten es nicht sein. Allzu eilig ausgefüllte Bögen bringen den Autor, um dessen Text es geht, für gewöhnlich nicht weiter.

Am Ende nehmen wir zunächst alle Materialien an uns. Die Kritiken werden gesichtet und kopiert (oder eingescannt), weil sie schließlich nachher mit benotet werden. Anschließend bekommt jeder Autor die Klarsichtfolie mit seinem Text und allen Bögen mit den Beurteilungen.

Die Erfahrungen

Wir haben Schreibkonferenzen nach diesem Muster in zahlreichen Schulklassen durchgeführt und damit ausschließlich positive Erfahrungen gemacht. Natürlich gibt es teilweise gravierende Unterschiede, wie ausführlich und nützlich einzelne Kritikbögen nachher für den Autor sind. Aber selbst diejenigen Schüler, die positive und negative Aspekte eines Textes nicht so gut erkennen und formulieren können, geben sich oft große Mühe, in der Benotung fair und angemessen zu sein.

Die Noten fallen im Schnitt besser aus als diejenigen, die wir geben würden[5]. Aber selbst so ist den meisten Schülern klar, dass ihr Ergebnis noch nicht perfekt ist, sondern noch viel Arbeit bevorsteht. Dies hat aus dem Mund bzw. aus der Feder von Mitschülern noch einmal eine andere Autorität. Dabei ist ein netter psychologischer Effekt zu beobachten. Findet nämlich nur eine Person (meist der Lehrer) in einem Text Schwächen, ist der Schüler geneigt, die Kompetenz oder die Fairness des Lehrers anzuzweifeln. Kommt die Kritik aber plötzlich von vielen Seiten, bleibt nichts anderes übrig, als doch noch einmal nachzudenken.

3.3.4 Einzelgespräch

Es gibt praktisch keinen Schriftsteller, der mit seinem Text ganz allein ist, bevor er ihn für fertig erklärt. Ob es nun ein vertrauter Kollege ist, ein Lektor oder ein Redakteur. Nach dem durchaus einsamen Schreibprozess muss es ein Korrektiv geben, das noch einmal einen Blick auf den Text wirft, dem Autor im einen oder anderen Fall ins Gewissen redet oder zufrieden mit dem Kopf nickt.

Für gewöhnlich ist das ein Vier-Augen-Gespräch, in dem in vertraulicher Atmosphäre auch Dinge angesprochen werden, die nicht so angenehm sind. Wenn man zum Beispiel ahnt, dass der Autor eine obszöne Formulierung nur aus Trotz benutzt oder weil er damit schocken will, nicht etwa, weil er damit das Gefühl hat, die Geschichte voranzubringen. Oder wenn man das Gefühl hat, dass der Autor an einer Stelle nicht über eine Figur aus dem Text redet, sondern über sich selbst. Sich und dem Gegenüber so etwas einzugestehen, fällt manchmal nicht leicht, man tut es lieber, wenn nicht die ganze Welt zuhört.

Um eine solche Situation zu ermöglichen und den Schülern noch einmal aus unserer Sicht Stärken und Schwächen des Textes zu schildern, führen wir grundsätzlich Einzelgespräche. Es kommt durchaus vor, dass wir uns dabei wiederholen, haben wir doch schließlich zuvor auch an der Podiumsdiskussion teilgenommen. Für die Schüler bedeutet es noch einmal eine Rückversicherung, vor den letzten Änderungen mit einer texterfahrenen Person zu sprechen[6].

Hier stoßen wir einmal mehr an eine Kapazitätsgrenze, darüber sind wir uns im Klaren. Im gewöhnlichen Schulkontext ist es nahezu ausgeschlossen, dreißig Einzelgespräche über Texte zu führen. Dennoch gibt es Möglichkeiten, Gesprächsangebote zu machen. Eine davon ist der „Schreibmarkt".

3.3.5 Der „Schreibmarkt"

Bei diesem Begriff handelt es sich um eine Wortschöpfung unsererseits. Angesichts der Situation und der dabei entstehenden Atmosphäre trifft dieser Begriff aber das Geschehen ganz gut. Meistens findet der Schreibmarkt in einem Computerraum statt, in dem jeder Schüler Zugang zu einem Rechner hat. Der zeitliche Rahmen erstreckt sich auf mindestens eine Doppelstunde – ideal sind jedoch längere Phasen von vier Schulstunden[7].

Die Schüler haben während dieser Zeit die Aufgabe, ihre Texte zu überarbeiten und – falls nicht schon vorher geschehen – am Computer einzutippen und abzuspeichern. Mittlerweile verlangen wir bei allen Projekten, Texte immer auch digital abzugeben. Dies hat gleich vier Vorteile:

1. Der Text muss bei den Überarbeitungsschritten nicht jedes Mal komplett neu geschrieben werden.
2. Die Texte können in ihren Entwicklungsstufen gespeichert und später nachvollzogen werden.
3. Sollte eine Veröffentlichung vorgesehen sein, muss man nicht kurz vorher mit dem Eintippen beginnen.

4. Die lästige Aussage „Ich habe meinen Text vergessen" wird obsolet, weil auf diese Weise immer mindestens eine Version des Textes vorhanden ist.

Während die Schüler abtippen oder Änderungen vornehmen, können sie einzeln an den Lehrertisch kommen, für kurze Gespräche. Die Reihenfolge sollte hier nach Dringlichkeit festgelegt werden. Zuerst kommt dran, wer nach eigener Aussage ansonsten gar nicht weiterarbeiten kann.

Wenn der Schreibmarkt nicht lange nach der Schreibkonferenz durchgeführt wird, bietet sich dabei darüber hinaus die Möglichkeit, dass Schüler, denen bestimmte Bemerkungen auf den Fragebögen nicht verständlich sind, noch einmal bei ihren Mitschülern nachfragen können.

3.3.6 Entscheidungen

Spätestens wenn diese Unklarheiten beseitigt sind und auch das Einzelgespräch geführt wurde, ist der Schüler wieder mit sich und dem Text allein. Das Gehörte muss mit dem in Einklang gebracht werden, was der Schüler sich von seinem Text erwartet. Das heißt: Er kann auch alle Anmerkungen verwerfen und bei seinem ersten Entwurf bleiben. Oder Änderungen vornehmen, aber andere als diejenigen, die seine Mitschüler und die Dozenten / Lehrer ihm vorgeschlagen haben. Das ist legitim, schließlich handelt es sich um seinen Text.

Wir haben noch nie einen Text oder den Entstehungsprozess danach bewertet, ob unsere Vorschläge umgesetzt wurden. Diese Art von Eitelkeit ist im Zusammenhang mit kreativen Schreibprojekten nicht angebracht. Der Schüler muss sich auch nicht rechtfertigen für das, was er tut oder nicht tut.

Sehr wohl muss sich jedoch der Text rechtfertigen. Er muss aus sich heraus funktionieren, auch für einen Leser, der weder den Schüler noch die Entstehungsgeschichte noch den Prozess kennt. Wie gesagt, wir bewerten einen Text niemals isoliert. Aber letztlich ist es eben doch dieser Text, der am Ende die Hauptrolle spielt.

3.4 Methoden des Überarbeitens

Eine wichtige Frage haben wir bei all der Darstellungen von Schreibprozessen und Überarbeitung noch nicht beantwortet: Wie sieht das alles denn nun konkret aus? Gibt es dafür keine Beispiele? Doch, die gibt es. Aber sie wären fern von aller Verallgemeinerbarkeit. Weil jeder Text nun mal anders ist und deshalb eigener Maßstäbe bedarf.

Einige Hinweise haben wir im Verlauf dieses Kapitels ja auch schon gegeben, vor allem, was die Streichung überflüssiger Passagen anbelangt. Dies werden wir im Folgenden etwas vertiefen. Erwarten Sie keine Rezepte. Etwas Grundsätzliches kann man dennoch sagen: Bei der Arbeit am Text geht es in erster Linie um Verdichtung, darum also, mit weniger Worten genauso viel zu erzählen – vielleicht sogar mehr.

Die Kunst eines erzählenden Textes liegt unter anderem darin, dem Leser eine Geschichte zu bieten, die so spannend ist, dass er sie nicht aus der Hand legen will. Deren Sprache ihn in solchem Maße inspiriert, dass er sich an ihr freut, ohne sich aber von ihr von der Geschichte ablenken zu lassen. Die ihm genügend Freiraum für Assoziation und Imagination lässt, um die Freiräume der Handlung und der Charaktere mit seinen eigenen Erfahrungen, Gefühlen und Gesichtern zu füllen. Dieses Kriterium ist besonders für jüngere Schüler sehr viel einleuchtender und wird meist auch besser akzeptiert als poetologische Fragestellungen, wie z. B. flache und runde Charaktere.

Ja, die Kunst des Erzählens ist eine hohe Kunst. Große Meisterschaft erreichen nur Wenige darin, Fallstricke lauern zuhauf. Das Gute ist: Wir sehen uns nicht verpflichtet, Erzählmeister auszubilden, sondern unseren Schülern lediglich einen literarischen und kreativen Erlebensraum zu eröffnen. Wenn ein Schüler danach beginnt, sich höhere Ziele zu setzen, freuen wir uns. Erwarten können wir es nicht.

Der Grad bzw. die Notwendigkeit der Verdichtung hängt immer auch vom Zweck ab, das heißt von der Textform. Ein Roman darf sich mehr Geschwätzigkeit erlauben als eine Kurzgeschichte. Sobald diese Geschwätzigkeit jedoch weder der Handlung dient noch den Leser unterhält, sondern seine Zeit stiehlt, hat sie ihre Berechtigung verloren.

3.4.1 Rechtschreibung

Fangen wir mit dem Einfachsten an. Schüler denken reflexartig sofort und ausschließlich an die Korrektur orthografischer Fehler, wenn sie das Wort Textarbeit hören. Dass es auch Lehrer gibt, die so denken, war eine der traurigeren Erfahrungen, die wir während unserer Arbeit machen mussten.

Ja, Rechtschreibung und Grammatik sind wichtig. Ja, bei der Erstellung von Erstversionen sowie bei fast allen in Kapitel 1 beschriebenen Übungen betonen wir ausgiebig, dass beides keine Rolle spielt. Aber nein, dies bedeutet nicht, dass wir für alle Zeiten fehlerhafte Texte erhalten wollen.

Dass der Schreibfluss nicht gestört werden soll, weil man sich fragt, wie man dieses oder jenes Wort schreibt, ist die eine Sache. Sobald man aber dieses Stadium verlassen hat, sollte man auch auf das Aussehen des Textes achten. Es mag einem wie unnötige Sisyphos-Arbeit erscheinen, die Rechtschreibung von Wörtern zu korrigieren, die nachher möglicherweise noch weggekürzt werden. Sinnlos sind diese Korrekturen trotzdem nicht. Vielmehr zeugen sie von Respekt – dem Text gegenüber und damit auch gegenüber dem (Erst-)Leser. Denn was soll ein Leser von einem Erzähltext halten, der übersät ist mit Fehlern und der offensichtlich noch keine einzige Korrektur hinter sich hat? Vielleicht wird er sich fragen, weshalb er sich ernsthaft mit einem Text auseinandersetzen soll, mit dem sich bislang noch nicht einmal der Autor selbst ernsthaft auseinandergesetzt hat? Im Übrigen hemmt übermäßiges Beharren auf der richtigen Schreibweise zwar den Schreibfluss, dem späteren Lesefluss kommt sie aber zugute.

Natürlich muss nicht jedes Komma an der richtigen Stelle und nicht jeder Satz einwandfrei sein. Aber es ist nicht zu viel verlangt, den Text nach einem hektischen Erstentwurf ins Reine zu schreiben oder noch besser gleich einzutippen, wobei sich viele Fehler ja schon nebenbei eliminieren lassen – das bietet darüber hinaus die Möglichkeit, die Korrekturfunktion des Textverarbeitungsprogramms zu aktivieren und wenigstens die schlimmsten Fehler zu bereinigen.

In den vergangenen zwanzig Jahren haben diese Korrekturfunktionen dazugelernt und man kann ihnen meistens vertrauen. Was sie aber noch nicht gelernt haben, ist literarisches Denken. Wenn man also zweideutige oder fehlerhafte Wörter, Neologismen oder Formulierungen einbaut, die von einer Korrekturhilfe als falsch erachtet werden (wie zum Beispiel das zweimalige Verwenden ein und desselben Wortes nacheinander), muss man natürlich manuell die Korrektur verhindern.

3.4.2 Die Form

Bleiben wir gleich bei der Textverarbeitung. Und nehmen noch eine der vielen Segnungen der Jugend hinzu – die selektive Wahrnehmung. Sie begegnet uns im Zusammenhang mit dem Umgang mit Textprogrammen so oft, dass wir uns entschlossen haben, daraus ein kleines Unterkapitel zu machen.

Jugendliche verbringen heute exorbitant viel Zeit vor dem Rechner. Das ist zum Teil sinnvoll; das Leben und die Anforderisse der Arbeitswelt werden von ihnen schließlich verlangen, dass sie sich mit diesen Geräten auskennen und mit ihnen arbeiten können.

Die Gewieftheit, Sicherheitsschranken zu umgehen oder auch die abstrusesten Themen zu recherchieren, findet sich jedoch im Umgang beispielsweise mit Word oft nicht wieder. Hier scheitern Schüler manchmal schon am Anführungszeichen. Wie oft wir bereits mit zwei Kommas (Anführungszeichen unten) und zwei Apostrophen (Anführungszeichen oben) konfrontiert waren, haben wir nicht gezählt. Auch kommen uns teilweise abenteuerliche Formatierungsweisen unter. Augenzwinkernd unterscheiden wir mittlerweile zwei Typen von Schülern:

Techniker

Der Techniker hat das Programm bereits in seiner Tiefe ausgelotet und zeigt dies auch gern. Sobald er einen Text eingetippt hat, aktiviert er die Silbentrennung, setzt den gesamten Text im Block, und wenn er einen guten Tag erwischt hat, spielt er noch mit dem Zeilenlineal am oberen Seitenrand herum oder schaltet gleich die Spaltenfunktion ein. Dazu wird der Schriftgrad auf 14 bis 16 erhöht, was den Text, der unformatiert auf eineinhalb Seiten gepasst hat, auf fünf Seiten explodieren lässt.

Schnörkler

Der Schnörkler (der meistens eine Schnörklerin ist) beginnt erst gar nicht mit dem Abtippen, bevor nicht alle Schriftarten durchprobiert sind. Meistens entscheidet er (sie) sich für einen Handschriften-Font, der nur dann lesbar ist, wenn er entsprechend groß gesetzt wird. Und weil der Computer nicht nur die Möglichkeit bietet, Handschriften zu simulieren, sondern auch farbige Tinte, wird der Text gleich eingefärbt. Bevorzugt werden Farben wie Türkis und Hellgelb, die man auf dem weißen Monitor nur mit größter Anstrengung lesen kann und die beim Ausdruck mit einem Schwarzweiß-Laserdrucker, der nur Grautöne kann, so blass herauskommen, dass der Text so ebenfalls unlesbar ist.

Aus diesem Grund lassen wir uns auch bei den Format-Vorgaben von den Gepflogenheiten leiten, die in der Realität herrschen. Und die sind: Kein Autor formatiert seine Texte selbst, es sei denn, der Verlag stellte ihm ein Template/eine Vorlage zur Verfügung.

Auch bei den Dateiformaten haben uns Schüler schon böse Streiche gespielt. Mit odt-Formaten (ohne spezielle Konvertierung nur von wenigen Programmen lesbar) oder pdf (nicht geeignet für die weitere Bearbeitung).

Unsere Forderung lautet inzwischen:

▸ Universalformate doc, rtf oder txt (wobei letzteres zu vermeiden ist, da auch grundsätzliche Formatierungen nicht übernommen werden)
▸ Linksbündigkeit (kein Block)
▸ Keine Silbentrennung
▸ Schriftgrad zwischen 10 und 13, Zeilenabstand 1,0 oder 1,5
▸ Seitenrand links, rechts, oben und unten jeweils 3,0 cm
▸ Schriftarten Times New Roman, Arial oder Courier New
▸ Keine Farben
▸ Namen des Schülers in Kopf- bzw. Fußzeile
▸ Keine Fotos in der Datei. Wenn Fotos benötigt werden, dann als separate Datei anhängen und alle Bemerkungen oder Unterschriften dazu (samt Dateinamen) schriftlich in der Textdatei hinterlegen.

Eigentlich sollten sich die Schüler an diesem Regelwerk erfreuen, weil das meiste Weglassregeln sind, also keinen zusätzlichen Aufwand bedeuten. Aber vor allem bei Schülern, die davor oft mehr Energie auf die Formatierung als auf den Text verwendet haben, stoßen die Anforderungen immer wieder auf Enttäuschung.

Wir empfehlen dringend, diese Regeln aufzustellen, weil die Aufhebung der Formatierung, die manchmal notwendig wird, auch für Dozent oder Lehrer sehr aufwendig sein kann. Sollten Schüler im Einzelfall dann doch mal begründete Ausnahmen fordern (wenn es sich um sinnstiftende Formatierungsdetails handelt, wie man sie von der Konkreten Poesie kennt), lassen wir diese zu.

3.4.3 Herausarbeiten von Handlungssträngen

Kommen wir nun also endlich zum inhaltlichen Teil der Überarbeitung. Nach den beiden vorangegangenen Kapiteln, bei denen wir uns auf überschaubare Vorgaben stützen konnten, verlassen wir den Bereich der Regelwerke.

Bei der Überarbeitung eines Prosatextes muss man sich auf seine eigene literarische Erfahrung, auf seine Imagination und letztlich auch auf seinen Geschmack verlassen. Was wir dazu anbieten können, sind lediglich einige Beispiele, um zu illustrieren, was wir für wichtig erachten.

Dazu bedienen wir uns erneut unseres Beispiels aus Kapitel 3.2.1. Die Schülerin hat sich auf unser Anraten hin dafür entschieden, die Veränderung im Verhältnis zwischen Tochter und Vater in den Mittelpunkt zu stellen. Diese Veränderung steht symbolisch für einen weiteren Schritt in Richtung Erwachsenwerden, eine Tatsache, die im ersten Entwurf durchaus angelegt war. Die Autorin war sich dessen jedoch nicht bewusst und hat noch nicht den gesamten Text darauf ausgerichtet.

Beim Überarbeiten geht es nun darum, den Gesamttext auf diese eine Geschichte auszurichten, die man erzählen will. (Zumindest bei erzählender Kurzprosa muss man sich auf eine einzige Geschichte beschränken, der Roman verträgt auch ein paar weitere Handlungsstränge.)

Wie arbeitet man Handlungsstränge aus?

1. Man eliminiert alles, was nicht der Geschichte dient.
2. Man ergänzt, was der Geschichte bislang fehlt.
3. Man spitzt zu.

Der Einfachheit halber beginnen wir chronologisch. Das heißt, wir kehren zum Beginn der Geschichte zurück. Wir erinnern uns: In der Ursprungsversion fing der Text mit dem Beschluss zweier Freundinnen an, gemeinsam zur Party zu gehen. Inzwischen wissen wir jedoch, dass dies nur ein untergeordnetes Detail ist. Viel wichtiger ist, das gute Verhältnis zwischen Vater und Tochter darzustellen. Je größer der Unterschied zwischen dem Davor und dem Danach auch für den Leser sichtbar ist, desto eher kann er nachvollziehen, wie fundamental das Leben der Hauptfigur durch die Ereignisse erschüttert wird.

Lara, Realschule, 15 Jahre

Papi ist draußen in der Garage und schraubt an seinem Fahrrad rum. Das ist immer die beste Gelegenheit, mit ihm zu sprechen. Erstens, weil Mum es nicht mitkriegt. Und zweitens, weil er dann immer gute Laune hat.

„Hast du nochmal drüber nachgedacht?", frage ich.

„Worüber nachgedacht?"

Er weiß ganz genau, was ich meine. Er kann sich das Grinsen kaum verkneifen. Aber er will, dass ich es sage.

„Bitte, Papi."

„Ich kann das alleine nicht entscheiden. Was sagt denn Mutti dazu?"

„Kannst du nicht mit ihr reden?"

Jetzt legt er den Lappen zur Seite, mit dem er das Kettenöl vom Fahrrad weggewischt hat. Er schaut mich ganz lange an und ich denke schon, jetzt kann ich's vergessen. Und dann steht er plötzlich auf und kommt zu mir gerannt und hält mich fest und wirft mich über die Schulter, dass mein Kopf nach unten hängt.

So lange, bis mein Kopf ganz heiß wird und ich Hilfe schreien muss. Aber wir beide müssen auch lachen. Und dann sagt Papi endlich:

„Na gut, aber halb elf und keine Minute später."

In diesem Beginn ist bereits alles enthalten, was später wichtig wird. Wir erfahren, dass die Tochter und der Vater ein gutes Verhältnis miteinander haben (auch wenn wir zu dieser Zeit noch nicht wissen, ob es eine Tochter oder ein Sohn ist). Der Vater scheint von beiden Eltern derjenige Part zu sein, den die Tochter anspricht, wenn sie etwas erreichen will. Und auch der späteste Zeitpunkt der Rückkehr ist bereits genannt.

Mit dieser Szene eines ungezwungenen Umgangs miteinander wird der Kontrast zum späteren Zerwürfnis (das ja beileibe keine Katastrophe ist, auch wenn es eine dauerhafte Veränderung herbeiführt oder spürbar macht) umso deutlicher.

Solche Eingriffe sind eine mögliche Vorgehensweise, Handlungsstränge noch stärker sichtbar zu machen. Sie fallen in die Kategorien Zuspitzung und Ergänzung. Auf der anderen Seite fallen Passagen heraus, die nicht benötigte Aspekte beinhalten. Eine haben wir bereits genannt, das ursprünglich am Anfang stehende Gespräch zwischen den Freundinnen und der Verabredung zur Party. Eine andere Sequenz, die beim ersten Entwurf wichtig und aufschreibenswert erschien, am Ende aber ohne Bedeutung ist, hat mit der Party selbst zu tun.

Die Szene wirkt sehr ehrlich und unmittelbar. Dies liegt mutmaßlich daran, dass sie viel mit der Realität der Autorin zu tun hat. Dort wo sich das Leben von Figuren und Autoren überschneiden, haben wir es oft mit solchen Passagen voller Emotionen zu tun.

Lara, Realschule, 15 Jahre

Chiara war auch da. Sie sah schlimm aus, mit einem total billigen Outfit und nur den allerblödesten Bijou Brigitte-Ketten. Wie so eine Tussi aus einem 50 Cent-Video. Als ich Hallo gesagt habe, hat sie sich sofort weggedreht, aber ich war froh, weil ich nicht wusste, was ich mit ihr reden soll. Marco hab ich nicht gesehen, aber Roxana hat mir erzählt, dass die beiden ein paar Mal gestritten haben, sogar wenn andere dabei waren und dass wahrscheinlich bald Schluss ist. Aber mir ist das egal, weil ich mit Marco nie mehr was anfangen würde.

Dieser Wirrwarr aus Beziehungen, Freundschaften, ehemaligen Beziehungen und ehemaligen Freundschaften ist zwar auch sehr interessant, für unsere Zwecke bringt der Absatz aber nichts ... also raus damit.

Übung

Natürlich muss nicht jeder kleine Satz verschwinden, der nicht direkt etwas mit der Haupthandlung zu tun hat. Manchmal geht es nur darum, Szenerien oder Atmosphären herzustellen, die der Geschichte in irgendeiner Form dienen. Aber das Argument, dass man eine Szene (oder eine Figur) gern hat und dass ihre Erschaffung viel Mühe bereitet hat, zählt nicht. Wie schon einmal gesagt, der Text muss sich aus sich selbst rechtfertigen.

Aber wer entscheidet darüber, welche erzählerischen Elemente und welche Passagen gerechtfertigt sind und welche nicht? Das kann nur der Autor selbst tun. Ein schwieriges Unterfangen für Schüler, die weit davon entfernt sind, eine eigene Poetologie entwickelt zu haben. Sie müssen immer wieder ermutigt werden, ihre Texte einer Prüfung zu unterziehen. Zur Motivation setzen wir ein Zitat der Schweizer Schriftstellerin Angelika Waldis ein:

Mein Schreiben hat nichts Zauberhaftes und nichts Fieberhaftes, es ist ganz einfach eine Arbeit, die mir Zeile für Zeile Verschiedenes abverlangt:

Ich wäge die Wörter: Zu schwer, zu leicht? Ich registriere den Rhythmus der Sätze: Swingt er, schlurft er? Ich beobachte meine Figuren: Tun sie, was sie sollten? Ich rüttle an der Geschichte: Hält sie, wackelt sie? Ich bemühe mich, mir bei Geschwätzigkeit ins Wort zu fallen. Abgenutzte Redewendungen zu entsorgen. Begriffe nicht unbesehen zu verwenden. Bricht das Herz? Ist doch gar kein Knochen. Dastehen wie vom Blitz getroffen? Daliegen wäre logischer. Der Koffer wartet aufs Abgeholtwerden? Nein, Koffer können nicht warten. Schreiben ist ein permanentes Quiz mit sich selbst: Wie überwintert ein Schmetterling? Google! Schreibt man Lilliput so? Dudeln! Ist Fingerbeere ein Helvetismus? Karlheinz fragen! Wie hört es sich an, wenn Wasser auf Wasser fällt? Ausprobieren! Eine gute Gelegenheit, kurz vom Computer abzuhauen, um dann mutig wiederzukommen in der Hoffnung, das bislang Geschriebene sei gut.   (Waldis, 2010, S. 50)

Nach der gemeinsamen Lektüre dieses Zitates bitten wir die Schüler, fünfzehn (kritische) Fragen an ihren Text zu formulieren – und danach auch zu beantworten. Dies hat meistens zur Folge, dass Schwächen oder Redundanzen erkannt werden.

3.4.4 Kürzen

Damit sind wir auch schon mittendrin im Kürzen. Über weitere redundante Passagen haben wir bereits in Kapitel 3.2.3 gesprochen, am Beispiel der Traumsequenz mit dem orangefarbenen Eis. Wir haben auch gesagt, dass Schüler solche Details oft verwenden, um eigene Erfahrungen, Träume oder überhaupt sich selbst in den Text zu assoziieren. Was sehr gut ist, weil dies für gewöhnlich dazu führt, dass sie dem Text an sich näher kommen und ihnen das Schreiben leichter fällt.

Streng genommen ist dieses Phänomen dem Thema Distanz zuzuschreiben. Wenn der Schreibende etwas braucht, was ihn und die Situation, in der er sich befindet, mit dem Text verbindet, den er gleich zu schreiben hat.

Dieses Verorten ist nicht auf Schülertexte beschränkt, auch nicht auf literarische Übungen, die man im Rahmen von Schreibwerkstätten absolviert. Lesen Sie mal Briefe, die Sie bekommen haben, auch dort finden sich solche Hinführungssequenzen. Und für Tagebucheinträge oder spontane Assoziationssequenzen sind sie ebenfalls typisch:

Olga, Schreibwerkstatt Lubovice/Polen, 19 Jahre
Ich sitze jetzt seit einer Viertelstunde auf dieser Bank gleich neben dem Eichendorff-Schloss. Die Sonne scheint, aber die Luft ist kühl. Wie lange ist es her, seit ich so viel Zeit hatte, über mich nachzudenken? In den letzten Monaten ist so viel geschehen. Das Leben ist an mir vorbeigezogen und ich hatte das Gefühl, dass ich nichts damit zu tun hatte, nur auf Ereignisse reagierte. Erst jetzt wird mir klar, dass sich etwas ändern muss. Wenn ich mein Schicksal nicht sofort in die Hand nehme, bekomme ich es nie mehr zu fassen. Dann wird mein Leben nicht viel anders verlaufen als das meiner Eltern. Eine furchtbare Vorstellung!

Von allen redundanten Passagen befreit liest sich der Text so:

Olga, Schreibwerkstatt Lubovice/Polen, 19 Jahre
Etwas muss sich ändern! Ich muss mich ändern. Wenn ich mein Schicksal nicht sofort in die Hand nehme, bekomme ich es nie mehr zu fassen. Dann wird mein Leben nicht viel anders verlaufen als das meiner Eltern. Eine furchtbare Vorstellung!

Wie reagieren Schüler zunächst auf solche Kürzungen?
So: „Menno, jetzt hab ich so viel ganz umsonst geschrieben."
Falsch. Kaum ein Satz, der den Kürzungen zum Opfer fällt, war gänzlich unnötig.

Weil diese „Umwege", wenn man sie so nennen will, notwendig sind, um zum eigentlichen Kern des Themas zu finden.

Checkliste Kürzungen
- Redundanzen vermeiden
- Das Wesentliche eines Textes herausfinden und den Text daraufhin verdichten
- Inhaltliche und sprachliche Doppelungen streichen, es sei denn, sie sind relevant für den Text oder dienen als Stilmittel
- Bewusst auf Füllwörter achten und eventuell streichen

3.4.5 Am Ende doch auf Anfang?

Und was ist, wenn die finale Version eines Textes doch dieselbe ist wie der Ursprungstext? Wenn am Ende des Prozesses nichts anderes steht als das, was man sich ganz zu Beginn erarbeitet hat?

Nun, wir wollen nicht ausschließen, dass es so etwas tatsächlich geben kann, auch wenn uns kein einziger Fall bekannt ist, wenigstens nicht in dem Bereich, den wir als literarische Prosa bezeichnen würden. Aber nehmen wir einfach mal an, ein Autor hätte mit seinem Text alle die von uns beschriebenen Phasen durchlaufen und sei doch am Ende wieder bei seinem Ausgangstext gelandet?

Unsere Antwort: Es ist nicht mehr derselbe Text, selbst wenn er exakt denselben Wortlaut hat.

Und zwar schlicht weil jedes dieser Wörter nun nicht mehr durch einen Zufall oder einen unbewussten schöpferischen Akt an ihrer jeweiligen Stelle stehen, sondern aufgrund einer bewussten Entscheidung des Autors. Er hat festgestellt, dass der Text, so wie er ist, in sich selbst funktioniert. Er hat festgestellt, dass das, was er von sich Preis gibt, nicht zu persönlich ist, um an dieser Position zu stellen. Und schließlich hat er festgestellt, dass er mit diesem Text in die Öffentlichkeit gehen will.

3.4.6 Verwerfen – Scheitern als Chance

Der Prozess der Überarbeitung kann auch ein gegenteiliges Ergebnis haben. Ein Text, so vielversprechend Idee und Erstversion waren, lässt sich durch keine Maßnahme, die angewendet wurde, auch nur in die Nähe der Veröffentlichungsfähigkeit bringen. Jedenfalls nicht so, dass man selbst als Autor damit glücklich wäre.

Die Gründe dafür können unterschiedlich sein. Manchmal sind sie annähernd objektiv, so dass auch Erstkritiker von einer weiteren Arbeit an diesem Text oder gar einer Veröffentlichung abraten. Manchmal ist es ausschließlich der Autor, dessen Ansprüchen der Text nicht genügt.

Schubladen und Papierkörbe von Schriftstellern sind voll von solchen Texten. Manchmal stecken darin Hunderte von Arbeitsstunden. Stunden, die sich in finanziellem Sinne niemals bezahlt machen und nicht einmal Anerkennung bringen. Diese Art von Produktion gehört zum Leben des Autors. Und fast allen, die danach nicht völlig aufgeben, fällt nur ein einziger Ansatz ein, damit umzugehen: den nächsten Text in Angriff nehmen.

Anmerkungen

1 Jeder Autor hat so seine Methoden der Überarbeitung. Stephen King dagegen rät Schreibanfängern, mindestens zwei Textfassungen zu schreiben: eine, bei der die Tür zum Arbeitszimmer geschlossen ist, und eine, bei der die Tür offen ist. „Wenn ich bei geschlossener Tür den Text direkt vom Kopf aufs Blatt herunterlade, tippe ich so schnell es geht, doch ohne hektisch zu werden. (…) Nur wenn ich zügig vorankomme, die Geschichte genau so niederlege, wie sie in meinem Kopf abläuft, und lediglich dann zurückblättere, wenn ich die Namen der Figuren oder wichtige Elemente ihrer Vergangenheit überprüfen muss, gelingt es mir meiner Erfahrung nach, die anfängliche Begeisterung zu erhalten und dem allseits lauernden Selbstzweifel ein Schnippchen zu schlagen. (…) Wie lange Sie Ihr Buch ruhen lassen (…), ist allein Ihre Sache, aber ich denke, es sollten mindestens sechs Wochen sein. (…) Dann lesen Sie das Manuskript. Lesen Sie es auf einmal, wenn das geht. (…) Sie können sich so viele Notizen machen, wie Sie wollen, aber konzentrieren Sie sich auf die nüchterne Aufräumarbeit wie die Korrektur von Rechtschreibfehlern und das Auffinden von Widersprüchen. Davon wird es eine Menge geben – nur Gott macht es schon beim ersten Mal richtig (…). Bei diesem Arbeitsgang konzentriere ich mich in erster Linie auf den Handlungsablauf und Belange des Werkzeugkastens: Pronomen mit unklarem Bezug (…) Wo notwendig, werden klärende Zusätze eingefügt, und natürlich werden alle Adverbien gestrichen, von denen ich mich trennen kann (niemals alle, niemals genug) (…) Im Hinterkopf stelle ich mir währenddessen die ‚Großen Fragen'. Die größte lautet: Ist die Geschichte schlüssig? Wenn ja, wodurch wird aus der Kohärenz eine Melodie? Welche Elemente tauchen immer wieder auf? Greifen Sie ineinander und bilden eine Thematik? (…) Wenn ich mit dem Lesen fertig bin und meine kleinen Korinthenkacker-Anmerkungen gemacht habe, ist es Zeit, die Tür zu öffnen und das Geschaffene vier oder fünf engen Freunden zu zeigen" (King, 2011, S. 257–264).

2 Viele der in Kapitel 1 vorgestellten Übungen eignen sich, das freie und ungehinderte Schreiben zu üben. Erfahrungsgemäß fällt diese Art des Schreibens leichter, je weniger konkret die Vorstellung von einem möglichen Ergebnis oder dessen Verwendung ist.

3 Ausnahme bilden Einzelpunkte, die wir spontan in Plenumsgesprächen einfließen lassen, z. B. wenn wir erwähnen, dass ein Schüler in seinem Text eine bestimmte Perspektive gewählt hat oder wenn ein sonst wie erwähnenswertes Element auftaucht. In solchen Fällen haben wir die Erfahrung gemacht, dass Schüler zwar zunächst zusammenzucken, wenn sie ihren Namen und ihren Text so unverhofft erwähnt finden. Meistens nehmen sie uns das jedoch nicht krumm, selbst dann nicht, wenn wir eine Schwäche des Textes betonen. Eher fühlen sie sich durch unsere detaillierte Textkenntnis geschmeichelt.

4 Wir haben bislang über Projektformen geschwiegen und tun dies auch bis zum übernächsten Kapitel. Die Aussage, die wir mit den Beispielen hier treffen wollen, wird hoffentlich auch so deutlich.

5 Was wir in dieser Phase des Prozesses ja ohnehin noch nicht tun.

6 Wir bieten unser Fachwissen auch vorher aktiv an. Wenn wir Schüler beispielsweise über bestimmte Zeiträume hinweg zu Hause an Texten arbeiten lassen, ermuntern wir sie, Kontakt mit uns aufzunehmen, falls sie beim Schreiben blockiert sind, über Fragmente und erste Sätze nicht hinauskommen oder etwas geschrieben haben, dieses aber nicht einschätzen können. Da wir an unseren Projektschulen im normalen Schulalltag nicht greifbar sind, findet viel von diesem Kontakt per Mail statt. Lehrern, die fest an einer Schule arbeiten, empfehlen wir diese Variante nicht, zumal Schüler ja während der Pausen oder Freistunden persönlich um Rat fragen können.

7 Manche Schulen sehen Projektwochen vor, eine Möglichkeit, intensiv an bestimmten Themen zu arbeiten, unabhängig vom Stundenplan. Für diesen Arbeitsschritt sind solche Projekttage ideal. Auch in frühen Projektphasen haben wir gute Erfahrungen mit solchen Intensivtagen gemacht.

4 Schreiben fürs Auge – Fotografie

Fotografieren ist eine Sehweise.
Susan Sonntag

Fotografie
Ein Exkurs vom Wort über das Bild zum Wort

Als die Fotografie noch in ihren Kinderschuhen steckte, erntete sie vor allem von den Vertretern der schreibenden Zunft Hohn, Spott und Verachtung. Baudelaire unterstellte ihr gar ein hochgefährliches Potenzial und außerdem „Zuflucht aller verkrachten Maler (…), deren Begabung oder deren Fleiß nicht hinreichten, ihr Studium zu Ende zu führen" (Stiegler, 2010, S. 121) zu sein. Bertolt Brecht stellte in den 30er-Jahren des letzten Jahrhunderts fest, dass er „durch Fotografie keine Einsicht" zu gewinnen vermochte (Brecht, zit. nach Stiegler, 2010, S. 44).

Immerhin: Der Fotografie wurde inzwischen in die Museen und Kunsthallen Einlass gewährt, ist Teil der akademischen Ausbildung, unzählige Bildbände wurden von ausgewiesenen Kunstverlagen veröffentlicht und für die Fotografien eines Andreas Gursky werden bei Versteigerungen Rekordsummen im Millionenbereich erzielt.

Ohne Zweifel hat die Fotografie, neben der Malerei, Bildhauerei und Architektur, mittlerweile ihren festen Platz in der zeitgenössischen Kunst, bedingt durch konkrete Interaktionen des Künstlers: die individuelle Wahl eines Themas, Gestaltung eines Motivs und die Bearbeitung des Bildes.

Wurde die Bearbeitung in der analogen Fotografie in der Dunkelkammer durch Belichtungsdauer und Chemikalien realisiert, sollte spätestens seit Einführung der digitalen Fotografie über eine Annäherung, wenn nicht sogar Gleichsetzung anstatt Konfrontation der beiden Pole Malerei und digitaler Fotografie nachgedacht werden, denn durch die Nachbearbeitung verliert das fotografische Bild seine Haftung im Realen und nähert sich den grenzenlosen Gestaltungsmöglichkeiten der bildenden Künste (Geimer, 2009, S. 174).

Die Berührungsängste sind inzwischen verflogen. Viele Literaten und Fotografen haben zusammen an Bild-Text-Bänden gearbeitet, Fotografen lassen sich von Dichterworten inspirieren, Schriftsteller von der Fotografie.

In dem Band *Archiv verworfener Möglichkeiten*, hat eine Szenenbildnerin Motivfotos ihrer Arbeiten für verschiedene Filme miteinander kombiniert. Anlässlich einer Ausstellung schrieben drei Autoren ihre Antworten auf diesen Fotocollagen und so entstand die Idee, noch mehr Schriftsteller in dieses „Wechselspiel von Text und Bild" mit einzubeziehen (vgl. Schenck/Rüdenauer 2010). Interessanterweise wurde später an keinem der fotografierten Orte gedreht und so bekommen die Bilder durch die Texte eine ganz eigene Bedeutung und Verwendung.

Doch nicht nur gegenseitige Inspiration, auch die gegenseitige Durchdringung der beiden Genres nimmt mehr und mehr zu. Fotografen arbeiten beispielsweise mit narrativen Elementen, Schriftsteller, z. B. Don Delillo, mit der Ekphrasis (der literarischen Beschreibung eines Kunstwerkes, also Gemälde, Plastik, Fotografie etc.).

W. G. Sebald hat in verschiedenen seiner Werke mit Fotografien „als scheinbar authentische[n] Zeugnisse[n]" (Hillenbach, 2012, S. 118) gearbeitet, sie in die Erzählung mit eingebaut – ein Spiel mit Fiktion und Faktum (und natürlich dem Leser). In Jonathan Safran Foers *Extrem laut und unglaublich nah* stehen die Bilder oft für das, was nicht mehr mit Worten ausgedrückt werden kann. Die in *Gegen die Welt* von Jan Brandt verwendeten Fotografien unterstützen den von ihm angestrebten Totalitarismus in der Darstellung – um nur einige wenige Beispiele für die Verwendung von Fotos in der erzählenden Literatur zu nennen.

4.1. Erzählende Elemente in der Fotografie

Im Bild wie im literarischen Text geht es um den individuellen Ausdruck des jeweiligen Autors. Nicht umsonst führt der Duden den Begriff „Bildautor", der – in der erzählenden Literatur durch die Stimme eines Erzählers – eine bestimmte Perspektive und Haltung zum Geschehen einnimmt, einen bestimmten Ausschnitt auswählt, den er uns erzählt: sei es in einem Bild oder mit seinen Worten. Die Frage der Inszenierung spielt dabei in beiden Genres eine Rolle, so unterschiedlich sie von der Machart und Ausführung auch sein mögen, ebenso wie der Spannungsaufbau, die Gestaltung des Raums und der Leerstellen.

Zeit und das Verhältnis zur Wirklichkeit sind zwei Faktoren, bei denen sich Text und Fotografie grundsätzlich unterscheiden.

In der erzählenden Literatur ist es dem Autor möglich, Vergangenheit, Gegenwart und Zukunft für seinen Stoff zu nutzen, zwischen den Zeiten hin- und herzupendeln und mit erzählter Zeit und Erzählzeit zu spielen. Auch wenn das Abgelichtete auf Vergangenes oder Zukünftiges hinweisen kann, ist das einzelne Foto jeweils eine Kunst des Augenblicks und des einzelnen Ereignisses. In der erzählenden Literatur wiederum ist es möglich, ein Geschehen, das heißt, mehrere Ereignisse darzustellen, sei es chronologisch, sei es anachronistisch. Allerdings sind mehrere Bilder, wie Jean Mohr in *Eine andere Art zu erzählen* mit über 150 Fotografien gezeigt hat, durchaus in der Lage, ein Geschehen darzustellen, eine Geschichte zu erzählen. Ein einzelnes Bild jedoch steht für sich, auch wenn es beim Betrachter Assoziationen für eine Geschichte auslösen kann, wie zum Beispiel das Werk von Gregory Crewdson. Doch dazu mehr in Kapitel 4.3.2.

So wie es nach wie vor einigen Lesern schwerfallen mag, das Gelesene, vor allem, wenn es sich um erzählende Literatur handelt, als Fiktion zu begreifen und zwischen dem Erzähler-Ich und Autor-Ich zu trennen, so bezeichnen die meisten Betrachter eine Fotografie immer noch als authentisch, also als wahrhaftig.

> Das Authentische der Fotografie wird im Wesentlichen durch drei Tatsachen begründet: Zum ersten durch die Zeugenschaft, weil sich am Ort des Geschehens eine Kamera (und höchstwahrscheinlich auch ein sie bedienender Fotograf) befunden haben muss, zum zweiten durch die Tatsache, dass das fotografische Bild auf physikalischen, optischen und chemischen Naturgesetzen beruht und zum dritten die Tatsache, dass der Referent im Moment des Fotografierens tatsächlich vor der Kamera zu finden war. (Hillebrand, 2012, S. 40)

Natürlich ist die Kamera das mechanische und dadurch unbestechliche Instrument, das das Motiv aufnimmt – doch es ist das menschliche Auge, das die Motivauswahl trifft und den zu fotografierenden Ausschnitt und den Augenblick des Auslösens wählt und daher der individuellen Wirklichkeit dessen folgt, der für die Aufnahme verantwortlich zeichnet.

> Der Photograph wählt das Ereignis, das er aufnimmt. Diese Wahl könnte man sich als kulturelle Gestaltung denken. Der Raum für diese Gestaltung wird gewissermaßen durch das geschaffen, was er nicht photographiert. Die Gestaltung ist seine Les-Art des Ereignisses, das er vor Augen hat.
>
> (Berger/Mohr/dt. Stromberg, 2006, S. 92)

Waren vor dem digitalen Zeitalter die kritischen Stimmen zur Authentizität der Fotografie noch der Fachwelt vorbehalten, sind die vielfältigen Mittel der Bildbearbeitung inzwischen auch Laien zumindest in der Theorie geläufig. Sie reichen von der schrittweisen Verschönerung bis zur fast schon unwirklichen Perfektion. Manipulationen, die vom kleineren Schwindel der retouchierten Falten (weg) oder Körbchengröße (dazu) bis zum völligen Verändern des Hintergrundes und Weglassen bzw. Dazufügen von (Pseudo-)Referenten (also Personen, Objekten sowie Objekten, die nie fotografiert wurden sondern lediglich als CAD-Modell existieren und fotorealistisch eingearbeitet werden usw.) reichen, lassen auch unkritische Geister argwöhnen, dass die digitale Fotografie ihren Anspruch auf Authentizität nahezu verloren hat und, wenn die Bilder aufbereitet und bearbeitet wurden, die oben genannten drei Tatsachen widerlegt. Die digitale Fotografie ist der fiktionalen Literatur in puncto Fiktion durch diese technische Innovation noch einen entscheidenden Schritt näher gekommen. Pessimisten sprechen sogar schon vom postfotografischen Zeitalter (vgl. Stiegler, 2004, S. 108 f.).

Was aber bleibt, ist die Bildsprache. Und die ist in manchen Fällen international, was zahlreiche Zeige- bzw. Bildwörterbücher, deren Fotos, Zeichnungen oder Piktogramme als Kommunikationshilfe für den der Landessprache nicht mächtigen Reisenden gedacht sind, bezeugen, in anderen aber von der jeweiligen Kultur bzw. vom Kontext abhängig. Um manches Foto nicht als Mysterium dastehen zu lassen, braucht es Worte, seien es Bilduntertitel oder Erklärungen, es sei denn, die Vieldeutigkeit und die dadurch verursachte Fehlinformation ist bewusst gewählt.

John Berger schreibt, dass die Fotografie vier Aspekte beinhaltet, die ihre Vieldeutigkeit ausmacht: den Fotografen, das fotografierte Objekt, den Betrachter des fotografierten Objektes und denjenigen, der die Fotografie verwendet (siehe auch: Berger / Mohr / dt. Stromberg, 2006, S. 7).

In der erzählenden Literatur verhält es sich ähnlich: Es gibt den Autor, der durch den Erzähler das Objekt (also die Geschichte) beleuchtet, es gibt den Leser, dem je nach Textgattung (Lyrik, Prosa, Drama, nichtfiktionale Literatur) mehr oder weniger Raum zur Interpretation gegeben ist und es gibt den Kontext, in dem der Text steht: Ein Rezept in einem Kochbuch ist ein Rezept – innerhalb eines Romans ist es Teil der Fiktion, selbst wenn man es nachkochen kann. Doch ist die erzählende Literatur bei weitem nicht so vieldeutig wie die Fotografie. Fotografische Bilder suggerieren den meisten Betrachtern nach wie vor Authentizität, auch wenn sie innerhalb fiktiver Literatur platziert, also ein Teil von ihr geworden sind. Manche Autoren machen sich daraus einen Spaß und spielen mit dieser angeblich wahren Wiedergabe der Kamera. Manche nutzen dieses Missverständnis sehr ernsthaft, um das verbal Dargestellte visuell zu unterstützen oder zu beglaubigen (vgl. Hillenbach, 2012, S. 116).

4.1.1 Eine Schreibwerkstatt für Literatur *und* Fotografie

Ganz bewusst haben wir schon vor vielen Jahren die Fotografie – in Theorie und Praxis – in unsere Schreibwerkstatt integriert. Dabei spielten das Fotografiertwerden und das eigene Fotografieren bzw. das Arbeiten mit Fotografien gleichermaßen eine Rolle. Es ging und geht uns um Wahrnehmung seiner selbst, der Anderen und der Umwelt. Um Identitätsbildung, Sichtweisen, Perspektiven, Sichtbarmachung. Um das Finden und Schärfen einer eigenen Bildsprache. Um das Herausfinden, dass Fotos nicht nur der Illustration, der Bebilderung dienen, sondern eine Selbstreferenz besitzen – auch wenn sie in der Kombination mit einem Text stehen oder in ihn integriert sind.

Die Schüler beteiligen sich begeistert am Fotografieren. Die Möglichkeit, sich nicht nur mit Worten, sondern auch mit Bildern auszudrücken, eröffnet allen Teilnehmern einer Text- und Fotowerkstatt neue Welten. Die Prämisse lautet: Bildarbeit als Schärfung der Wahrnehmung. Das Bild als in seiner Bedeutung offenes Medium: Der Gegenstand war da, bevor die Sprache ihm einen Namen gab: „Was man als Autor von den bildenden Künstlern lernen kann: machen, was geht. Jetzt zeichnen. Jetzt ein paar Fundstücke ausbreiten und sehen, wohin es führt. Nicht gleich klüger sein wollen, als das Material" (Malkowski, zit. nach Gelberg, 2008, S. 34 f.).

Wie gehen wir vor?

In unserer Schreib- und Fotowerkstatt gibt es, je nach Projekt, drei Optionen: entweder die Schüler fotografieren selbst oder sie bzw. ihre Objekte (die sie ausgewählt oder gestaltet haben) werden von einem Fotografen abgelichtet oder das Arbeiten mit Fotografien als Schreibimpuls.

Im ersten Fall erhalten die Schüler Grundlagenkenntnisse der Bildgestaltung, um dann selbst tätig zu werden. Siehe hierzu auch Kapitel 4.2.1 sowie unter Downloads. Im zweiten Fall kommt immer dann ein externer Fotograf zum Einsatz, wenn dies für die Aufnahmen aus technischen oder künstlerischen Gründen notwendig wird. Technisch, weil bestimmte Lichtsituationen, Kameratechnik oder anderes Equipment benötigt werden. Künstlerisch, weil die Schüler porträtiert werden sollen. Selbstverständlich ist es auch möglich, dass sich Schüler gegenseitig oder selbst porträtieren, wenn es zum Konzept der Werkstatt passt, genügend Disziplin für eine solche Aufgabe in der Gruppe bzw. Klasse vorhanden ist und die Schreibübungen dementsprechend abgestimmt sind oder darauf aufbauen. Wir haben es bisher noch nicht ausprobiert, wollen uns aber in nächster Zeit an diese Aufgabe machen.

4.1.2 Einführung in die Bildgestaltung

Bei der Einführung in die Bildgestaltung legen wir den Fokus auf grundlegende Gestaltungselemente. Die Schüler sollen nicht mit Informationen überfrachtet werden und doch ist es wichtig, sich möglichst kurz vor den Aufnahmen die wichtigsten Punkte ins Gedächtnis zu rufen. Dies geschieht anhand eines Beamervortrags (), der die Erklärungen durch ausgewählte Fotos nochmals veranschaulicht. Auch wenn einige Gestaltungsmittel – wie Frosch- oder Vogelperspektive – bereits bekannt sind, schadet es nicht, noch einmal auf diese und andere Anhaltspunkte hinzuweisen.

Es gibt immer wieder Schüler, die vor Begeisterung hunderte von Fotos schießen, dabei aber die Aufgaben vergessen. Andere wiederum sind beim Fotografieren so zurückhaltend, dass sie kaum Bildmaterial vorzeigen können. Um beidem vorzubeugen, empfiehlt sich vor allem für Schüler der Unterstufe ein Hand-Out, das sie zum Fotografieren mitnehmen dürfen. Darauf kann man nochmals alle Gestaltungsmittel aufführen, außerdem die Fotoaufgaben sowie eine ungefähre Vorgabe, wie viele Aufnahmen angefertigt werden sollen.

Durch seine Begrenzung zeigt uns das einzelne Bild nur einen Ausschnitt des Vorhandenen. Das bewusste Einschließen oder Ausklammern von Elementen unterliegt unserer Entscheidungsfreiheit: der Beginn der Autorschaft.

Durch das Weglassen von wichtigen Informationen werden der „sichtbare" Inhalt aus einem Zusammenhang gerissen und so in der Regel Täuschungen generiert. Andersherum können Inhalte gezielt in den Bildausschnitt aufgenommen und miteinander kombiniert werden. Das bewusste Anordnen von Elementen im Bild, das Auswählen einer Perspektive, mit der Absicht, eine bestimmte Bildwirkung zu erzeugen, nennt man Bildgestaltung. Diese entscheidet darüber, ob die zu vermittelnde Bildaussage auch den Bildbetrachter in ihrer Intention erreicht.

Ziel ist es, glaubwürdige, stimmige und plausible Bilder zu realisieren und ungewöhnliche und persönliche Sichtweisen bewusst herzustellen. Die folgenden, grundlegenden Gestaltungsregeln helfen dabei. Zu tief greifende Themen wie der Goldene Schnitt, die Fibonacci-Spirale und fototechnische Raffinessen sollten separat behandelt werden. Eine Kooperation mit dem Kunstunterricht oder einem Fotoklub sind an dieser Stelle sicher wertvoll.

Um Frustrationen vorzubeugen, haben wir die Bildbeispiele des Vortrags bewusst auf dem Niveau des auch von ungeübten Fotografen Machbaren gehalten, also einfache und einprägsam gestaltete Motive aus dem Alltag gewählt, anstatt auf Aufnahmen bekannter Fotografen zurückzugreifen.

Formatwahl

Das gängige und beliebteste Format ist das Querformat. Es suggeriert Ruhe und unterstützt ein Gefühl von Weite und Harmonie. Es war bzw. ist das bevorzugte Format der Landschaftsmalerei. Nicht umsonst lautet seine Bezeichnung in der digitalen Bild- und Textverarbeitung „landscape".

Da die Kameras und ihre Bedienelemente für eine bequeme Handhabung im Querformat ausgelegt sind, wird dieses Format gern und häufig verwendet, zudem sind unsere Sehgewohnheiten durch querformatige Wiedergabemedien wie TV-Geräte, Computerbildschirme und das Kinoformat geprägt.

Mit dem Format ändert sich die Wirkung

Ein typisches Ansichtskartenmotiv

Im Vergleich dazu suggeriert das Hochformat Dynamik, wirkt kraftvoll und aktiv und fand bzw. findet seine Verwendung häufig in der Porträtmalerei, weshalb auch die digitale Text- und Bildverarbeitung diesen Zuschnitt „Portait" nennt.

Durch die Wahl des Hochformats kann bei gewöhnlichen und eher langweiligen Bildmotiven Spannung erzeugt werden.

Schon etwas dynamischer

Bei Motiven wie Hochhäusern oder Türmen wiederum drängt sich das Hochformat geradezu auf, da sie sich in einem Querformat nur schwer entfalten können.

Im Querformat wäre der Höheneindruck nicht so gut darstellbar

Das Quadrat ist das neutralste Format, es suggeriert weder Dynamik noch Ruhe. Allein der Bildinhalt ist für Spannung oder Harmonie verantwortlich. Gerade das neutrale Format kann die Konzentration auf die Bildaussage steigern.

Fast schon das Porträt eines Schuppens

Bildaufteilung

Bei der Bildaufteilung geht es um die Gewichtung der Flächen im Bild. Durch die Zweiteilung in der Bildmitte, etwa durch einen Horizont, stellt sich beinahe das Gefühl des Stillstandes ein. Beide Flächen beanspruchen einen gleich großen Raum für sich, es wird keine Priorität gesetzt. Wenn dem „point of interest" mehr Raum bzw. Fläche zugestanden und er in ein eindeutiges Verhältnis gesetzt wird, dann wird sich dieser auch durchsetzen können.

Eine statische Bildaufteilung

Wer die Horizontlinie bewusst mittig setzt, muss den Unterschied zwischen optischer und absoluter Mitte berücksichtigen und, um ein optisches Absacken des Bildes zu verhindern, die optische Mitte wählen. Diese liegt etwas höher als die exakte Mitte. Dabei sollte die untere Hälfte des Bildes möglichst etwas dunkler ausfallen, um einen natürlichen Eindruck zu vermitteln.

Die Gewichtung liegt auf dem Himmel

Mehr Spannung weisen Bildaufteilungen auf, deren Flächengewichtung bei einem Verhältnis von 1:2 liegt, also 2/3 Strand und Meer gegenüber 1/3 Himmel oder umgekehrt. Diese Regel lässt sich nicht nur auf waagerecht verlaufende Linien anwenden, sondern natürlich auch auf senkrechte Flächen wie etwa Hausmauern.

Die Gewichtung liegt auf dem Meer und dem Strand

Bei dieser Bildaufteilung spielt der wolkenlose Himmel eine untergeordnete Rolle. Die dominierende Fläche zeigt Elemente auf, die für die Bildaussage wichtig sind, im nebenstehenden Beispiel liegt der Fokus unübersehbar auf dem Wellengang.

148

Bildaufbau und Tiefe

Auch wenn die Fotografie eine gewisse Plastizität mit sich bringt, sollte nicht vergessen werden, dass der Bildraum einer räumlichen Tiefe bedarf, die der Fotograf herstellen kann. Dafür stehen ihm verschiedene Möglichkeiten zur Verfügung.

Ein klassischer Bildaufbau besteht aus Vorder-, Mittel- und Hintergrund. Idealerweise sollte der Vordergrund farblich etwas wärmer und dunkler ausfallen, der Mittelgrund eine situationsübliche Beleuchtung bei normalem Kontrast bieten und der Hintergrund bei schwächerem Kontrast eine kühlere Farbgebung aufweisen. Für diesen Effekt kann bei Landschaftsaufnahmen im Hintergrund natürlicher Dunst genutzt werden. Auf historischen Landschaftsgemälden kann man diese Mittel zur Tiefenwirkung ebenfalls erkennen, vor allem den von Leonardo da Vinci entwickelten und die Luftperspektive imitierenden Sfumato (italienisch für Rauch).

Ein klassischer Bildaufbau

Tiefenwirkung durch einen vom Dunklen zum Hellen verlaufenden Bildaufbau

149

Da das Auge von Licht geradezu magisch angezogen wird, gleitet der Blick immer in seine Richtung. Ein dunkler Vordergrund gepaart mit einem hellen Lichtpunkt im Hintergrund stellt unweigerlich Tiefe her.

Von einem Texturgradienten spricht man, wenn gleich große Objekte, die in gleich großem Abstand voneinander entfernt stehen, in der Flucht immer kleiner werden. Unser Gehirn geht zu recht davon aus, dass diese Objekte gleich groß sind. Automatisch nimmt es eine Tiefenwirkung wahr, wenn diese Objekte kleiner werden. Eine Baumallee, Leitpfosten an einer Landstraße oder Treppenstufen sind Beispiele für einen solchen Texturgradienten und tragen erheblich zur Raumillusion bei.

Der Texturgradient anhand von Säulen

Dominante Diagonalen

Eine Linienführung, die den Blick mittels Diagonalen schon fast mit Gewalt in eine bestimmte Richtung leitet, bringt eine dynamische Tiefenwirkung mit sich.

Bildrichtung & Dynamik
Aufgrund der im westlichen Kulturkreis ab dem 4. Jhd. v. Chr. üblichen Lese- und Schreibrichtung empfinden die meisten in ihm lebenden Menschen eine Bewegung von links nach rechts als positiver und schneller als aus der anderen Richtung.

Dieser Richtungseffekt beeinflusst auch unsere Wahrnehmung in Bezug auf Zukunft und Vergangenheit. Verlaufen die Blickrichtung eines Porträtierten oder eine Diagonale von links nach rechts, stellt sich beim Betrachter das Gefühl ein, die Bewegung zeige in Richtung Zukunft, umgekehrt in Richtung Vergangenheit. Unbewusst stuft der Betrachter also die Geschwindigkeit eines Fahrzeuges, das von links ins Bild fährt, höher ein, als wenn es von rechts nach links fahren würde. Idealerweise lässt das Fahrzeug oder eine Person bzw. ein Objekt den Bildrand knapp hinter sich, um einer Bewegung ins Bild ausreichend Platz zur Entfaltung zu bieten.

Früher war alles anders

Wird meine Rente ausreichen?

Eine beachtliche Strecke wurde zurückgelegt.

Der Weg scheint endlos

Verläuft die Linienführung zudem noch aufsteigend, bezeichnet man sie als positive Diagonale, die als aufstrebend und kraftvoll empfunden wird. Die Gegendiagonale, von links oben nach rechts unten, wird eher eine absteigende Tendenz vermitteln, wie zum Beispiel die Börsenkurve. Der Umgang mit Diagonalen verleiht dem Bild nicht nur Spannung, sondern ermöglicht das bewusste und gezielte Setzen einer richtungsweisenden Dynamik.

Eine aufstrebende Diagonale   Eine abfallende Diagonale

Perspektive

Man unterscheidet grundsätzlich zwischen drei Perspektiven. Neben der Normalperspektive gibt es noch die Vogel- sowie die Froschperspektive. Durch die Entscheidung für eine der drei Perspektiven, auch in Zwischenstufen, positioniert man sich zu einer Person, einem Objekt, einer Situation oder einer Landschaft. Dieser Standpunkt spiegelt die innere Haltung, sowie das Machtverhältnis des Bildautors zum Geschehen und versetzt dadurch den Betrachter in eine ähnliche Lage. Durch die Wahl eines extremen Blickwinkels, also der Frosch- oder Vogelperspektive, kann auch alltäglichen Motiven ein aufregender Touch mitgegeben werden.

Bei der Zentralperspektive, auch als Normalperspektive bezeichnet, wird aus Augenhöhe fotografiert, ohne dabei die Kamera nach oben oder unten zu neigen. Dieser unverfängliche Standpunkt zeigt eine schon oft gesehene Sicht auf die Dinge. Sollte sich ein Erwachsener fotografisch in die Rolle eines Kindes begeben wollen, müsste er auch dessen Standhöhe einnehmen, also in die Hocke gehen oder auf Knien rutschen, um die Welt aus diesem Blickwinkel wiederzugeben. Ansonsten würde das Ergebnis unglaubwürdig wirken.

Normalperspektive

Die Vogelperspektive zeigt von einem erhöhten Standpunkt aus auf das Motiv herab, es wird also von oben nach unten gearbeitet. Die Haltung des Fotografen zeigt, er steht über den Dingen und hat einen Überblick. Wollte man eine Person würdig ablichten, sollte dieser erhöhte Standpunkt auf keinen Fall gewählt werden. Hier begibt man sich dann mindestens auf Augenhöhe zur Person.

Extreme Vogelperspektive

Aus einem tiefen Stand heraus wird bei der Froschperspektive von unten nach oben fotografiert. Diese Sichtweise verleiht dem Motiv eine gewisse Größe und gegebenenfalls auch Würde oder kann es ironisch überhöhen. Bei der Planung von Denkmälern wurde sicher dieses Konzept gewählt, nämlich den jeweiligen Regenten auf einen hohen Sockel oder das buchstäblich hohe Ross zu setzen, um das Volk zu ihm aufsehen zu lassen. Motive werden vorzugsweise aus einer leichten Froschperspektive abgelichtet, wenn man nicht nur ihrer materiellen Größe Ausdruck verleihen möchte.

Eine extreme Froschperspektive kann zu interessanten Abstrahierungen führen

Folgende Bildbeispiele veranschaulichen die Wirkung eines Perspektivenwechsels. Bei einer gewöhnlichen Situation am Wegesrand lohnt es sich beispielsweise, ein belangloses Motiv aus einer ungewöhnlichen Perspektive abzulichten. Mit etwas Geschick gelingt eine ansprechende Aufnahme.

Leichte Vogelperspektive

Zentralperspektive aus einem tiefen Stand heraus

Leichte Froschperspektive

Figur-Grund-Differenzierung

Um die Aufmerksamkeit auf das Wesentliche zu lenken, sollte sich das zu fotografierende Objekt vom Hintergrund differenzieren, deutlich abheben oder sogar lösen. Eine gute Trennung erreicht man durch Kontraste.

Wie die Bezeichnung Farbkontrast nur unschwer erahnen lässt, unterscheidet sich das Objekt durch seine Farbe vom Hintergrund. Signalfarben wie Rot ziehen den Blick des Betrachters immer an, setzen sich gegenüber anderen Farben durch und dominieren im Bild. Man denke an das typische Beispiel eines Kindes, das mit gelber Regenjacke und roten Gummistiefeln an einem verregneten Tag am Strand spielt. (Leider können wir in dieser Publikation kein Farbbeispiel zur Veranschaulichung zeigen.)

Beim Hell-Dunkel-Kontrast unterscheidet sich das Objekt durch seine Helligkeit vom Hintergrund. Eine dunkle Gestalt, ein dunkles Objekt vor einem weißen Hintergrund et vice versa, werden sich scherenschnittartig abheben. Auch wenn das dunkle Objekt keine Details aufweist, wird der Betrachter es anhand der Kontur identifizieren. Ein helles Objekt wird sich durch sein „Leuchten" abheben.

Figur-Grund-Differenzierung durch Hell-Dunkel-Kontrast

Der Formkontrast: Die Figur oder das Objekt unterscheiden sich durch ihre Form vom Hintergrund. Eine runde Form vor einem durch Linien geprägten Hintergrund wird sich gut abheben.

Figur-Grund-Differenzierung durch Form-Kontrast

Durch den Scharf-Unscharf-Kontrast hebt sich die Figur durch ihre Schärfe von der unscharfen Umgebung ab. Der Fokus bzw. die Schärfe wird ganz bewusst auf ein Objekt gelegt. Vorder- und Hintergrund sind somit undeutlicher, weniger prägnant und kontrastarm. Technisch zu realisieren durch einen sogenannten Zoom-in, also ein Heranzoomen an das Objekt. Je geringer der Abstand zwischen Kamera und Objekt ist, desto drastischer fällt die Unschärfe aus.

Figur-Grund-Differenzierung durch Schärfe-Unschärfe-Kontrast

Inhaltlicher/thematischer Kontrast: Die Figur bzw. das Objekt unterscheidet sich durch ihr Thema bzw. durch Inhalt vom Hintergrund. Hierbei sind die Beispiele unzählig: schön – hässlich, alt – neu/jung, groß – klein, Natur – Technik etc. Ein Strommast oder ein Windrad in einer lieblichen und intakten Landschaft lassen den Betrachter sicher erstaunt zurück.

Holz und Stein im Kontrast

Ausschnitt

Insbesondere der urbane Raum mit seiner hohen Informationsdichte erschwert es, klare Bildaussagen einzufangen. Im Blickfeld befinden sich zu viele Elemente, die häufig miteinander konkurrieren. Zu oft fällt es dem Bildbetrachter nicht einfach, die zentrale Bildaussage festzulegen. „Um was geht es hier eigentlich?" Hierbei ist es oft hilfreich, einen Schritt nach vorn zu wagen, näher an das Motiv heranzutreten und es einzugrenzen. Dabei werden optisch unliebsame und störende Gegenstände aus dem Bildausschnitt verbannt, um dem Bild eine innere Ruhe zu verleihen und so eine Konzentration auf das Wesentliche zu ermöglichen. Es sollte beachtet werden, dass keine wichtige Information verloren geht. Man sollte außerdem nicht davon ausgehen, dass jeder Bildbetrachter in der Lage ist, Informationsansätze und sogenannte Leerstellen automatisch zu vervollständigen. Denn er war nicht vor Ort, er hat die Situation nicht erlebt und verfügt als konkrete Information nur über das Sichtbare im Bild. Der Bildautor kann einen stark angeschnittenen Schriftzug automatisch vervollständigen, er hat ihn gelesen. Der Bildbetrachter hingegen nicht. Die Schnittmenge an Bildinformation zwischen Sender und Empfänger sollte also ausgewogen sein. Fällt sie zu gering aus, wendet sich der Betrachter frustriert vom Bild ab. Bei einer zu hohen Übereinstimmung wiederum, langweilt sich der Betrachter bald und wird sich ebenfalls abwenden.

Um was geht es hier eigentlich?

157

Um die Parksituation?

Um die Reglementierung?

Um ein Nebeneinander?

Um die Plastik?

Oder vielleicht um Kunst im öffentlichen Raum?

Einführung in die Bildgestaltung – Modalitäten
▶ Zeit: ca. 60 Minuten
▶ Raum: Zimmer, abgedunkelt
▶ Benötigte Materialien: Beamer, Computer; Beamerpräsentation und Einführung in die Bildgestaltung (💾)

4.1.3 Schüler fotografieren selbst

Zu Beginn unserer Text- und Fotowerkstätten waren Digitalkameras nahezu unerschwinglich und mit Mobiltelefonen konnte man telefonieren oder Kurznachrichten zu schreiben – mehr nicht. Aus dieser Not heraus, die im Rückblick keine war, kamen wir auf die Idee, mit analogen Einwegkameras zu arbeiten: Die waren relativ günstig, einfach und intuitiv zu bedienen und kaum kaputtzubekommen. Außerdem war es möglich, die Filme entwickeln zu lassen, Abzüge vorliegen zu haben und die Bilddaten auf einer Foto-CD zu erhalten.

Obendrein besaßen diese Einwegkameras für die Schüler eine skurril-nostalgische Note, die das Besondere des Projektes unterstrichen und gleichzeitig mangels technischer Überfrachtung zum Experimentieren einluden. Mit der Zeit wurden allerdings digitale Apparate immer erschwinglicher, die Auflösung höher und die Aufnahmeoptionen auf den Mobiltelefonen, vor allem den Smartphones, immer ausgefeilter, weshalb wir inzwischen meistens auf digitale Geräte zurückgreifen[1]. Allerdings haben diese einen deutlichen Nachteil: Weil die Anzahl der Aufnahmen, wie beim analogen Film, nicht auf eine bestimmte Menge begrenzt ist, wird vor der Aufnahme deutlich seltener und weniger nachgedacht und so entsteht eine Bilderflut, die dann später zeitaufwändig sortiert und ausgemustert werden will. Für unsere Bildredaktionssitzungen benötigen wir seither deutlich mehr Zeit.

Ob man sich nun für die analoge oder digitale Aufnahmetechnik entscheidet, hängt von den finanziellen Gegebenheiten (inzwischen sind Einwegkameras die deutlich teurere Variante), vom technischen Know-how der Teilnehmer und vom Konzept der Werkstatt ab.

▸ Wollen Sie eine Bilddiskussion im Plenum, dann raten wir Ihnen zu einer Beamerpräsentation.

▸ Für Bildfolgen, Bildserien etc. sind Fotoabzüge besser geeignet, weil man sie einfach sortieren, ordnen oder in Gruppen einteilen kann.

„Wenn dir deine Bilder nicht gefallen, warst du nicht nahe genug dran." Dieses Zitat wird dem Fotografen Robert Capa zugeschrieben. Es wird kolportiert, dass deswegen Hunderte von Hobbyfotografen plötzlich mit dem Teleobjektiv hantiert und auf dem Bauch liegend Nahaufnahmen gemacht hätten – ohne zu begreifen, was Capa eigentlich meinte: sich inhaltlich mit seiner Aufnahme zu beschäftigen, Motiv und Bildausschnitt sorgfältig zu wählen, nachzudenken, bevor man auslöst, den richtigen Augenblick abzuwarten. Darum sollten vor dem Fotografieren die gestalterischen Mittel erläutert werden und sich jeder Teilnehmer über das Thema seiner Aufnahmen im Klaren sein.

Bevor es losgeht, haben wir noch einige **Tipps:**

▸ Jeder Schüler sollte mit einer eigenen Kamera fotografieren. Teilen sich Schüler einen Apparat, wissen sie später selten noch, wer welche Aufnahmen gemacht hat.

▸ Vor dem Fotografieren darauf achten, dass die Speicherkarten (eventuell auch Ersatzkarten) der Kameras leer sind und die Akkus der Kameras aufgeladen.

▸ Nicht nur um rote Augen zu vermeiden, sondern auch weil das Blitzlicht frontal auf das Motiv trifft und somit eine plastische Darstellung verhindert und die vorhandene Lichtstimmung verfälscht, bietet es sich an, die Blitzfunktion auszuschalten.

▸ Kameras auf „höchste Bildauflösung" einstellen, damit die Bilder später einwandfrei und nicht verpixelt publiziert werden können. Die druckbare Bildgröße errechnet man aus Pixelmaß der Bilddatei dividiert durch 120. Beispiel: 1.200 × 1.800 Pixel: 120 = 10 × 15 cm gedruckte Bildgröße (300 dpi).

▸ In der Gruppe oder einzeln? Wenn sich eine Schülergruppe gemeinsam auf Motivsuche begibt, kann man davon ausgehen, dass sehr viele ähnliche Bilder das Ergebnis sind. Darum ist es besser, wenn jeder einzeln losgeht. Sind die Schüler noch zu jung, um sich allein auf den Weg zu machen, dann bietet sich das Schulgebäude samt Pausenhof an. Eine andere Möglichkeit ist, die Motivsuche als Hausaufgabe zu vergeben, am besten übers Wochenende.

Eigene Bildgestaltung – Schüler fotografieren – Modalitäten
▸ Zeit: ungefähr 90 Minuten bzw. frei
▸ Raum: Schulgebäude, Pausenhof bei jüngeren Schülern, ansonsten frei
▸ Benötigte Materialen: Digitalkameras oder Smartphones, eventuell Aufgabenblätter

4.1.4 Der externe Fotograf

Obwohl wir immer wieder betonen, dass technische Details bei den Aufnahmen eine deutlich untergeordnete Rolle spielen, dass Motivauswahl, Perspektive und Ausschnitt die für die Werkstatt wesentlichen Elemente sind, gibt es Werkstattkonzepte wie z.B. *Das Ich* oder eine Foto-Story, bei denen der Einsatz eines externen Fotografen sinnvoll oder sogar notwendig ist.

Welche Möglichkeiten gibt es?

▸ professioneller Fotograf
▸ ambitionierter Hobbyfotograf (im Kollegium, Bekanntenkreis oder beim örtlichen Fotoclub nachfragen)
▸ Kunstlehrer
▸ der betreuende Werkstattleiter, also Sie selbst

Zur letzten Möglichkeit wollen wir Sie ausdrücklich ermutigen, denn wie oben schon erwähnt, müssen Sie nicht über das letzte technische Detail Bescheid wissen, sondern einige Details und Regeln beachten, damit die Bilder die Aussagekraft bekommen, die dann für die Textarbeit wichtig sind. In Kapitel 5.2. stehen dazu die nötigen Maßnahmen und Tipps.

Vielleicht macht Ihnen eine Anekdote Mut, die von Helmut Newton erzählt: Als Newton einmal bei einem Abendessen eingeladen war, wandte sich die Gastgeberin im Laufe des Abends an ihn: „Sie machen tolle Bilder, Sie haben bestimmt eine sehr teure Kamera!" Der berühmte Fotograf antwortete erst nach dem Essen: „Das war ein tolles Menü, Sie haben bestimmt sehr teure Kochtöpfe."

4.2 Text und Foto – Foto und Text

Beim intermedialen Arbeiten mit Fotografie und Text gibt es grundsätzlich zwei Möglichkeiten: Zuerst wird der Text geschrieben und dann fotografiert oder andersherum. Manchmal sind die Übergänge aber auch fließend und Ideen für das ein oder andere Medium entstehen während des Schaffensprozesses und inspirieren sich gegenseitig – das ist der Idealfall.

In unseren Text- und Fotowerkstätten haben die Schüler schon einige Schreibübungen absolviert, bevor sie ans Fotografieren gehen, d.h. wenn sie sich auf Motivsuche machen, dann haben sie immer auch ihre Texte im Hinterkopf. Meist entstehen hier Bilder, die sehr gut zu den Texten passen – oft ist es aber auch so, dass die eigenen Fotografien zu neuen Texten anregen. Oder dass der ein oder andere abermals loszieht und neue Aufnahmen macht.

Sind die Bilder im Kasten oder besser auf der Festplatte, beginnt die Bildauswahl. Auch hier gilt – wie beim Schreiben – Mut zum Streichen! Digital lässt sich das durch Verschieben und zwar in den Ordner Ausschuss problemlos handhaben.

Eine sinnvolle Maßnahme ist die Text-Bildredaktion, entweder in Kleingruppen oder, wenn die Gruppe nicht zu groß ist, im Plenum über den Beamer, um die entstandenen Bilder zu besprechen und den Texten zuzuordnen.
Dabei gilt es, folgende Kriterien zu beachten:

1. Ist das Bild gelungen? Hier gelten u.a. die in der Bildgestaltung erlernten Elemente oder deren Brechung: Passen das Bildformat und die gewählte Standpunkt zum Textinhalt? Entsprechen Bildaufteilung und Bildaufbau dem, was ich mit dem Foto ausdrücken möchte? Sind Bildrichtung und Dynamik dem Textinhalt angemessen?
2. Soll das Bild meinen Text lediglich illustrieren oder dem Betrachter eine neue Dimension bieten?
3. Ist das Bild zu voll mit Informationen oder genügt es eventuell, nur ein einzelnes Detail abzulichten?
4. Möchte ich ein oder mehrere Bilder verwenden?
5. Wie stelle ich Text und Foto gegenüber? Wie viel Platz nimmt das jeweilige Medium ein? Wo und wie möchte ich Schwerpunkte setzen?

In der Unterstufe oder in unruhigen Klassen und besonders für eine Redaktion im Plenum bieten sich Arbeitsblätter an, auf denen die Schüler die Bilder anhand der oben aufgeführten Kriterien schriftlich bewerten können. Wir waren immer wieder erstaunt, wie genau sich die Schüler an die Elemente der Bildgestaltung erinnerten.

Bildredaktion – Modalitäten
▸ Zeit: je nachdem, ob die Redaktion in Kleingruppen bzw. im Plenum stattfindet 60 – 90 Minuten
▸ Raum: Klassenzimmer bzw. Computerraum
▸ Benötigte Materialien: Beamer, für die Besprechung im Plenum bzw. Computer, wenn die Bilder über den Bildschirm betrachtet werden bzw. Abzüge, wenn die Bilder analog ausgewählt werden sollen. Arbeitsblätter zur Bewertung der Bilder.

4.2.1 Bilder erzählen Geschichten – Fotografien als Schreibanlass

In unseren Werkstätten werden Texte nicht nur zu eigenen Fotografien geschrieben, auch Bilder fremder Fotografen dienen als Schreibimpulse. Indem Schüler Bilder lesen lernen, lernen sie auch für das eigene Fotografieren. Wichtig ist, darauf hinzuweisen, dass die Fotos auf keinen Fall für eine detaillierte Bildbeschreibung verwendet werden dürfen – sie sollen vielmehr Anstoß für das eigene Schreiben sein, also Narration statt Deskription.

Welche Fotografien eignen sich?

Wir verzichten auf Bilder von hungernden Kindern, weinenden Kriegswitwen oder Menschen, die in Wellblechhütten leben. Diese Bilder haben andere Funktionen, gehören in einen anderen Kontext und sollten unserer Meinung nicht als Schreibanlass für das erzählende Schreiben dienen, was wiederum nicht bedeutet, dass die von uns ausgewählten Bilder eine heile Welt darstellen. Auch wir greifen zu sozialkritischen Bildern, wie die von Peter Granser, der einen Blick auf „Sun City" geworfen hat, ein US-Seniorensiedlung für Besserverdienende, und uns damit skurrile Einsichten in eine völlig andere Welt präsentiert.

Fotografie wird oft als Augenblickskunst bezeichnet. Doch, so noch einmal John Berger,

> (…) im Leben ist Sinn keine Sache des Augenblicks. Sinn wird in dem entdeckt, was verbindet, und kann ohne eine Entwicklung nicht bestehen. Ohne eine Geschichte, ohne eine Entfaltung gibt es keinen Sinn. (…) Wenn wir eine Fotografie sinnvoll finden, leihen wir ihr eine Vergangenheit und eine Zukunft. (Berger/Mohr/dt. Stromberg, 2006, S. 89)

Vor allem aus dem Bereich der inszenierten bzw. narrativen Fotografie, die, kurz gesagt, genau das Gegenteil von einem Schnappschuss darstellt, finden sich Bilder, die als Schreibanlass wunderbar eignen, weil sie oft nicht eindeutig sind und so dem Betrachter viel Freiraum für eigene Ideen lassen.

Die inszenierte oder narrative Fotografie ist eine Kunstform, bei der der Bildautor nicht nur das Handwerk eines Fotografen perfekt beherrscht, sondern auch eine Dramaturgie des Bildes entwickelt. Dabei entwirft er einen Plot, erfindet Figuren, arbeitet mit Requisiten und inszeniert sein Werk quasi auf einer Bühne (vgl. Vogel, 2006, S. 29 f.). Fotografen, deren Bilder maßgeblich durch den Film beeinflusst wurden, benötigen für ein einziges Bild eine hollywoodreife Ausstattung, was Aufbau, Lichtverhältnisse und die Crew betrifft.

Die folgende Liste enthält Fotografen, die hauptsächlich mit narrativen Methoden arbeiten. Da diese Künstler ihre Werke nicht für den Schulgebrauch konzipiert haben, eignen sich zwar viele, aber nicht alle Bilder für die Arbeit mit Schülern.

Gregory Crewdson
www.artnet.de/awc/gregory-crewdson.html
Gregory Crewdson: In a Lonely Place. Hatje Cantz 2011
Gregory Crewdson: Beneath the Roses. Werke 2003–2007. Hatje Cantz 2008

Loretta Lux
www.lorettalux.de
Nancy Grubb (Hrsg.): Loretta Lux. Hatje Cantz 2005

Robert Parke Harrison
www.parkeharrison.com
Robert Parke Harrison: The Architects Brother. Twin Palms Publishers 2000
Robert & Shana Parke Harrison: Counterpoint. Twin Palms Publishers 2009

Erwin Olaf
Erwin Olaf: Erwin Olaf – Essay. Aperture foundation
www.erwinolaf.com

Peter Granser
Peter Granser: Sun City. Hatje Cantz 2003
www.granser.de

Slinkachu
www.slinkachu.com
Slinkachu: Kleine Leute in der großen Stadt. Cadeau 2009
Slinkachu: Kleine Leute in der weiten Welt. Hoffmann und Campe 2012

Jürgen Klauke
www.juergenklauke.de
Jürgen Klauke: Ästhetische Paranoia. Hatje Cantz 2010

Wenn wir nach einem Bildimpuls schreiben, bieten wir in der Regel mehrere Motive an und lassen den Schülern freie Wahl, für welches Bild sie sich entscheiden. Auf diese Weise kommen ehrliche und motivierte Texte zustande, weil sich jeder für die Aufnahme entscheiden kann, die bei ihm den größtmöglichen kreativen Schub oder die besten Ideen auslöst.

Welche Aufgabenstellung könnte man zum Beispiel zu diesem Foto von Yves Noir geben?

Yves Noir, Raum 0 1998/1999

▸ Generell: Achte darauf, dass du das Bild nicht analysierst oder beschreibst, sondern die Fotografie als Anlass nimmst, eine Geschichte zu erzählen
▸ Erzähle aus der Er-Perspektive, was vor der Aufnahme passiert ist.
▸ Erzähle aus der Er-Perspektive, was nach der Aufnahme geschehen wird.
▸ Erzähle aus der Ich-Perspektive, was vor der Aufnahme passiert ist.
▸ Erzähle aus der Ich-Perspektive, was nach der Aufnahme geschehen wird.
▸ Was geht in der Figur vor (innerer Monolog)?
▸ Erfinde eine Figur, die nicht auf dem Bild zu sehen ist, aber damit zu tun hat.
▸ Versuche, dich aus dem Bild herauszuzoomen und zu beschreiben, was außerhalb des Fotos geschieht.
▸ Konzentriere dich auf ein Detail im Bild, z.B. eine offene oder geschlossene Tür oder ein Auto, das wegfährt

Manchmal kommt es vor, dass Schüler zu einem Bild völlig frei assoziieren.
Auf einem Bild von Gregory Crewdson entdeckte eine Schülerin, die sich bis zu
diesem Zeitpunkt weigerte mitzuarbeiten, einen kleinen, dunklen Fleck auf dem
Bett eines Mädchens. Sie begann, von ihrer Heirat zu erzählen, welchen Stellen-
wert die Jungfräulichkeit in ihrer Kultur einnimmt und begann zu schreiben. Sie
hat uns gebeten, anonym zu bleiben, darum verzichten wir auf alle Angaben zu
ihrer Person.

Anonym
Es war einmal ein Mädchen, das war jung.
Es war gerade mal 16 Jahre.
Es hatte schöne lange Haare.
Die waren dunkelbraun, so wie seine Augen.
Seine Haut war ziemlich dunkel.
Es war nur 1,59 cm groß, das genügte ihm.

Das Mädchen hörte Musik, tanzte und konnte singen wie eine Ashkali.

Es würde bald heiraten, weil Mädchen in ihrer Familie immer früh heiraten.
Einen Freund hatte es schon.
Aber es wusste nicht, was mit ihm werden sollte.

▸ Bitte beachten, wenn Texte zu Bildern geschrieben und auch veröffentlicht
werden sollen: Fotos unterliegen dem Urheberschutz und dürfen nicht ohne
schriftliche Einwilligung des Bildautors abgedruckt oder ins Internet gestellt
werden.

Bilder als Schreibanlass – Modalitäten
▸ Zeit: mindestens 60 Minuten
▸ Raum: Klassenzimmer
▸ Materialien: eine Auswahl an passenden Bildern als Schreibanlässe

4.2.2 Eigene Fotografien als Schreibanlass

Wir legen Wert darauf, die Schüler behutsam auf unterschiedliche Möglichkeiten der Zuordnung hinzuweisen und lassen ihnen viel Spielraum, welche Texte
und Bilder sie miteinander kombinieren wollen. Wenn wir eine Zusammenstel-
lung nicht verstehen, fragen wir nach und lassen uns über die Intention aufklären – manch ein Schüler hat noch während seiner Erläuterungen seine Entscheidung überdacht und eine andere Auswahl getroffen.

Für die Zuordnung von Text und Bild ist vor allem zu beachten, welchen Schwerpunkt man setzen möchte.

Es gibt mehrere Möglichkeiten:

1. Text und Bild werden nebeneinander gestellt, beiden Arbeiten wird gleich viel Raum gegeben, sie sind als gleichwertig zu betrachten und keine Arbeit dominiert die andere. Sie ergänzen oder kontrastieren sich gegenseitig.

2. Einem (längeren) Text werden ein oder mehrere Bilder hinzugefügt. Hier können Bilder als Illustration dienen bzw. das Geschriebene in der Aussage noch vertiefen. Der Schwerpunkt liegt aber eindeutig auf dem Text und das Bild spielt eine untergeordnete Rolle.

3. Das Bild dominiert in der Aussage und vielleicht auch durch seine Größe den Text. Der Text hat die Aufgabe, das Bild in einen Kontext einzufügen – vielleicht, um keine Verwirrung aufkommen zu lassen, es zu kommentieren oder die Bildaussage in aller Kürze zu vertiefen.

Welche Gewichtung der Schüler seinen Texten und Bildern auch gibt, wichtig ist, dass die Komposition stimmig ist, d. h. ein starker Text einem aussagekräftigen Bild gegenübergestellt wird, während eine illustrierende Aufnahme eher für einen längeren Text in Frage kommt. Für ein besonders gelungenes Foto wiederum eignet sich eher ein kurzer, prägnanter Text, um ein gegenseitiges Übertrumpfen zu vermeiden.

▶ In der Kombination sollen Text und Bild voneinander profitieren, anstatt sich gegenseitig zu schwächen.

Eine schöne Auswahl hat eine Schülerin getroffen, die einen kurzen Text, der nach den Aufnahmen auf Basis der Krausskärtchen entstanden war, einem ihrer Bilder gegenüberstellte.

Elisa, Gymnasium, 17 Jahre
wörter für alles
abschied und wieder sehen
fragen, antworten, erklären, verstehen
zarte melancholie und zuckersüße sehnsucht
leben, gelebt haben, sterben

die dinge bei ihrem namen nennen

Elisa, Gymnasium, 17 Jahre

Aus der Froschperspektive fotografiert, suggeriert das Bild einerseits die Assoziation des Im-Gras-Liegens – ob nun lebendig oder auch nicht: immerhin wird im Text von Abschied und Sterben gesprochen. Dieses Bild und auch seine Auswahl zeigen, dass die Schülerin es verstand, ihren Text nicht nur fotografisch zu illustrieren, sondern ihn durch ihre Bildauswahl zu ergänzen und zu erweitern. Die Dinge beim Namen zu nennen und ihnen einen bildlichen Ausdruck zu verleihen, ist bei dieser Arbeit besonders geglückt.

Schreibübungen dieser intermedialen Werkstätten sollten thematisch auf das jeweilige Projekt abgestimmt sein, so dass von Anfang an Texte entstehen, die für die Text- Bild-Arbeit verwendet werden können. Wir haben in unseren Werkstätten mehrere Text-Foto-Projekte durchgeführt. Beispiele und die genaue Vorgehensweise anhand einzelner Module werden in Kapitel 5.2 vorgestellt.

Anmerkung

1 Normale Mobiltelefone eignen sich zumindest nach heutigem Stand wegen zu geringer Bildauflösung nicht für die Zwecke von Fotoprojekten.

168

5 In Form schreiben – Projektformen

*Und mir bleibt jetzt nichts mehr zu erzählen übrig, weshalb ich auch recht froh bin,
denn wenn ich gewusst hätte, was für eine furchtbare Arbeit es ist, so ein Buch
zusammen zu schmieren, so hätten mich keine zehn Gäule dazu gebracht.*
Huckleberry Finn

5.1 Textprojekte für den Unterricht

Wir haben im Laufe dieses Buches nun viele Dimensionen literarischer Prosaprojekte im Deutschunterricht besprochen. Aber wenige Worte haben wir bislang darüber verloren, welche Gestalt unser Textprojekt haben soll. Das hatte seinen Grund. Prinzipiell ist alles, was bislang aufgeführt wurde, notwendiges Rüstzeug, um einen Schreibunterricht mit einer Schulklasse oder auch sonst einer Schülergruppe durchzuführen. Was sich ändert, ist die Intensität bestimmter Unterrichtseinheiten, die Zeiträume, in denen man arbeitet und (vielleicht) die Textlänge.

Es ist denkbar, eine Schulklasse selbst per Diskussion und Abstimmung über die Textform abstimmen zu lassen. Der zeitliche Rahmen und die sich daraus ergebenden Möglichkeiten sollten jedoch schon vorher geklärt sein, damit die Schüler nichts beschließen, das nicht umsetzbar ist. Es gibt kaum eine ungünstigere Voraussetzung für motivierte und produktive Projektarbeit als eine Schulklasse, die sich um ihr demokratisches Recht gebracht sieht. Auf der anderen Seite haben wir mit Klassen, mit denen wir Projektformen und -inhalte frühzeitig und ausführlich abgestimmt haben, ganz hervorragend zusammengearbeitet – mit tollen Ergebnissen.

5.1.1 Kurztext
Was verstehen wir darunter?

Diese Art von Projekt ist bei weitem das offenste, das wir durchführen. Auch weil zu Beginn nicht einmal wir selbst wissen, welche Arten von Text wir am Ende in Händen halten werden. Deshalb ist der Titel wörtlich zu verstehen. Darunter kann sehr vieles fallen, genannt seien Miniatur, Aphorismus, Kurzgeschichte und Erzählung, bis hin zu sehr kurzen Prosatexten, die von Lyrik kaum noch zu unterscheiden sind. Meistens haben die Texte ihren Ursprung in den Kurzübungen, die wir in Kapitel 1 beschrieben haben. Auch wenn die Übungen inhaltlich einfach und formal eng gefasst sind, weil sie ja den Einstieg erleichtern und Schreibblockaden überwinden sollen, bieten sie doch den Schülern viel Gestaltungsraum.

Curriculum

Die Durchführung von Kurztext-Werkstätten sei vor allem jenen empfohlen, deren zeitlicher Rahmen eng gefasst ist. Innerhalb einer Projektwoche sollten drei bis fünf Schulvormittage dafür veranschlagt werden, bei Einbindung in den normalen Deutschunterricht eine adäquate Stundenanzahl. Folgende Phasen werden durchlaufen.

1. **Schreibübungen:** Cut-up, Inventur, Stilübungen, Automatisches Schreiben, Träume und Außenbetrachtung bieten sich als Schreibimpulse an, in dieser Reihenfolge, um die Intensität und die Selbstverantwortung von Mal zu Mal

zu steigern. Diese Phase dient der Produktion einer möglichst großen Textmenge. Nach den ersten drei Übungen lassen wir jeweils fünf bis sechs Schüler vor der Klasse vorlesen. Die Texte werden da aber noch nicht diskutiert. Das Lesen dient nur dazu, sich an die Situation zu gewöhnen, kreativ tätig zu sein und seine literarischen Texte auch offen zu vertreten.

2. **Sichtungs- und Überarbeitungsphase:** Nach der Textproduktion sollen die Schüler aus ihren Texten diejenigen heraussuchen, die ihnen vom Ergebnis oder vom Schreiben her am besten gefallen (haben). Diese Texte sollen nun ausgebaut, verdichtet, abgetippt – kurz: für den Leser optimiert werden. Da die meisten Schüler dabei auf Hilfe angewiesen sind, muss man als Lehrkraft Unterstützung anbieten, sämtliche Texte lesen und mit ihnen über Möglichkeiten, Stärken und Schwächen der Texte sprechen. Dafür bietet sich ein „Schreibmarkt" an, wie er in Kapitel 3.3.5 beschrieben wurde.

Damit währenddessen nicht zu viel Leerlauf entsteht, kann man die Schüler ermuntern, an eigenen Ideen weiterzuarbeiten, die sich beim Schreiben möglicherweise ergeben haben. Oder ein wenig frei zu experimentieren. Dies funktioniert erfahrungsgemäß besser, wenn sie durch die Übungen schon etwas eingeschrieben sind und nicht mehr ganz so große Angst vor dem weißen Papier haben.

3. **Präsentation:** Ganz am Schluss liest jeder Schüler im Plenum einen Text vor, der ihm seiner Meinung nach am besten gelungen ist. Während bei den Vorlesephasen nach den ersten Übungen das Freiwilligkeitsprinzip bestehen sollte, legen wir immer großen Wert darauf, dass am Ende auch wirklich alle lesen.

Was die Gewichtung der verschiedenen Phasen anbelangt, so geben wir der Textproduktion den weitaus größten Raum, mit etwa zwei Dritteln der verfügbaren Zeit. Allerdings kann der Übergang zu Phase 2 fließend sein, wenn man fakultative Übungen vorgibt, gleichzeitig aber schon einzelne Texte bespricht.

Arbeitsformen
▸ Plenum: Lesen der Grundlagentexte für die Übungen; Präsentation erster Ergebnisse; Schlusspräsentationen
▸ Einzelarbeit: Schreiben; Überarbeiten

Vor- und Nachteile
In vielerlei Hinsicht handelt es sich hierbei um einen sehr flexiblen Werkstattansatz. Er kann sowohl auf die verfügbare Zeit wie auch auf das Niveau der Gruppe sehr gut eingestellt werden. Das betrifft einerseits die Auswahl der Übungen, andererseits die Intensität, mit der später noch an den Texten gearbeitet wird.

Bei unerfahrenen und schwächeren Schülern wird man auf Überarbeitung eher verzichten, zugunsten weiterer Übungen. Hat man es mit fortgeschrittenen

Schülern zu tun, kann das Augenmerk in Richtung Verdichtung verlagert werden.

Ein wichtiger Vorteil ist, dass es bei dieser Art von Werkstatt praktisch ausgeschlossen ist, dass am Ende jemand ohne Ergebnis dasteht. Denn zumindest ein Cut-up oder eine Inventur schaffen auch Schüler, die extrem unmotiviert oder extrem blockiert sind.

Dieser Vorteil birgt jedoch auch einen Nachteil. Denn wenn manche Schüler am Ende ein Cut-up präsentieren, andere eine fast ausgereifte Kurzgeschichte oder einen sehr lyrischen Kurztext, werden die Unterschiede in Form und Qualität oft sehr deutlich. Mit dem Wissen um diese Gefahr kann man durch entsprechende Moderationen ausgleichen.

Erfahrungen

Wir haben diese Art von Werkstatt mit allen denkbaren Niveau- und Altersstufen und in den verschiedensten Gruppengrößen durchgeführt. Angefangen von Förderschülern über Gymnasiasten bis hin zu Studenten und Lehrergruppen. In Kleingruppen, deren Mitgliedern sich vorher nicht kannten, aber auch in Schulklassen von 30 Schülern.

5.1.2 Kurzgeschichte
Was verstehen wir darunter?

Um gleich zu Anfang eine Sache festzusetzen, damit keine Missverständnisse aufkommen: Wenn wir von „Kurzgeschichte" sprechen, meinen wir für gewöhnlich nicht das, was die Schulbücher darunter verstehen. Die Texte, die dort unter diese Rubrik fallen, würden zwar bei uns sicherlich auch die Bezeichnung Kurzgeschichte erhalten. Wir fassen den Begriff jedoch nicht so eng und glauben nicht daran, dass man die Textform in solch griffige Definitionen packen kann, wie das oft getan wird. Soll heißen: Auch ein Kurztext ohne offenes Ende geht bei uns unter Umständen als Kurzgeschichte durch.

Trotzdem muss man den Schülern ein paar Hinweise an die Hand geben, wenn man mit ihnen an einer Form arbeitet. Unser Kriterienkatalog sieht folgendermaßen aus:

▶ kurze Textlänge → keine konkrete Vorgabe, zirka zwei bis 15 Druckseiten
▶ inhaltliche Beschränkung auf einen Fokus
▶ eine Idee sollte erkennbar sein (wobei es keine Rolle spielt, ob die Schüler eine Geschichte im herkömmlichen Sinne erzählen oder eine Atmosphäre aufbauen)
▶ Verknappung → die Kurzgeschichte lebt nicht von der Geschwätzigkeit, sondern von dem, was zwischen den Zeilen steht

Curriculum

Nicht nur, weil es sich meistens um längere Texte handelt als im ersten beispielhaften Textprojekt, muss man für die Arbeit an Kurzgeschichten mehr Zeit einplanen. Weil hier mit Ideen gearbeitet werden muss, brauchen die Schüler entsprechende Anlauf- und Denkzeiten. Die Übungen zu Beginn sind identisch, wenn wir auch auf einige verzichten. Aber grundsätzlich sind diese Übungen notwendig, um sich freizuschreiben und beim Schreiben Ideen zu bekommen und auszuprobieren. Für die Umsetzung eines Kurzgeschichtenprojektes ist eine ganze Projektwoche mit Vormittagsunterricht oder aber eine entsprechende Stundenzahl verteilt über einen längeren Zeitraum einzurechnen.

1. **Schreibübungen:** Cut-up, Inventur, Stilübungen, Automatisches Schreiben. Hier kann man auch mit fiktiven Biografien arbeiten, um Charakterisierungen auszuprobieren. Dem Vorlesen von Einzelschritten im Plenum räumen wir in diesem Fall nicht so viel Zeit ein, weil wir diese anderswo brauchen. Die Übungen dienen, wie bereits gesagt, der Ideenfindung. Die Schüler sollen dabei herausfinden, wofür sie sich interessieren und in welcher Art von Geschichte sie sich beim Schreiben wohl fühlen.

2. **Theorie und Planung:** Klärung der Frage, was man unter einer Kurzgeschichte versteht, zumindest in diesem Kontext. Diskussion von Begriffen wie Konflikt und Spannung. Die Schüler entwerfen ihre Geschichte. Dies ist wörtlich zu nehmen. Der Entwurf sollte die Grundidee, den Plot, die Charaktere und eine Zeitschiene enthalten. Diese Vorgehensweise unterscheidet sich von den bisherigen, den freien Übungen, wo man zunächst einmal drauflos schrieb und sich erst danach Gedanken darüber machte, was man nun auf dem Papier hatte. In dieser Phase arbeiten wir mit Gruppen- und Plenumsdiskussionen. Im Plenum werden beispielhaft einige der Planungen vorgestellt und besprochen, um exemplarisch zu zeigen, welche Probleme auftauchen können und worauf besonders zu achten ist. In Kleingruppen (je vier Schüler) stellen die Schüler sich gegenseitig ihre Ideen vor, begründen geplante Elemente und den Aufbau des Textes und diskutieren mit den drei anderen.

3. **Schreiben:** Angesichts der Textlängen, mit denen wir es hier zu tun haben, stellt sich die Frage, ob man die Texte als Hausaufgabe oder während der Unterrichtszeit schreiben lässt. Wir plädieren für eine Sowohl-als-auch-Lösung. Da es vielen Schülern schwerfällt, zu Hause die Ruhe (Geduld) zu finden, die der Einstieg in eine Geschichte benötigt, sollte man ihnen diesen Raum im Unterricht geben. Eine Schulstunde reicht dafür völlig aus. Mit diesem Einstieg kann der Rest dann als Hausaufgabe erledigt werden.

4. **Diskussion und Überarbeitung:** Bei den Kurzgeschichten-Projekten führen wir eine Schreibkonferenz und anschließend einen Schreibmarkt durch. Dabei können die Texte eingetippt und etwaige Korrekturen gleich übernommen werden.

5. Präsentation und Druck: Ausgehend von einer Klassenstärke von 30 Schülern raten wir von einer vollständigen Lesung ab. Auch sollte niemand einen zehnseitigen Text vorlesen. Entweder man lässt in der Klasse drei oder vier Texte komplett oder fünf Texte auschnittweise lesen. Ganz sicher freuen sich die Schüler über einen Abdruck ihrer Geschichten, zum Beispiel in Form eines Fanzines.

Arbeitsformen
▶ Plenum: Lesen der Grundlagentexte für die Übungen; Präsentation erster Ergebnisse; Diskussion der Form Kurzgeschichte; Schlusspräsentationen
▶ Einzelarbeit: Erste Übungen; Ideenfindung; Schreiben; Überarbeiten
▶ Gruppenarbeit: Diskussionen zur Ideenfindung; Schreibkonferenz

Vor- und Nachteile
Das Kurzgeschichten-Projekt ist wesentlich zeitaufwendiger als ein Kurztext-Projekt. Das gilt für die Stundenzahl, die man berechnen muss, aber auch für Vorbereitung, Begleitung und Nachbereitung. Da hier mit Ideen und teilweise langen Texten gearbeitet wird, muss sich der begleitende Lehrer auf jedes Projekt einzeln einlassen, die Entwürfe lesen, Vorschläge machen und bei der Umsetzung helfen. Dessen muss man sich bewusst sein.

Das Ergebnis wiederum ist gerade aufgrund des größeren Aufwandes und der thematischen Freiheiten für Schüler oftmals befriedigender als die ganz kurzen Texte. Weil sie ihr eigenes kleines Projekt verfolgen, die verschiedenen Stationen durchleben und durchdenken und dadurch einen besonderen Bezug zu ihrem Text herstellen. Als Lehrer muss man natürlich verhindern, dass es zwischendurch, wenn etwas nicht so klappt, wie geplant, zu allzu großer Frustration kommt.

Was beim einzelnen Schüler von Vorteil ist, ist für die Gesamtklasse ein Nachteil. Die Kurzgeschichten stehen in keinerlei Bezug zueinander und abgesehen von den wenigen, die man bei den Planungs-Gruppengesprächen und bei der Schreibkonferenz mitbetreut, bekommt man als Schüler von den anderen wenig mit.

Erfahrungen

Ein Kurzgeschichten-Projekt lässt sich problemlos mit verschiedenen Klassenstufen und auch prinzipiell in allen Schularten durchführen. In der Praxis hat es immer sehr ansprechende Ergebnisse hervorgebracht. Jedoch gehört es nicht zu unseren favorisierten Projekten, weil die Kommunikation zwischen den einzelnen Schülern sehr viel geringer als bei Roman-Projekten und sogar geringer als bei den Kurztext-Projekten ist.

5.1.3 Roman
Was verstehen wir darunter?

Von allen unseren Textprojekten ist der Roman sicherlich am einfachsten zu erklären. Unter einem Roman verstehen wir eine fortlaufende Geschichte, die aus so vielen Kapiteln besteht, wie es Schüler in der Klasse gibt.

Curriculum

Das war's dann aber vorerst mit einfach. Denn einen Roman mit einer Schulkasse zu schreiben, ist zunächst einmal so kompliziert, wie es sich anhört. Aber auf andere Weise, als die meisten derjenigen vermuten, die im ersten Moment den Kopf schütteln, wenn sie von diesen Projekten hören. In Wirklichkeit bedeutet der Roman für uns sogar weniger Aufwand als die Kurzgeschichte, wenn man mal die begleitende Text- und Denkarbeit betrachtet, die wir selbst zu leisten haben.

Kompliziert ist vielmehr die Abfolge der Arbeitsschritte, die Koordinierung der vielen Ideen und Meinungen zu einem gemeinsamen Projekt, hinter dem alle Schüler einer Klasse gleichermaßen stehen können. Damit der Roman nicht am Ende nur das Projekt einiger weniger, besonders engagierter Schüler wird, haben wir zahlreiche Stufen des Innehaltens und gemeinsamen Rekapitulierens eingebaut, eine sehr ausgewogene Mischung aus Einzel-, Gruppen- und Plenumsarbeiten.

Fast unnötig zu erwähnen, dass der Zeitaufwand für ein Roman-Projekt immens groß ist. Die Durchführung empfiehlt sich nur dann, wenn man viele Schulstunden erübrigen kann, wenn man den Projekt-Unterricht über das gesamte

Schuljahr hinweg verteilen und zwischendurch Denk- und Arbeitspausen einbauen kann.

1. **Schreibübungen:** Auch hier fangen wir mit Cut-up, Inventur, Automatischem Schreiben und fiktiver Biografie an. Außerdem führen wir eine Außenrecherche durch, um Wetter-, Architektur- und Menscheneindrücke zu sammeln. Die Präsentation von Zwischenergebnissen halten wir auf sehr geringem Level.

2. **Theorie:** Wir besprechen die Theorie des Romans. Zumindest in dem Ausmaß, wie es uns für unsere Arbeit wichtig erscheint. Klärung von Begriffen wie Spannungskurve, Zeitschiene, Rückblende, Konflikt, Held/Antiheld und so weiter. Vor allem auf den Begriff der Spannung verwenden wir einige Zeit, weil es sich hier um ein subjektives Phänomen handelt und weil wir einen Eindruck davon bekommen wollen, welcher Geschmack und welche Vorkenntnisse in der Klasse vorherrschen. Die Schüler müssen bereits zu diesem Zeitpunkt erfahren, dass jeder von ihnen ein Kapitel schreiben wird und dass über die Zuweisung der Kapitel das Los entscheidet.

3. **Planung, erste Phase:** Aufgrund ihrer bisherigen Notizen und der Theorie überlegen sich die Schüler in Einzelarbeit eine mögliche Geschichte für den Roman. Anschließend werden Vierergruppen gebildet, in denen alle Geschichten vorgestellt und diskutiert werden. Die Vierergruppe kann sich auf einen der Vorschläge einigen, Elemente aus den Vorschlägen neu kombinieren oder sich auf einen völlig neuen Vorschlag einigen. Auf jeden Fall muss jede Gruppe nachher einen Vorschlag präsentieren.
Die Gruppenpräsentationen finden im Plenum statt. Anschließend wird über die Vorschläge abgestimmt. Der Siegervorschlag ist dann die Geschichte, die dem Roman zugrunde liegt.

4. **Planung, zweite Phase:** Nachdem das Gerüst des Romans steht, werden die Details festgelegt. Welche Personen spielen eine Rolle? Aus welchen Handlungssträngen setzt sich der Plot zusammen? Wo und wann spielt die Geschichte? Hier können sich alle Schüler noch einmal einbringen, also auch diejenigen, deren Geschichte nicht ausgewählt wurde. Oftmals lassen sich in dieser Stufe noch Elemente integrieren, die ursprünglich in Zusammenhang mit einer anderen Idee standen. Jetzt wird die Geschichte in Kapitel unterteilt. Bei diesem Arbeitsschritt helfen wir immer sehr stark nach, weil wir unsererseits gut einschätzen können, wie viel Aufwand welcher Teil einer Geschichte bedeutet (die Kapitel sollen ihren Autoren inhaltlich in etwa gleich viel abverlangen) und weil diese Arbeit im Plenum schlicht zu viel Zeit kosten würde.

5. **Verteilung:** Die Kapitel werden mit Inhaltsangabe in einer Tabelle zusammengefasst und als Poster im Zimmer ausgehängt, außerdem bekommt jeder Schüler eine Kopie davon. Die Kapitelnummern werden auf Zettel geschrie-

ben und werden von den Schülern gezogen. Diese Zuständigkeit ist also verteilt. Darüber hinaus bilden wir Zuständigkeitsgruppen. Vierer- oder Fünfergruppen, die für Themen wie „Charaktere", „Orte" und „Zeit" zuständig sind. Wann immer beim Schreiben später ein Problem auftaucht, eine Frage (zum Beispiel, ganz banal, zur Haarfarbe oder zum Alter einer bestimmten Figur), wird die Frage auf eine Karteikarte geschrieben und an einer Pinnwand im Klassenzimmer unter der Rubrik „Charaktere" aufgehängt. Die entsprechende Gruppe ist nun dafür zuständig, die Antworten auf die Karten zu schreiben und wieder aufzuhängen. So sind alle Details für alle Schüler und damit für alle Autoren sichtbar. Um die Übersichtlichkeit zu erhöhen, kann man farbige Karteikarten verwenden und bestimmten Themengebieten bestimmte Farben zuordnen.

6. **Schreiben:** Hier gehen wir wie beim Kurzgeschichten-Projekt vor. Eine oder zwei Schulstunden wird in der Schule geschrieben, der Rest ist Hausaufgabe. Dafür sollten den Schülern gewisse Zeiträume zur Verfügung stehen, diese sollten jedoch nicht zu lang sein, weil diese Zeit dann erfahrungsgemäß nicht genutzt wird – stattdessen verführen diese langen Zeiträume eher dazu, die Arbeit auf die lange Bank zu schieben.

7. **Diskussion und Überarbeitung:** Zwei oder drei der Kapitel werden im Plenum besprochen. Das ist meist sehr hilfreich, weil immer Fragen auftauchen, die für alle gelten. Das betrifft dann meistens die Figuren und ihre Merkmale oder bestimmte Orte oder die Reihenfolge bestimmter Ereignisse. Auch für diese Diskussionen sollte genügend Zeit gegeben werden. Anschließend wird eine Schreibkonferenz durchgeführt und ein Schreibmarkt.
Nachdem die notwendig gewordenen Änderungen verarbeitet und die Kapitel entsprechend geändert worden sind, führen wir eine zweite Schreibkonferenz durch, allerdings in stark abgewandelter Form. Die Tische im Raum werden dafür im Hufeisen oder im Rechteck angeordnet und die Schüler aufsteigend nach Kapiteln gesetzt. Kapitel 4 hat rechts Kapitel 3 neben sich und links Kapitel 5. Die Schüler müssen nun mit ihren Sitznachbarn die Kapitelübergänge abgleichen. So werden Dopplungen, Widersprüche und Brüche vermieden. Auch danach ist noch Zeit für Änderungen, bevor der Roman in die Benotung geht.
Während der ganzen Überarbeitungsphase wird im Klassenzimmer ein Ordner deponiert, in dem der gesamte Roman in Form von Ausdrucken abgeheftet ist, am besten in Klarsichtfolien. Jeder, der etwas nachsehen will, kann jederzeit darin lesen. So ist der Roman auch für alle Schüler omnipräsent, genau wie die Pinnwand mit den Detailfragen.

8. **Präsentation und Druck:** Es versteht sich von selbst, dass die Schüler, wenn sie schon einen Roman schreiben, danach auch einen Roman in den Händen halten wollen. Hier gibt es gute Angebote von Copyshops, je nach Umfang dürften die Kosten bei Spiralbindung ein paar Euro nicht übersteigen.

Komplette Lesungen sind natürlich nicht möglich, aber wir haben mehrmals Abende zur Romanpräsentation veranstaltet. Zwei Schüler führten als Moderatoren durch das Programm, vier oder fünf Kapitel wurden (teils komplett, teils ausschnittweise) vorgelesen, die Sprünge zwischen den Kapiteln von zwei Erzählern ergänzt. Diese Abende wurden von Freunden, Eltern und Verwandten der Schüler mit großem Interesse begleitet, außerdem von Lehrern, die von dem Projekt mitbekommen hatten und sich dafür interessierten. Auch eine Einbindung in Schulfeste oder Kulturabende ist gut möglich.

Arbeitsformen
▸ Plenum: Lesen der Grundlagentexte für die Übungen; Präsentation erster Ergebnisse; Diskussion der Form Roman; Diskussion der Handlungsstränge; Klärung der Details; Einteilung der Kapitel; Schlusspräsentation
▸ Einzelarbeit: Erste Übungen; Ideenfindung; Schreiben; Überarbeiten
▸ Gruppenarbeit: Diskussionen zur Ideenfindung; Schreibkonferenz; Recherchegruppen zu bestimmten Themen; Gruppenarbeiten zu Kapitelübergängen

Vor- und Nachteile
Ein Klassenroman ist eine sehr aufwendige Projektform, bei der viel zu beachten ist und viele Arbeitsschritte aufeinander folgen. Außerdem ist mehr Zeit erforderlich als bei jedem anderen Literaturprojekt, das wir regelmäßig durchführen. Trotzdem überwiegen unserer Meinung nach die Vorteile. Denn die Dynamik,

die sich bei dieser Arbeit in einer Klasse entwickeln kann, ist sehr groß. Und das Ergebnis ist am Ende ein Gemeinschaftsergebnis, etwas, das man auch Jahre später noch in Händen halten kann.

Erfahrungen

Auch wenn wir zu Beginn teilweise auf großes Misstrauen gestoßen sind, bei Lehrern wie bei Schülern, verlief bislang jedes unserer Romanprojekte erfolgreich. Wir wollen nicht behaupten, dass wir immer hundertprozentige Euphorie ausgelöst haben. In fast jeder Klasse gibt es einen oder zwei Schüler, die partout nicht mitarbeiten wollen und am Ende kein Ergebnis abliefern. Aber diese Lücken waren im Gesamtergebnis zu verschmerzen.

Das eigentlich Erstaunliche war durchweg etwas anderes: Bei den Abstimmungen über die zugrunde liegende Handlung des Romans haben die Schüler fast nie nach Personen abgestimmt, sondern immer nach Ideen. Das war keine Einzelerfahrung, sondern die Regel. Dass eine bestimmte Idee von einem selbst kam, verlor spätestens dann an Bedeutung, wenn eine Idee auftauchte, die man als besser empfand. Diese uneitle Anwandlung der Schüler gefällt und imponiert uns in höchstem Maße.

5.2 Text- und Fotoprojekte

Wir erweitern nun das Arbeits- und Aufgabenspektrum um das Medium der Fotografie. Einige technische und theoretische Handreichungen dazu haben wir ja bereits in Kapitel 4 gegeben. Jetzt wollen wir Ihnen konkrete Beispiele für Unterrichts- und Projektformen vorstellen, mit denen Sie Text und Bild kombinieren können.

Die beiden Beispiele unterscheiden sich vor allem darin, wer fotografiert bzw. was und wer fotografiert werden. Bei einer Variante („Das Ich", Kapitel 5.2.1) fungieren die Schüler als Objekte der Fotografie, während sie bei der „Enzyklopädie" (Kapitel 5.2.2) selbst den Auslöser betätigen und auf freie Motivsuche gehen. Doch ganz gleich, welchen Weg man einschlägt: Am Ende entscheiden die Schüler selbst, welche Texte sie mit welchen Bildern assoziieren und kombinieren. Beide Medien sollen sich gegenseitig ergänzen und erweitern – anstatt sich zu erklären oder in Konkurrenz zueinander zu stehen.

5.2.1 Das Ich – Innen- und Außenansichten
Was verstehen wir darunter?

In dieser Projektform agieren Sie als Fotograf, falls Sie keinen externen Fotografen mit dieser Aufgabe beschäftigen. Die Grundidee besteht nämlich darin, die Schüler zu portraitieren, und zwar jeweils zwei Mal: einmal mit offenen, einmal mit geschlossenen Augen.

Erst im zweiten Schritt werden Texte geschrieben. Schüler ordnen dann den Bildern entweder Texte aus den zuvor geschriebenen Übungen zu oder lassen sich von ihnen direkt zu neuen Texten inspirieren.

Das Projekt fordert Schüler doppelt heraus: Erstens in der ungeschminkten Art und Weise, wie ihre Gesichter fotografisch dargestellt werden (das erläutern wir im Folgenden ausführlich). Zweitens durch das Ergebnis, das die Gesichter für den Betrachter/Leser deutlich sichtbar werden lässt. Sich im Poetischen, also hinter einem Text zu verstecken, ist hier nicht möglich.

Für die Teilnehmer selbst besteht die Herausforderung darin, sich auf bildliche und schriftlich-poetische Weise mit sich selbst zu beschäftigen und hinter die eigene Oberfläche zu dringen, ohne sie dabei jemals außer Acht zu lassen.

Curriculum

Die Arbeit mit dieser Projektform verlangt ein wenig technische Kenntnis und Vorbereitung, was den Umgang mit der Fotografie anbelangt. Beides werden wir Ihnen liefern. Zunächst jedoch ein Überblick über die Arbeitsschritte.

1. **Fotos:** Von allen Schülern werden je zwei Fotos gemacht, eines mit geschlossenen, eines mit offenen Augen. Dies nimmt erfahrungsgemäß sehr viel Zeit in Anspruch. Deshalb bietet es sich an, sollten Sie mit einem externen Fotografen zusammenarbeiten, diese erste Phase mit der zweiten zu kombinieren. Fotografieren Sie selbst, ist darauf zu achten, die Klasse beim Schreiben nicht allein zu lassen. In diesem Fall wäre es tatsächlich erforderlich, zu zweit zu arbeiten.

2. **Schreiben 1:** Cut-up, Imitation: Eich oder Brecht, Automatisches Schreiben, Listen und/oder Träume und Frischs Fragebogen – Arbeit mit den Übungen, die wir auch im Projekt „Kurztext" (Kapitel 5.1.1) einsetzen und im Kapitel 1 beschrieben haben. So können die Schüler in recht kurzer Zeit verschiedene Texte verfassen, während gleichzeitig fotografiert wird.

3. **Verteilung von Fotos:** Alle Schüler bekommen Ausdrucke von ihren beiden Portraits. (An dieser Stelle entsteht meist eine gewisse Unruhe im Klassenzimmer. Man sollte die Schüler gewähren lassen – schließlich werden sie möglicherweise mit völlig neuen Ansichten über ihre eigenen Gesichter konfrontiert.)

4. **Schreiben 2:** Die Schüler schreiben weitere Texte. Hierbei lassen sie sich entweder von den Fotos inspirieren oder arbeiten an Texten weiter, die während der ersten Schreibphase entstanden sind.

5. **Überarbeitung und Zuordnung:** Jedem der beiden Bilder wird nun jeweils ein Text zugeordnet. Dieser Prozess sollte moderiert werden, das heißt entweder in Gruppengespräche oder – exemplarisch – im Plenum. Die ausgewählten Texte sollten überarbeitet werden.

6. Präsentation / Ausstellung: Als Präsentationsrahmen für diese Projektart bietet sich entweder eine Lesung mit Beamer-Projektion oder eine Ausstellung an. Details für beide Formen finden Sie in Kapitel 6.

Die Fotos: Persönlichkeit und Reduktion

Dass es sich dabei um Momentaufnahmen handelt – bei den Bildern ebenso wie bei den Texten – ist selbstverständlich.

Zur Philosophie dieses Projektes gehört, dass alle Teilnehmer ähnlich gekleidet sind, dass sie schmucklos, ohne Make-up oder modische Attribute abgelichtet werden. Dadurch wird eine soziale und geschlechtliche Gleichstellung evoziert: Im Mittelpunkt steht der Mensch.

Es ist die Abwesenheit aller Elemente, die uns sonst voneinander unterscheiden oder uns in einen bestimmten geografischen, zeitlichen und sozialen Rahmen einordnen, die die Besonderheit dieser Fotografien ausmacht.

Die Neutralität und die zeitlose Darstellung werden erreicht durch
- Die Einordnung in einen Nicht-Ort, unterstützt durch einen neutralen Hintergrund
- Die Wahl der Zentralperspektive, um den Blickwinkel von Betrachter und Betrachtetem gleich zu stellen
- eine zusätzliche farbliche Reduzierung durch Schwarzweiß-Aufnahmen
- neutrale Kleidung der Schüler (z.B. ein weißes Rundhals-T-Shirt ohne Aufdruck)
- Weglassen von auffälligem Schmuck wie Halsketten oder große Ohrringe
- Verzicht auf Make-up (wenn unbedingt nötig, dann Minimal-Make-up)

Die Fotos der Jugendlichen spiegeln zwei Bewusstseinszustände wieder, wobei das Bild mit geschlossenen Augen für den Einzelnen ein unbekanntes ist und so eine neue Perspektive des Ich aufzeigt. Außerdem bietet nur die Fotografie, im Gegensatz zum Spiegelbild, eine reale Abbildung des Äußeren.

Technische Tipps für gelungene Porträtaufnahmen

- Raum: Suchen Sie sich einen ruhigen Raum mit einer freien Wand ohne Poster und Lichtschalter, in dem sich die Fenster nur auf einer Front (gegenüber der Wand) befinden, damit kein Seitenlicht die Aufnahme zunichte macht. Direkter Sonneneinfall ist zu vermeiden.
- Hintergrund: Der Hintergrund sollte neutral und homogen (also ohne Struktur wie Raupputz etc.) und weder zu hell, noch zu dunkel sein. Am besten ist eine weiße Wand.
- Lichtquelle: Vorgesehen ist nur eine Lichtquelle. Bewährt hat sich ein großes Fenster im Rücken des Fotografen, so kommt das Licht frontal und mittig auf die Person, die fotografiert werden soll.

▶ Stativ: Verwenden Sie ein Dreibeinstativ mit Mittelsäule, um Größenunterschiede der Schüler mühelos ausgleichen zu können. Die Person sollte drei Meter von der Wand entfernt stehen, zwischen Kamera und Person sollte ein Abstand von zwei Metern sein.

▶ Kamera: Richten Sie die Kamera im Querformat gerade aus: Waagerechte und Senkrechte müssen im Wasser sein. Nicht nur Perfektionisten benutzen dafür eine kleine Wasserwaage. Stellen Sie an der Kamera die Auflösung auf „Maximum" ein. Falls vorhanden, können Sie gleich im Menü den Schwarz-Weiß-Modus aktivieren. Die Schwarz-Weiß-Konvertierung kann später aber auch das Bildbearbeitungsprogramm auf Ihrem Computer erledigen. (Bei analogen Kameras verwendet man S/W-Filme mit mindestens 400 ASA.)

▶ Testbild und Bildausschnitt: Nun können Sie ein Testbild am lebenden Objekt machen. Um einen Bildausschnitt festzulegen, zoomen Sie das Objekt heran, bis der Bildausschnitt knapp über dem Kopf und dem unteren Rand des T-Shirt-Ausschnittes aufhört. Achten Sie darauf, dass Sie weder Kopf noch Ausschnitt anschneiden. Sollte die Leistung des Zooms nicht ausreichen, gehen Sie einen Schritt auf den Schüler zu. Sie haben nun den Aufbau nach vorne verlagert, vergessen Sie also nicht, eventuell die Höhe am Stativ neu einzustellen und den Bildausschnitt zu korrigieren. Machen Sie ein Testbild am lebenden Objekt. Während der gesamten Aufnahmen darf der Standort des Stativs nicht mehr verändert werden, sonst bekommen Sie so viele verschiedene Bildausschnitte und Hintergründe, wie Sie Schüler in der Klasse haben.

▶ Aufnahme: Jetzt wird es ernst. Sie sind mit dem Schüler allein. Die Tür ist geschlossen und damit das auch so bleibt, hat ein Zettel mit der Aufschrift „Bitte nicht stören" wertvolle Dienste geleistet. Der Schüler steht bequem, verteilt sein Gewicht gleichermaßen auf beide Beine. Die Arme sind hinterm Rücken locker verschränkt. Der Schüler richtet seinen Blick nur ins Objektiv Ihrer Kamera und nicht aus dem Fenster. Es sind immer zwei aufeinander folgende Aufnahmen zügig zu realisieren: die erste mit offenen Augen, dann sofort die zweite, bei der der Schüler – ohne sich zu bewegen – die Augen schließt. Diese Zweierkombination wird mehrmals in der gleichen Reihenfolge wiederholt. Eine neutrale Mimik ist entscheidend. Bitte nicht lächeln! Diese Bilder sind nicht für Großmutters Geburtstag oder ein soziales Netzwerk gedacht. Wir wollen ernsthaft mit ihnen arbeiten. 1. Tipp: Bevor wir mit dem Fotografieren beginnen, stellen sich die Schüler der Größe nach auf (und merken sich diese Reihenfolge!). Das sorgt nicht nur für Gekicher und Radau, sondern hilft Ihnen ganz konkret, dass Sie Ihr Stativ nicht permanent noch oben und unten fahren müssen, sondern lediglich in eine Richtung. 2. Tipp: Um glänzende Stellen zu vermeiden, verwendet man farbneutralen Puder. Bewährt hat sich mattierendes Einweg-Puderpapier, das viel hygienischer ist als ein Pinsel.

▶ Bildauswahl: Nun sind die Bilder im sprichwörtlichen Kasten und müssen sortiert werden. Suchen Sie jeweils das Bild aus, auf dem der Blick des Porträtierten die höchste Präsenz aufweist und wählen das gleich darauf folgende Bild mit den geschlossenen Augen. Die nicht ausgewählten Bilder werden – der Übersicht halber – in einem neuen Ordner archiviert. Zur Archivierung und Weiterverarbeitung hilft eine Beschriftung der Dateien.

▶ Letzter Schritt: Technisch Versierte und Liebhaber des Perfekten passen nun den Kontrast an, beschneiden die Bilder zum Quadrat und prüfen, ob der Kopf (senkrecht) in der Mitte platziert ist.

Arbeitsformen

▶ Plenum: Lesen der Grundlagentexte für die Übungen; Präsentation erster Ergebnisse; Diskussion von Text-Bild-Zuordnungsbeispielen; Schlusspräsentation

▶ Einzelarbeit: Schreiben; Zuordnen; Überarbeiten

▶ Sonstiges: Fotografie, eventuell externer Fotograf

Leonie, Gymnasium, 18 Jahre

 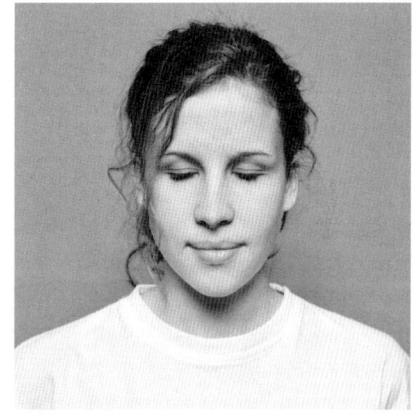

neulich ging die sonne
im westen auf
und weil das nicht sein kann
glaubte ich es nicht

heute ist pause
die erde dreht sich
auch ohne mitgefühl

Vor- und Nachteile

Sollten Sie sich für ein Bild-Text-Projekt nach diesem Vorbild entscheiden, werden Sie um einigen zusätzlichen Aufwand nicht herum kommen. Zu nennen sind vor allem die Rahmenbedingungen (abdunkelbarer Raum mit neutralem Hintergrund) und die technische Ausrüstung (eine passable Kamera, Stativ, eventuell Bildbearbeitungsprogramm). Dazu ist es unerlässlich, sich im Vorfeld zumindest ansatzweise inhaltlich mit der Portraitfotografie auseinanderzusetzen. Ratsam ist, im Freundes- oder Familienkreis zu üben. Technische Schwierigkeiten sind im Angesicht einer 30-köpfigen Schulklasse meistens ein Stressfaktor, den man sich gern erspart.

Für all das wird man jedoch meist mehr als entschädigt, wenn man am Ende sehr persönliche und sehr ansehnliche Portrait-Text-Kombinationen in Händen hält. Gerade weil dies so ist, ist dieses Projekt vor allem für Schulklassen geeignet, zu denen man eine Vertrauensbasis aufgebaut hat.

Erfahrungen

Vor allem die Konfrontation mit den Porträts ist für viele Jugendliche ein besonderer Moment. Die meisten haben sich noch niemals auf diese Weise selbst betrachtet. Ungeschminkt und ohne Posen, schmucklos und nüchtern, distanziert und nah zugleich, geradlinig und ehrlich. Aus einer Perspektive und unter Umständen, die kein Spiegel jemals erlaubt.

Bei unseren ersten Werkstätten dieser Art war anfängliches Zurückweichen vor dem Porträt keine seltene Reaktion. Nach all den Casting-Shows („Ich habe heute kein Foto für Dich") ist sie mittlerweile einem freudigen Überraschtsein gewichen. Dennoch braucht der ein oder andere Schüler eine gewisse Zeit, um sich mit dem anzufreunden, was er plötzlich von sich sieht. Entsprechend ehrlich, unmittelbar und intensiv sind die Texte, die im Verlauf dieses Prozesses entstehen.

Die Unmittelbarkeit und die Ehrlichkeit von Text und Bild üben eine große Faszination aus und zeigen außerdem neue Formen von Kommunikation. Diejenige, die zwischen den Jugendlichen und ihren Bildern abläuft und diejenige, die sich zwischen den Text-Bild-Paaren und dem Betrachter entwickelt.

5.2.2 Literarische Enzyklopädie

Enzyklopädie, literarische (von griechisch kyklos „Kreis" und paideía „Bildung"): Die literarische Enzyklopädie ist eine Spielart mit dem Begriff und Vorhaben der Enzyklopädie und gehört damit in den Bereich der Lexikofiktion.

> Als alphabetische Lexika strukturiert sind viele Bücher, aus denen zwar Informationen bezogen werden, die aber doch eher zur Unterhaltung als aus praktischen Motiven gelesen werden, bzw. die eher im weiteren Sinn ästhetische als zweckorientierte Interessen ansprechen. Allerdings sollte man das Informative, Sachbezogene, Zweckmäßige auf der einen, das Belle-

tristische, Literarische oder Unterhaltende auf der anderen Seite hier gerade nicht als antagonistisch betrachten. Vielmehr stellen ja gerade die Werke der informativen Belletristik oder Lexikofiktion ein Übergangsphänomen, einen Brückenschlag dar (…)

(Schmitz-Emans, www.actalitterarum.de/theorie/mse/enz/enzb01.html, abgerufen am 4.08.2012)

Was verstehen wir darunter?

Keine Angst! Wir werden Ihnen kein Projekt mit der Zielsetzung vorstellen, den gesamten theoretischen und praktischen Wissensstoff unserer Zeit darzustellen, so wie eine Universalenzyklopädie das tut. Im Gegenteil. Unsere Version ist voller Subjektivität, Unwahrheiten und Fehler.

Wir bedienen uns lediglich der Form solcher Enzyklopädien, die wir vermutlich alle in unseren Regalen stehen haben. Diese Form bezieht sich auf das Layout sowie hin und wieder auch auf sprachlich-stilistische Eigenheiten eines Lexikons. Einige der Artikel sind Bild-Text-Einheiten, bei denen die Fotografien jedoch keine illustrierende Funktion wie im „echten" Lexikon innehaben, sondern als eigenständige Beiträge wirken, ergänzend oder kontrapunktisch. So können mehrere Assoziationen zu den einzelnen Begriffen in Text und Bildform herausgearbeitet werden. Ein doppelter Boden, den die Schüler mit Spaß zu bespielen wissen.

Die literarische Enzyklopädie kann alphabetisch oder systematisch angelegt sein, es gibt Querverweise zwischen den einzelnen Artikeln, die Texte sind experimentell, fragmentarisch, subjektiv: Gedankensplitter, Kürzestgeschichten – Miniaturen aller Art „mit vorzüglicher Rücksicht auf die gegenwärtigen Zeiten" wie Renatus Gotthelf Löbels *Conversationslexicon* von 1796 mit vollständigem Titel lautet.

Das fiktive Lexikon kann Teil eines literarischen Textes sein. Schriftsteller wie Jonathan Safran Foer (*Alles ist erleuchtet*) oder Jorge Luis Borges haben so gearbeitet. Oder aber ein literarischer Text übernimmt die Struktur eines Lexikons. *Das kleine Lexikon der Provinzliteratur* (2005) von Pedro Lenz spielt mit diesem Format, präsentiert dem Leser 100 fiktive Schweizer Schriftsteller und nimmt dabei den typischen Literaturbetriebsjargon auf die Schippe. Ein anderes Beispiel für die sogenannte informative Belletristik ist *Bedeutende Objekte und persönliche Besitzstücke aus der Sammlung von Lenore Doolan und Harold Morris*, eine Liebesgeschichte, die die Autorin Leanne Shapton als Auktionskatalog mit Bildern und Texten konzipiert und gestaltet hat.

Curriculum

1. Begriffsklärung: Der Begriff *Enzyklopädie* wird in seinem (ursprünglichen) Sinn und Zweck erklärt, meistens haben wir einige Ansichtsexemplare dabei, vor allem Denis Diderots *Die Welt der Encyclopédie* (Hg. von Anette Selg und Rainer Wieland. Eichborn Verlag 2001), ein Beispiel, das besonders gut zeigt, wie kreativ man mit dem Begriff des Lexikons umgehen kann – und das bereits im 18. Jahrhundert.

2. **Themensuche:** Jeder Schüler wählt ein Thema aus und notiert sich dazu Stichwörter. Hier kann auch das sogenannte „Cluster" angewandt werden: Für die Ideenfindung wird zu einem Begriff schnell und assoziativ Stichwort an Stichwort gereiht. Auf die Themen Cluster und Mind-Mapping gehen wir an dieser Stelle nicht weiter ein, die Vorgehensweise ist in der Regel hinlänglich bekannt. Wer an dieser Methode Gefallen findet oder mehr wissen möchte, kann bei Gabriele Rico nachlesen, die sich in ihrem Ratgeber *Garantiert schreiben lernen* ausführlich mit diesem Gegenstand beschäftigt.

3. **Einführung in der Bildgestaltung:** Vortrag mit den in Kapitel 4 vorgestellten Grundprinzipien.

4. **Schreiben:** Übungen wie Automatisches Schreiben, Imitation (nach dem Vorbild der *Inventur* von Günter Eich) thematisch passend zum jeweils vorher gewählten Oberbegriff, Frischs Fragebogen oder Listen.

5. **Bildredaktion und Zuordung:** Erste Gegenüberstellung von Texten und Fotos. Hier sondiert sich, welche Bilder mit welchen Texten kombiniert werden, an welchen Texten weitergearbeitet wird oder ob neues Material fotografiert oder getextet werden muss.

6. **Abstimmung Enzyklopädie:** Das Plenum bestimmt, ob die Enzyklopädie eine alphabetische oder systematische Anordnung bekommt und erarbeitet Querverweise zwischen den einzelnen Texten. Hierzu sollten alle Teilnehmer von allen Texten Kenntnis haben und ihre Vorschläge einbringen.

7. **Präsentation:** Um Texte und Bilder als Enzyklopädie zu präsentieren, werden sie einem Lexikon-Layout angepasst und anschließend in einer Zeitschrift oder einem Fanzine veröffentlicht (siehe Kapitel 6).

Arbeitsformen
▸ Plenum: Klärung der Begrifflichkeiten; Lesen der Grundlagentexte für die Übungen; Präsentation erster Ergebnisse; Diskussion und Klärung der enzyklopädischen Ordnungsprinzipien; Schlusspräsentation
▸ Einzelarbeit: Schreiben; Fotografieren; Text-Bild-Kombination, Überarbeiten

Vor- und Nachteile
Beide Elemente des Projekts, Text und Bild, lassen sich mit relativ geringem technischem Aufwand herstellen. Selbst mit Smartphone-Fotografie kann gearbeitet werden, je nach Umsetzung kann dies sogar einen eigenen Charme entwickeln. Wir haben bei dieser Form früher gern mit Einwegkameras gearbeitet, und auch diese Qualität war ausreichend.

Die Herausforderung besteht allerdings darin, aus den vielen kleinen Teilen textlicher und bildlicher Art ein großes Ganzes zu formen. Der einfachste Weg ist

---

Absprung   **Außergewöhnlich**

dem Hahn, jeden Tag.
Ja Mama, das ist mein Alltag.

A

Absprung Rettungsringe gibt es keine. Schon als
das Schiff aus dem Hafen gefahren, ist waren die
Rettungsringe verschwunden. Trotzdem habe ich die
Matrosen überredet, mitzukommen.
Jetzt wird mir auch bewusst, dass es ein Fehler war
dem Kapitän zu folgen. Das Schiff sinkt langsam. Wir
können versuchen abzuspringen.
Über die Reling. Einfach die Grenze zwischen Schiff
und Wasser überwinden. Wenn alle gemeinsam springen, haben wir vielleicht eine Chance an Land zu
schwimmen.
(sab)

Akzeptieren – weitergehn

Leuchtturm der Umwelt
gegen den Strom
mit der Natur

(kawei)

Arbeitshose Hier ist eine Hose, Farbe grau, 6 Taschen.
Linke Tasche: Ein Schlüsselbund mit Schweizer
Taschenmesser, ein Feuerzeug.
Rechte Tasche: Enthält ein Feuerzeug, wer glaubt es
denn? Ein Schweizer Taschenmesser, dies ist die rech-
te Tasche, ja ich weiß, zwei Spaxschrauben 5 x 50 mm
VA.
Rechte Hintertasche: Ein Teppichmesser mit neuer
Klinge, lang lebt sie nicht.
Linke Hintertasche: Viel Luft, sonst nichts.
Linke Beintasche: Sommerhandschuhe, eine Bitbox
mit 10 Bits und Bithalter dazu
Zollstocktasche: Ein Zollstock, schlechter Zustand.
Ein Bleistift, 4 mal gespitzt.
(ala)

Auge Es schläft nie. Doch du merkst es nicht.
Nachts versteckt es sich. Doch es schläft nie.
Auch wenn du glaubst es geht zur Ruh. Es schläft nie

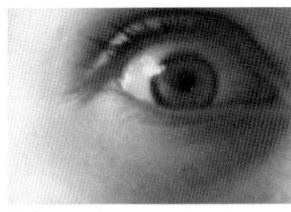

Speerspitzen des Fortschritts
sind sie auch scharf?
Wellenbrechende Eleganz auf freiwilligen Füßen

(anger)

(deni)

Alltag Zahnpasta auf der Armatur, schon wieder. Haare
im Waschbecken, wie immer. Duschgel offen, ist schon
Tagesordnung. Handtuch nicht ordentlich aufgehängt,
wie jeden Morgen. Haare in der Bürste, meistens Kleider
neben dem Wäschekorb, ganz klar. Wasserspritzer auf

Außergewöhnlich Alles ist wie am Anfang, nichts hat
sich verändert. Alles geht seiner Wege, langsam aber
stetig. Natur ist etwas Beständiges. Im Winter steht
alles so gut wie still, nur um im Frühling wieder mit

1

natürlich die alphabetische Ordnung. Klären Sie dies mit den Schülern bereits
frühzeitig ab, damit am Ende kein Chaos und keine Frustration entstehen.

Erfahrungen

Die meisten Schüler reagieren im ersten Moment erstaunt, wenn wir sie mit unserem Vorhaben konfrontieren, an einer literarischen Enzyklopädie zu arbeiten. Diejenigen, die den Begriff „Enzyklopädie" kennen, fürchten, ins Reich der Wissenschaft verschleppt zu werden. Die anderen gruseln sich vor einem weiteren fremden Begriff.

Bisher konnten wir die anfänglichen Bedenken noch immer zerstreuen. In der Art, wie wir mit dem Thema umgehen, finden Schüler viele Freiräume, die sie nach ihrem Gusto füllen können. Vor allem im Zusammenspiel mit der Fotografie sind mitunter sehr überraschende Kombinationen entstanden. Hier sollten die Schüler zum freien Denken ermutigt werden. Gefahr lauert unserer Erfahrung nach eher dort, wo der Begriff der Enzyklopädie allzu sachlich begriffen wird. Vorsicht geboten ist zum Beispiel, wenn sich Schüler Themen wie Drogen etc. annehmen. Daraus entstehen in der Regel keine literarischen Texte, sondern eher holprige, moralische Abhandlungen oder hilflose, weil (hoffentlich) nicht auf eigenen Erfahrungen basierende Schilderungen von dahinsiechenden Crystal-Meth-Wracks. Besser sind Oberbegriffe wie „Gegensätze", „Perspektiven" oder, wenn es denn unbedingt sein muss, wieder einmal „Liebe".

5.3 Projektbegleitung

Der Vollständigkeit halber wollen wir uns an dieser Stelle noch der projektbegleitenden Dokumentation seitens der Schüler widmen. Wir experimentieren hierbei ständig mit neuen Formen und Möglichkeiten. Auf große Begeisterung trifft dies in den seltensten Fällen, man sollte also diesbezüglich nicht zu viel erwarten. Und vor allem sollte der Fokus der Arbeit dem Hauptthema oder der Hauptform gelten. Wenn es darüber hinaus vereinzelte Dokumentationserfolge gibt – umso besser.

5.3.1 Notizbuch

Zu Beginn eines jeden Projekts ermutigen wir die Schüler dazu, ein Notizbuch anzulegen und ganz bewusst alles aufzuschreiben, was im Alltag geschieht und normalerweise sofort wieder in Vergessenheit gerät. Träume, Dialoge, die man im Schulbus hört, Gedanken, Ideen.

Dieses Buch wird zum Beispiel bei den Außenrecherchen eingesetzt, die wir im Kapitel 2 als Übungen vorgestellt haben. Da wir inzwischen wissen, dass nur wenige Schüler solche Notizbücher darüber hinaus einsetzen, führen wir manchmal zu Stundenbeginn kleine Aufwärmübungen damit durch. Mögliche Aufgaben:

▶ Beschreibe die drei wichtigsten Gegenstände in deinem Zimmer und erzähle, wie oder von wem du sie bekommen hast.

▶ Was sind die letzten fünf Träume, an die du dich erinnern kannst?
▶ An welchen Ort möchtest du gern einmal reisen? Was erwartet dich dort?

Dabei sollen keine Aufsätze entstehen, sondern spontane Assoziationen. Deshalb ist eine Zeitvorgabe sinnvoll.

5.3.2 Tagebuch

Projekt-Tagebücher lassen wir nur von sehr erfahrenen und schreibkundigen Schülern anfertigen. Darin soll beschrieben werden, wie man sich bei bestimmten Übungen gefühlt hat und wie bestimmte Arbeitsprozesse abgelaufen sind.

Ein solches Tagebuch fügt dem literarischen Schreiben quasi eine Metaebene hinzu und wird für gewöhnlich nur von Profi-Schriftstellern geführt.

5.3.3 Mappe

Viel einfacher durchzusetzen ist in einer Schulklasse eine Projektmappe. Darin werden Notizen, Aufgabenblätter, Handschriften und Ausdrucke verschiedener Versionen eines Textes gesammelt. So ist später nachvollziehbar, welche Stationen ein bestimmter Text bis zu seiner Vollendung genommen hat.

6 In die Welt schreiben – Präsentationsformen

Jahrelang reiste
eilig das Licht dieses Sterns.
Nun trifft's bei mir ein.

Josef Guggenmos

6.1 Der richtige Weg zum Publikum

Wenn schon ein Literaturprojekt, dann auch richtig. Nach diesem Grundsatz führen wir unsere Werkstätten in aller Regel durch. Konkret heißt dies: Wir setzen nicht nur literarische Methoden und Übungen ein, durchlaufen nicht nur den üblichen Prozess, der zur Vollendung eines Textes nötig ist.

Am Schluss, wenn die Texte vollendet sind, wollen wir darüber hinaus die Tür des Klassenzimmers öffnen und die Ergebnisse einem Publikum zugänglich machen. Soll doch niemand denken, man habe sich die Arbeit mal wieder nur gemacht, um am Ende eine Schulnote dafür zu bekommen.

Für welche Form wir uns dabei entscheiden, hängt von einer Reihe von Faktoren ab. Die Art der Ergebnisse spielt dabei genauso eine Rolle wie Budget und zeitlicher Aufwand. Alle diese Faktoren lassen sich frühzeitig einschätzen – und frühzeitig sollte man auch damit beginnen, sich darum zu kümmern.

Denn ist von Schülerseite einmal die Frage gestellt, was denn nun über die Benotung hinaus mit den Texten geschehe, sollte man eine Antwort parat haben. Und die Frage ist berechtigt. Denn Literatur ist nun einmal Kommunikation mit einem Leser oder Zuhörer. Bei der Fotografie kommt dazu noch der Zuschauer.

Wir haben im Lauf der Jahre mit allen denkbaren Präsentations- und Veröffentlichungsformen gearbeitet und hatten dabei die unterschiedlichsten Budgets zur Verfügung. Natürlich wissen wir, dass mit dem entsprechenden Finanzpolster grundsätzlich alles möglich ist. Wir wissen aber auch, dass dieses Finanzpolster in der Realität nicht so häufig anzutreffen ist, wie man sich wünschen würde. Geringe finanzielle Möglichkeiten sollten jedoch keine Ausrede sein, überhaupt nichts zu machen. Das Meiste lässt sich auch mit geringen Kosten verwirklichen.

In diesem Kapitel stellen wir vier Präsentationsformen vor, mit denen wir gearbeitet haben. Wir zeigen, in welchen Fällen sie sich besonders anbieten, aber auch, welcher Aufwand ungefähr mit ihnen einhergeht.

Eines ist uns wichtig: Auch wenn es sich lohnt, frühzeitig über mögliche Präsentationsformen für ein Literaturprojekt nachzudenken, sollte man immer mit Bedacht planen. Dies gilt vor allem dann, wenn man noch niemals ein vergleichbares Projekt durchgeführt hat und den Gesamtaufwand sowie das Gesamtergebnis noch nicht einschätzen kann. Es ist ärgerlich, wenn man einen großzügigen Sponsor für ein in Leinen gebundenes Buch auftut, am Ende aber mangels Text kein Buch veröffentlichen kann. Bei der Planung von großen öffentlichen Leseveranstaltungen sollte man sich darüber hinaus mit den Schülern abstimmen. Schließlich sind sie es, die am Ende auf der Bühne ihre Texte präsentieren.

Ein Wort noch zum Vorlesen eigener Texte. Die Teilnehmer von Schreibwerkstätten, ob sie nun Schüler oder Studenten sind, sollten frühzeitig daran gewöhnt werden, ihre eigenen Texte vorzustellen. Dieser Vortrag hat eine doppelte Funktion. Zum einen zwingt er den jeweiligen Autor noch einmal, sich mit dem selbst verfassten Text auseinanderzusetzen – wenn ein Text gesprochen wird, treten bestimmte Stärken (oder Schwächen) oft noch einmal genauer zutage als stumm gelesen. Zum anderen wird dabei das Vertrauen in die eigenen Fähigkeiten gestärkt und auch Respekt bekundet. Natürlich sind diese Vorträge zunächst nur auf den Projektraum begrenzt, wo man sich auf Augenhöhe begegnet, weil schließlich alle an denselben Aufgaben und Übungen sitzen. Es ist selbstverständlich, dass man vorher gewisse Grundregeln festlegt – diese werden unserer Erfahrung nach meistens eingehalten. Wichtig ist auch, dass von Beginn an alle zu Wort kommen und die (vorgetragenen) Texte nicht ausführlich kommentiert werden. Auch in großen Klassen haben wir uns schon den Luxus gegönnt, jeden einzelnen Schüler ein Cut-up und eine Inventur vorlesen zu lassen. Später, wenn die Texte ausführlicher werden (soweit dies der Fall ist), ist dies natürlich nicht mehr möglich. Wir sind davon überzeugt, dass die Möglichkeit, den eigenen Texten frühzeitig eine Stimme zu geben, sich positiv auf das Verhältnis der Schüler zum Schreiben auswirkt. Dies kann dann zu Projektende, wenn es an eine „wirkliche" Öffentlichkeit geht, von Nutzen sein.

Auf eines sollten Sie noch achten: Schüler sollten nicht mit allzu Persönlichem an diese Öffentlichkeit gehen. In Kapitel 3 haben wir darüber bereits Einiges gesagt. Hier weisen wir noch einmal ausdrücklich darauf hin, weil Jugendliche in euphorischen Momenten manchmal dazu neigen, ein wenig zu viel zu offenbaren.

6.2 Buch

6.2.1 Einschätzung

Die Veröffentlichung eines Buches, sei es nun mit Ring- oder Klebebindung, ist immer dann angeraten, wenn das Projekt nach Vollendung besonders repräsentabel dargestellt werden soll oder wenn die Art der Ergebnisse dies sinnvoll erscheinen lässt. Bei einem Roman mit 30 Schülerkapiteln gibt es kaum eine Alternative. Für Erzählungen und Kurzgeschichten gilt dasselbe, da sie eine ähnliche Textmenge bedeuten.

Beim Roman kommt noch hinzu, dass er ein Gemeinschaftswerk einer Schulklasse darstellt. Diese Leistung wird durch eine Veröffentlichung, die man ins Regal stellen kann, noch unterstrichen. Unserer Erfahrung nach ist so etwas sehr gut fürs Gemeinschaftsgefühl.

Was bei einem Buch jedoch zu beachten ist, ist der erhebliche Aufwand, und das nicht nur in finanzieller Hinsicht. Einen 60- oder gar 100-seitigen Druck samt Bindung kann man nicht allein bewältigen, hier sind die Dienste eines Druckers oder gut ausgerüsteten Copyshops unumgänglich. Hier gibt es teilweise erhebliche Preisunterschiede, deshalb ist es angeraten, bereits frühzeitig vor Fertigstellung des Textes entsprechende Angebote und Kostenvoranschläge einzuholen.

Auch der Mehraufwand jenseits aller finanziellen Aspekte ist nicht zu unterschätzen. Wenn man den Charme und die Authentizität von Schülerfehlern nicht in den Vordergrund stellen will, ist ein ausgiebiges Lektorat unumgänglich, ohne die Tatsache aus den Augen zu verlieren, dass man es hier mit Schülern zu tun hat und nicht mit Profischriftstellern. Wir beschränken uns meist auf die Korrektur von Grammatik und Orthografie. Bei Neologismen oder stilistischen Ausrutschern sind wir hingegen fast immer großzügig.

Zu den Vorarbeiten gehört darüber hinaus ein durchgängiges Layout. Dies muss nicht immer vom Grafiker stammen (obwohl diese Variante selbstverständlich am meisten beeindruckt), darf aber auch nicht allzu dilettantisch daherkommen. Schließlich betreibt man den Aufwand eines Buchdrucks ja nicht, um im Innenteil mit Schludrigkeit zu glänzen. Gewisse solide Grundkenntnisse im Umgang mit Layoutprogrammen sind erforderlich. Hier können manchmal auch Schüler helfen. Einige von ihnen haben erstaunliche Kenntnis im Umgang mit solcher Software. Nur sollte man sicherstellen, dass man sich terminlich auf sie verlassen kann.

Ein Wort noch zur Auflage. Unserer Erfahrung nach haben die am Projekt beteiligten Schüler großes Interesse daran, Exemplare ihres Buches auch an Verwandte zu verschenken, namentlich sind dies meist die Großeltern. Und im Lehrerkollegium sowie in Schulfördervereinen gibt ein Buch eine gute Visitenkarte ab. Darauf sollte man bei der Festlegung der Stückzahl achten, ohne die Maximalkosten außer Acht zu lassen.

6.2.2 Überblick
Projektformen: Roman und Erzählung bzw. Kurzgeschichte
Umfang: ab 60 Seiten
Kosten: mittel bis hoch – je nach Einband, Umfang und Druckfarbe
Aufwand: Korrektorat, Layout

6.2.3 Checkliste
▸ Ringbindung oder Klebebindung
▸ Papierdicke und Umschlag
▸ Layout: Eigenbau oder Grafiker
▸ Format der Druckdaten mit Drucker klären
▸ Schwarzweiß, Zwei- oder Vierfarbdruck
▸ Lektorat bzw. Korrektorat
▸ Wichtig: Sind alle Namen korrekt geschrieben?

6.3 Zeitschrift und Fanzine

6.3.1 Einschätzung

Fanzines und Zeitschriften bieten den größten individuellen Gestaltungsspielraum, sowohl in Bezug auf den inhaltlichen als auch auf den layouterischen und finanziellen Rahmen. Zu Beginn unserer Werkstattarbeit haben wir mit unseren Teilnehmern fast immer Fanzines hergestellt.

Das Fanzine leitet sich etymologisch von „Fan" und „Magazine" ab und ist eine meist von Laien herausgegebene, im Copyshop produzierte Zeitschrift in kleiner, zuweilen sehr kleiner Auflage, die zum Selbstkostenpreis vertrieben wird. Seine Vorbilder kommen aus den USA, so die 1959 von Bob Kaufmann herausgegebene *Beatitude*. In Deutschland war das ab 1973 von Jörg Fauser, Jürgen Ploog und Carl Weissner verlegte *Gasoline 23* ein Vorreiter der literarischen Fanzine-Szene. Auch wenn viele dieser Zines über die erste Auflage nicht hinauskamen, wurden 1997 rund 400 unterschiedliche Zeitschriften herausgegeben[1].

Unsere Fanzines waren und sind selbst entworfene und schwarz-weiß kopierte Seiten, entweder im DIN-A4-Format zusammengeheftet oder zu DIN A5 gefaltet. Die Titelseiten sind sehr einfach und ebenfalls selbst gestaltet. Der Inhalt besteht mal nur aus Kurzprosa, mal kommen auch Collagen, Erzählungen und Fotos dazu. All das eben, was im Laufe eines Workshops entsteht und veröffentlichungswert erscheint.

In Fanzines steht nicht technische Perfektion im Vordergrund, sondern die Authentizität.

Solche Fanzines haben einen gewissen Charme. Nicht nur, weil sie sehr authentisch wirken, sondern weil sie der Workshoparbeit noch ein weiteres Gemeinschaftselement hinzufügen. Entwurf, Kopieren, Heften – all das findet nämlich in einer gemeinsamen Aktion statt. Und so können alle Schüler / Teilnehmer etwas mit nach Hause nehmen, wenn das Projekt zu Ende ist. Diese sehr einfache Variante ist meistens die einzige Veröffentlichungsmöglichkeit, wenn es kein oder nur ein sehr geringes Budget gibt.

Nur in den seltensten Fällen ist die Auflage höher als die Teilnehmerzahl (schließlich erhöht jedes weitere Exemplar die eigene Kopier- und Bindungszeit), deshalb kann man sich beim Korrektorat auf ein notwendiges Minimum beschränken.

Dies sieht dann schon wieder anders aus, wenn man sich für eine aufwendigere Art der Zeitschrift entscheidet. Auch hier existieren – wie beim Buch – nach oben keine Grenzen. Wenn man ein hochwertiges Papier wählt, es vierfarbig bedrucken und das Layout einen professionellen Grafiker übernehmen lässt, kann man am Ende eine sehr repräsentable Publikation vorlegen. Dafür fällt dann aber derselbe Lektoratsaufwand an wie beim Buch.

Weshalb sollte man sich dann überhaupt noch für eine Zeitschrift entscheiden, wenn man für denselben Preis auch ein Buch haben kann? Nun, weil eine Zeitschrift mehr Flexibilität bedeutet, was das Format anbelangt. Wenn man ein Projektergebnis hat, das einer gewissen grafischen Darstellung bedarf, wie zum Beispiel bei unseren Text-Fotografie-Workshops, kann man hier sehr interessante Layouts gestalten. Wir haben über die Jahre, mit den entsprechenden Budgets ausgestattet, mit vielen unterschiedlichen Materialien und Formaten gearbeitet. Angefangen vom DIN-A4-Format der Literaturhaus-Zeitschrift „Literatur machen" über das querformatig-kleine „wort/werk", der Publikation des „Hausacher Leselenz", bis hin zum „Ausdruck" (Literaturhaus Stuttgart), in dem die Ergebnisse unserer Text-und-Foto-Arbeit an der Förderschule veröffentlicht wurden.

Der Vorteil einer Zeitschrift ist, dass sie mit der eigenen Erfahrung und mit den Ansprüchen mitwächst. Das heißt, man kann sehr klein und in Fanzine-Manier beginnen und später, wenn sich die Projekte etabliert haben und sogar Sponsoren existieren, anspruchsvoller gestalten.

In der Zeitschrift *Literatur machen* wurden und werden Schülertexte aus den Werkstätten des Stuttgarter Literaturhauses veröffentlicht.

196

6.3.2 Überblick

Projektformen: Kurzgeschichte, Miniaturen, Collagen, Fotografie
Umfang: ab 4 bis 8 Seiten bis ca. 60 Seiten
Kosten: sehr niedrig bis sehr hoch
Aufwand: Korrektorat, Layout → je nach Bedarf und Budget

6.3.3 Checkliste

▸ Papierformat und -art
▸ Layout: Eigenbau oder Grafiker
▸ Druck: Kopieren oder Druckerei
▸ Schwarzweiß, Zwei- oder Vierfarbdruck
▸ Wichtig: Sind alle Namen korrekt geschrieben?

6.4 Bühnenpräsentation/Lesung

6.4.1 Einschätzung

Kommen wir nun von den mittelbaren Veröffentlichungen auf Papier hin zu den öffentlichen und unmittelbaren Präsentationen. Wir haben bereits eingangs einige Worte über das Vorlesen verloren. Jedoch beschränkten wir uns dabei auf das Vorlesen innerhalb der Projektklasse.

Hier soll es nun aber um richtige Veranstaltungen gehen. Veranstaltungen, die einen sichtbaren Schlusspunkt für ein Projekt darstellen und so den Schülern einerseits noch einmal die Möglichkeit geben, auf den Prozess zurückzublicken, den sie durchlaufen haben, andererseits mit dem Ergebnis vor ein Publikum zu treten.

Wie breit gefächert das Publikum sein soll, kann man selbst entscheiden und von der Situation und den Fähigkeiten oder den Wünschen der Schüler abhängig machen. Auch eine solche Veranstaltung kann nicht-öffentlich sein und trotzdem einen besonderen Rahmen bieten. Man braucht sich dafür nur einen bestimmten Termin und einen besonderen Platz oder eine besonderes Ambiente aussuchen, dann hat auch eine Lesung im kleinen Kreis etwas Besonderes. Wir haben zum Beispiel mehrmals mit Workshops in Lubovice in Polen Lesungen in der Eichendorff-Schlossruine veranstaltet, ohne Öffentlichkeit.

Ebenso haben wir Lesungen in Schulen durchgeführt, sowohl als Einzelveranstaltung als auch im Rahmen von Schulfesten, Kulturabenden oder Freundeskreis-Sitzungen. Die sicherlich größten Veranstaltungen mit bis zu 200 Gästen haben im Stuttgarter Literaturhaus stattgefunden, dort waren die Lesungen im allgemeinen Monatsprogramm ausgeschrieben.

Bei Bühnenpräsentationen von literarischen Klassenprojekten können die Schüler vor Verwandten, Lehrern und Mitschülern zeigen, was sie geleistet und erdacht haben.

Grundsätzlich sollte eine solche Veranstaltung in jedem Fall gut geplant werden. Das beginnt mit der Überlegung, welche der Ergebnisse man auf welche Weise darstellen kann. Bei Kurztexten mag es angehen, dass alle Schüler bei der Lesung zum Zug kommen. Aber bei Kurzgeschichten oder einem Roman wird dies in aller Regel nicht der Fall sein. Die Zeiten, in denen Lyrik-Lesungen drei Stunden dauern durften, sind ein für allemal vorbei. Viel länger als eine Stunde sollte man nicht planen, anderthalb Stunden sind für eine Lesung das absolute Maximum.

Ein externes Publikum braucht Ein- und Überleitungen in Form einer Moderation. Die Texte sollten in einen Zusammenhang gebracht werden, bei einem Roman, aus dem nur einige Kapitel gelesen werden, sollte die Grundhandlung vorgestellt und die Überleitung zwischen zwei Vorträgen dargestellt werden. Am besten machen dies Schüler. Und da Schüler in der Klasse manchmal den Mund sehr voll nehmen, aber oft gar nicht wissen, was es bedeutet, auf einer Bühne zu stehen, sind ausführliche Proben selbstverständlich. Technische Fragen sollte man abklären: Braucht man z. B. Mikrofon und Lautsprecheranlage? Im leeren Raum herrscht eine andere Geräuschkulisse, als wenn sich fünfzig Personen darin befinden.

Eine Lesung kann, mit allen Proben und organisatorischen Vorarbeiten, ähnlich aufwendig sein wie eine Publikation. In den meisten Fällen wird sich dieser Aufwand aber lohnen. Vor allem wenn Freunde, Verwandte und das Lehrerkollegium anwesend sind, können bei einer gut durchdachten und ausgeführten Lesung die Emotionen auf allen Seiten hochkochen – was mitunter zu unvergesslichen Nachmittagen oder Abenden führt.

6.4.2 Überblick

Projektformen: Kurzgeschichte, Miniaturen, Roman
Dauer: 60 bis 90 Minuten
Kosten: Raummiete bei externen Veranstaltungen, Einladungen und Werbung, Technik
Aufwand: Planung, Proben

6.4.3 Checkliste

▸ Texte auswählen und Dramaturgie festlegen
▸ Lesen üben
▸ Raum organisieren
▸ Moderationen planen
▸ Einladungen bzw. Plakate erstellen, verschicken, aufhängen
▸ Mehrere Probedurchläufe
▸ Mikrofon nötig? Extra-Mikrofon jeweils für Moderator und Lesenden?
▸ Soundcheck

6.5 Ausstellung

6.5.1 Einschätzung

Zu einer gelungenen Text- und Fotowerkstatt gehört auch eine gelungene Präsentation. Bei der Kombination von Literatur und Fotografie drängt sich eine Ausstellung geradezu auf.

Wenn Sie nun an die Städtische Galerie denken, dann ist das nur eine und nicht sehr wahrscheinliche Möglichkeit. Sie können vielmehr auch in einem Café, das von Schülern besucht wird oder gleich in der Mensa eine gelungene Ausstellung verwirklichen. Maßgeblich ist, überhaupt etwas in dieser Art auf die Beine zu stellen. Einzig der Rahmen sollte zum Projekt passen und Schüler bzw. deren Erziehungsberechtigte damit einverstanden sein.

Eine Ausstellung ist, wie die zuvor beschriebenen Präsentationsformen, nicht unbedingt eine Frage des Budgets. Auch mit einem schmalen Geldbeutel lassen sich gelungene Veranstaltungen realisieren.

Beginnen wir mit den beiden günstigsten Alternativen, zu der Sie lediglich einen Beamer oder einen großen Bildschirm benötigen. Die Fotos und Texte Ihrer Schüler sind also ausgewählt, in ein einheitliches Layout gebracht und werden über eine Beamerpräsentation in einer Endlosschlaufe „ausgestellt". Dabei können Bild und Text, falls letzterer nicht zu lang ist, auf einer „Seite" stehen. Oder Text und Bild werden abwechselnd projiziert: bei dieser Variante muss dem Betrachter genügend Zeit gegeben werden, Bild- bzw. Textinhalt zu erfassen. Wenn Ihre Schüler die Präsentation am Computer selbst zusammenstellen wollen, achten Sie auf minimalistisches Layout. Auf Techniken wie Überblendungen, plötzlich auftauchende Schriften, die spiralförmig wieder verschwinden und ähnliche

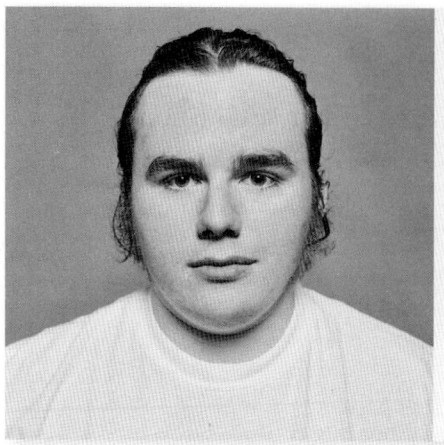

Animationen sollte verzichtet werden. Ferner sollte der Ausstellungsraum nicht zu hell sein, sonst wirken die Bilder blass und kraftlos, die Texte werden kaum zu lesen sein und das wäre nun wirklich schade.

Eine Modifikation dieser Variante wäre ein extra dafür eingerichteter Internetauftritt, sei es als Webpage oder als Blog. Im Internet gibt es dafür zahlreiche kostenlose und einfach zu bedienende Baukastensysteme. Der Vorteil bei dieser Präsentationsform liegt in der Aktualität und dem rund um die Uhr möglichen Zugang zu den Texten und Bildern. Allerdings müssen Sie, oder besser noch Ihre Schüler, auch dafür sorgen, dass die Seite immer auf dem neusten Stand ist.

Unser zweitgünstigster Vorschlag ist, Texte und Fotografien im Copyshop auf ein festes bzw. hochwertiges Papier, möglichst in DIN A2, auszudrucken. Inzwischen leistet der Digitaldruck erstaunlich gute Ergebnisse, wir haben das selbst ausprobiert. Davor müssen Text und Bild ein einheitliches Layout bekommen, d.h. Text und Bild werden sich gegenübergestellt. Ob Sie dies selbst tun oder einen Grafiker beauftragen, hängt von Ihren finanziellen Mitteln ab. Mit Clips bzw. Klemmen, die in Papier- oder Künstlerfachgeschäften bzw. über das Internet zu erhalten sind, lassen sich die Drucke unkompliziert und doch repräsentativ aufhängen.

Die edelste und leider auch teuerste Variante bedeutet, dass Sie Texte und Bilder in die Hand eines Grafikers geben, der alles so aufbereitet, dass Bilder und Texte zuerst gedruckt und dann auf Hartschaum- oder Alu-Dibond-Platten aufgezogen werden. Diese nicht ganz günstige Herstellungsweise haben wir für unser Projekt *Das Ich* gewählt, aber es hat sich nicht nur ästhetisch gelohnt: Die Objekte haben sechs Ausstellungen nahezu schadlos überstanden.

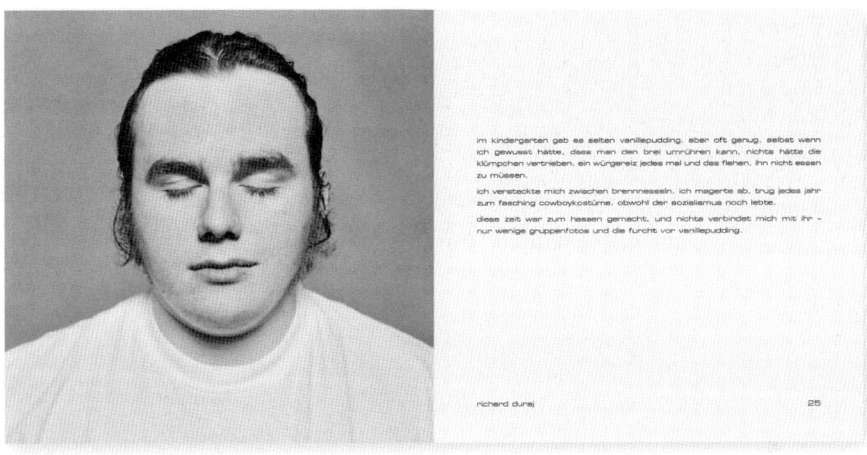

6.5.2 Überblick

Projektformen: Text-Bild-Objekte

Dauer: flexibel

Kosten: niedrig bis hoch, je nach Aufwand (Materialen wie Papier, Druckkosten, Grafiker etc.)

Aufwand: Layout, Ausstellung aufbauen, eventuell Einladungen und Werbung, Vernissage

6.5.3 Checkliste

▶ Texte auswählen und in ein einheitliches Layout bringen.

▶ Haben die Bilder eine genügend hohe Auflösung für den Druck?

▶ Ggf. Erlaubnis von den Eltern einholen, dass Porträts ihrer Kinder ausgestellt werden dürfen

▶ Layout: Eigenbau oder Grafiker

▶ Druck: Copyshop oder Druckerei

▶ Ausstellungsraum organisieren

▶ Wichtig: sind alle Namen korrekt geschrieben?

Anmerkung

1 Vgl. Reiffer, 1999, S. 96 ff.: „Fanzines stellen für die jeweilige Subkultur ein Stück Gegenöffentlichkeit dar. Im Gegensatz zur kommerziellen Presse sind Fanzines sehr persönliche Hefte, die an Gleichgesinnte verkauft werden. (…) Für die unterschiedlichen Szenen sind Fanzines Sprachrohr und Meinungsmacher zugleich. Sie informieren über die Aktivitäten der Szenen, bringen Diskussionen in Gang und versuchen, dem Leser bei der Lektüre auch noch einigen Spaß zu bereiten" (Kleiber zit. nach Reiffer, 1999 S. 96). Inzwischen hat sich die Fanzine-Szene mehr und mehr ins Internet verlagert und erreicht mit ihren Blogs und Webseiten ein sehr viel größeres Publikum.

7 Mehr schreiben – Ideen und Tipps

Hör nicht mit dem Lesen auf. Lesen als ein schöpferischer Akt ist selbst schon schreiben. Mitschreiben, Vorausschreiben, Nachschreiben, Umschreiben.
Michael Lentz

Mit unserem letzten Teil wollen wir dieses Buch abrunden. Als erstes stellen wir Ihnen eine Institution vor, die Ihnen organisatorisch und finanziell dabei hilft, einen Schriftsteller in Ihre Klasse einzuladen. Alle Tipps, die in den vorigen Kapiteln keinen Platz gefunden haben, listen wir in Kapitel 7.2 auf. Kapitel 7.3 weist Sie auf die Liste unserer Lieblingsbücher hin (die Liste steht als Download zur Verfügung (🧦). Diese Aufstellung ist kein Kanon, sondern eine sehr subjektive Auswahl und soll Lust aufs (Weiter-)Lesen machen.

Last but not least und weil es sich so gehört: Kapitel 7.4 enthält ein Verzeichnis aller in Kapitel 1–6 genannten Autoren bzw. deren Titel.

7.1 Autorenbegegnungen im Unterricht

Literatur lebt! – Autorenbegegnungen mit Kindern und Jugendlichen
Wie wichtig die Auseinandersetzung der Schüler auch mit Kinder- und Jugendliteratur im Deutschunterricht ist, ist unbestritten – und zwar ohne den oft zitierten erhobenen Zeigefinger, sondern als „leserzugewandte Literatur" (Abraham/Kepser, 2009, S. 147). Ausschlaggebend sind besonders folgende Gründe:

▸ ausgeprägter Leseanreiz (Spannung, Komik, Identifikationsmöglichkeiten);
▸ Bezug zu Erfahrungen und Interessen der Leserschaft;
▸ dosierter Schwierigkeitsgrad, der durch Typisierung von Figuren, Übersichtlichkeit des Personals und oft Einsträngigkeit der Handlungsführung Überforderung vermeidet;
▸ trotzdem Lernangebote in Richtung „Selbstsozialisation", Abbau von Vorurteilen und Identitätsbildung   (Abraham/Kepser, 2009, S. 147)

Da liegt es nahe, einen (Kinder- und Jugendbuch-)Schriftsteller in den Unterricht einzuladen. Die Landesverbände des Friedrich-Bödecker-Kreis e.V. vermitteln, organisieren und finanzieren seit vielen Jahrzehnten zusammen jährlich rund 6.000 Lesungen und Schreibwerkstätten an Schulen. Damit eine Lesung zu einem gelungenen und bleibenden Erlebnis wird, das Lust am Lesen und Selber-Schreiben weckt, sollten bei der Vorbereitung und Durchführung der Veranstaltung einige Details bedacht werden.

Eine rundum gelungene Lesung beginnt bei der richtigen Auswahl des Autors bzw. der Autorin. Hilfreich kann hierbei der Besuch der Internetseite des Friedrich-Bödecker-Kreises sein (www.boedecker-kreis.de), ein Gespräch mit Kollegen, die schon eine Lesung veranstaltet haben oder mit der örtlichen Bibliothek. Selbstverständlich darf bei der Auswahl die Zielgruppe nicht aus dem Blickfeld geraten: Nicht jeder Autor ist für jede Altersgruppe geeignet, manch ein Thema ist nur für eine Teilgruppe einer Klasse von Interesse.

Der Kontakt zum Autor sollte folgende Fragen bzw. Vereinbarungen beinhalten:

- Datum und Uhrzeit der Lesung
- Dauer der Lesung
- Honorar und Nebenkosten
- Thema: Sind Thematik und Schwerpunkte der Lesung dem Alter der Schüler angemessen und mit dem Autor vorher abgesprochen?
- Aus welchen Büchern liest der Autor?
- Benötigt der Autor besondere Hilfsmittel oder Materialien?
- Mikrofon/Leselampe/Beamer/Tageslichtprojektor/Raum zum Abdunkeln etc.
- Wie kommt der Autor an die Schule (Parkmöglichkeiten? Abholen vom Bahnhof?)
- Wird ein Hotelzimmer benötigt?

Die Vorbereitung einer Lesung jenseits der organisatorischen Details ist ausschlaggebend für den Erfolg und damit auch die Nachhaltigkeit der 90-minütigen Veranstaltung. Das bedeutet, nicht nur den Namen des Dichters oder der Schriftstellerin zu kennen, sondern eine Einführung in die Thematik durch die Lehrkraft bzw. durch Schülerreferate. Oft schreiben Klassen oder einzelne Schüler aber auch schon im Vorfeld Briefe oder E-Mails an die Autoren, leihen deren Bücher aus der (Schul-)Bibliothek aus oder bereiten Fragen vor. Jüngere Schüler basteln Lesezeichen oder malen Plakate.

Ungefähr eine Woche vor einer Lesung ist es üblich, nochmals mit dem Autor bzw. der Autorin Kontakt aufzunehmen, um letzte Einzelheiten zu klären.

Am Tag der Lesung selbst sollten möglichst keine Klassenarbeiten bzw. Klausuren vor und nach der Lesung stattfinden. Im Lesungsraum sind genügend Stühle vorhanden und der Raum steht für die gesamte Lesungsdauer zur Verfügung. Die Erfahrung zeigt, dass die Werkstattgespräche nach der Lesung oft ein paar Minuten länger dauern, daher ist ein flexibler Zeitrahmen von Vorteil. Lautsprecherdurchsagen, Umlauf, Handwerkerarbeiten und ähnliches können nicht nur eine Lesung, sondern auch eine Schreibwerkstatt erheblich stören, denn Literatur ist eine Angelegenheit, die vor allem Ruhe benötigt.

Nach der Lesung findet in der Regel das sogenannte *Werkstattgespräch* statt. Hier können Fragen gestellt werden, hier wird aus dem Nähkästchen geplaudert. Eine Befragung des Friedrich-Bödecker-Kreises Baden-Württemberg e.V. von über 500 Schulen aus dem Jahr 2005 ergab, dass Lesungen, denen ein Werkstattgespräch folgte, bis zu doppelt so nachhaltig sind wie Lesungen ohne anschließende Diskussion. Auch die Evaluation von Peter Conrady 2008 liefert ähnliche Ergebnisse: „Eine Autorenbegegnung steigert messbar AKTUELL Lesefreude, Lesebereitschaft und die Freizeitaktivität Lesen, deutlich mehr sogar bei Jungen. Auch zeigt sich eine höhere Akzeptanz des Deutschunterrichtes insgesamt. Das könnte den Schluss zulassen, Literatur als ‚Ganzes' und als ‚Echtes', wie sie bei einer Autorenbegegnung erlebt werden, als wieder zu entdeckende

Alternative zur ‚Verzettelung des Unterrichtes‘ zu beleben. Indem Literatur zum persönlichen Erlebnis wird, fördert das auch Sprache des Einzelnen und den eigenen Umgang mit Sprache" (Bundesverband der Friedrich-Bödecker-Kreise/ Peter Conrady, 2008, S. 27 f. Hervorhebung aus dem Originaltext).

Gemäß der Protokolle, die die Lehrer nach einer Lesung ausfüllen und zurück an den Friedrich-Bödecker-Kreis schicken, möchte jede zweite Klasse wieder einen Autor einladen und ebenso viele gaben an, dass die Schüler nach einer Lesung mehr Interesse an Büchern und literarischen Texten zeigen. Auch der Wunsch, selbst Texte zu schreiben, wird bei jeder vierten Lesung angegeben. Um nach der Lesung nicht übergangslos zum Unterrichtsalltag zurückzukehren, bietet sich darum eine Nachbereitung der Veranstaltung an. „Mithilfe der von uns immer wieder betonten didaktischen Vor- und insbesondere Nachbereitung wird Kindern und Jugendlichen die Möglichkeit gegeben, ihr Literaturerlebnis zu reflektieren und bei verschiedenen Gesprächsanlässen zu thematisieren. Wird die Autorenbegegnung zudem noch in einen fächerübergreifenden Zusammenhang gesetzt, kann eine große Zahl von neuen Verknüpfungen gezogen werden: desto größer und nachhaltiger ist der Lerneffekt (…)" (Bundesverband der Friedrich-Bödecker-Kreise/Peter Conrady, 2008, S. 57).

So können beispielsweise weitere Texte des Autors oder auch Texte zum gleichen Thema gelesen und diskutiert werden. Falls es noch offene Fragen gibt, wird per E-Mail Kontakt zum Autor aufgenommen, Presseberichte oder Artikel für die Schülerzeitung sind eine weitere Möglichkeit, die Lesung nachzubereiten und gleichzeitig eine Außenwirkung zu erreichen. Eine der besten Möglichkeiten, eine literarische Veranstaltung zu verarbeiten und nachzubereiten, stellen kreative Schreibübungen zu den Autorentexten oder zur Thematik der Lesung im Unterricht dar. Eine Berufsschullehrerin schrieb nach einer Autorenlesung in das Protokoll: „So wie die Klasse jetzt vorbereitet ist, kann ich im Deutschunterricht an diese Lesung anknüpfen und auch literarisch anspruchsvolle Texte mitbringen. Auch habe ich, ermutigt durch die Reaktion der Schüler/innen, mir vorgenommen, sie selbst einmal fiktionale Texte schreiben zu lassen."

„Lesen heißt durch fremde Hand träumen", schrieb Fernando Pessoa, Autorenbegegnungen machen Literatur für Kinder und Jugendliche erfahrbar und weniger fremd und wenn sie danach sogar selbst zu schreiben beginnen, träumen sie durch ihre eigene Hand[1].

Anmerkung

1 Dieser Text ist eine überarbeitete Version des Artikels von Ulrike Wörner „Literatur lebt! Autorenbegegnungen mit Kindern und Jugendlichen" in: Lehren & Lernen. Zeitschrift für Schule und Innovation aus Baden-Württemberg. Heft 12 (2010) S. 24–25

7.2 Sammelsurium der Tipps

7.2.1. Literaturfestivals und Literatur-Orte

Deutschland

Festivals
Hausacher Leselenz/Hausach, Baden-Württemberg
www.leselenz.de

Internationales Literaturfestival Berlin
www.literaturfestival.com

Internationales Literaturfestival Bremen
www.poetry-on-the-road.com

Erlanger Poetenfest
www.poetenfest-erlangen.de

Tübinger Bücherfest/Tübingen, Baden-Württemberg
www.tuebinger-buecherfest.de

Literatur-Orte
Bilderbuchmuseum der Stadt Troisdorf
www.bilderbuchmuseum.de

jugendstil – kinder- und jugendliteraturzentrum nrw
www.jugendstil-nrw.de

LesArt – Berliner Zentrum für Kinder- und Jugendliteratur
www.lesart.org

Wortreich Bad Hersfeld
www.wortreich-badhersfeld.de/

Projekt Lesestark!
www.lesestark-dresden.de

Buchkinder – Projekte für Kinder und Teens bis 14 Jahre

Buchkinder Leipzig *www.buchkinder.de*
Buchkinder Dresden *www.buchkinder-dresden.de*

Buchkinder Weimar *www.buchkinder-weimar.de*
Buchkinder Mainz *www.buchkinderwerkstatt.de*
Buchkinder Ratingen *www.buchkinder-ratingen.de*
Buchkinder München *www.buchkinder-muenchen.de*

Österreich
Ingeborg Bachmannpreis/Klagenfurt
http://bachmannpreis.eu/de

Sprachsalz/Hall in Tirol
www.sprachsalz.com

Schweiz
Buchbasel/Basel
www.buchbasel.ch

Zürich liest/Zürich
www.zuerich-liest.ch

7.2.2 Nützliche Internetseiten
www.schreibwerkstatt.de/kreatives-schreiben-f7.html
Ein paar Übungen für den Anfang

http://homilia.de/category/meth/
Ursprünglich für Theologen konzipiert, passt aber hervorragend in jeden Unterricht. Sehr übersichtlich und vielseitig.

http://de.wikibooks.org/wiki/Literarisches_Schreiben
Umfassender Überblick zum Thema Literarisches Schreiben

www.mediaculture-online.de/Die-Schreibblockade.385.0.html
Tricks gegen den writer's block, die Schreibblockade

www.literaturmachen.de
Internetseite über die Schreibwerkstätten mit Jugendlichen des Literaturhauses Stuttgart

www.boedecker-kreis.de
Literaturvermittlung für Kinder und Jugendliche – Autorenlesungen und Schreibwerkstätten an Schulen (Beratung für Veranstaltungen und finanzielle Mittel für Lesungen und Schreibwerkstätten)

7.3. Unsere persönliche Leseliste: Empfehlungen – Vorschläge – Unerlässliches

„Das bisschen, das wir lesen, schreiben wir selbst." Nein. Erst Lesen. Dann Schreiben.

(Vgl. Erst lesen. Dann schreiben. 22 Autoren und ihre Lehrmeister.
Stephan Porombka und Olaf Kutzmutz (Hg.) München, 2007, S. 9)

Unsere ganz persönlichen Buchtipps finden Sie unter Downloads ().

Leselisten und Anthologien

Heinz Ludwig Arnold; Flatterzungen 1996-1999. Dtv, München 2000

Heribert Becker u.A. (Hrsg.); Das surrealistische Gedicht. Zweitausendeins, Frankfurt am Main 2000

Heiko Arntz (Hrsg.); Der komische Kanon: Deutschsprachige Erzähler 1499-1999. Galiani, Berlin 2011

Duden; Bücher, die man kennen muss. Populäre Bestseller. Bibliographisches Institut, Mannheim 2011

Duden; Bücher, die man kennen muss. Klassiker der Weltliteratur. Bibliographisches Institut, Mannheim 2011

Hans-Joachim Gelberg (Hrsg.); Großer Ozean. Gedichte für alle. Beltz & Gelberg, Weinheim 2006

Sabine Griese, Hubert Kerscher, Albert Meier, Claudia Stockinger; Die Leseliste. Kommentierte Empfehlungen. Reclam, Stuttgart 1994

Walter Höllerer und Gregory Corso (Hrsg.); Lyrik der Beat Generation. Heyne, München 1985

Günter H. Lenz (Hrsg.); Amerikanische Short Stories des 20. Jahrhunderts. Reclam, Stuttgart 1998

Joachim Sartorius (Hrsg.); Atlas der neuen Poesie. Rowohlt, Reinbek bei Hamburg 1996

Wulf Segebrecht; Was sollen Germanisten lesen? Ein Vorschlag. Erich Schmidt Verlag, Berlin 2006

Nachwort

Ulf Abraham

Literarisches Erzählen in der Schule war, bevor das vorliegende Buch erschien, in der Diskussion schreibdidaktischer Konzepte und Methoden lange kein großes Thema mehr. In der Zeit der Reformpädagogik vor gut einhundert Jahren entdeckt, musste es dann zunächst dem „sprachgestaltenden Aufsatz" und später, im letzten Drittel des 20. Jahrhunderts, den Textsorten des Sprachunterrichts weitgehend weichen, den die „kommunikative Wende" hervorgebracht hatte[1]. Zwar gab es immer wieder Versuche mit dem Erzählen im Rahmen des „produktionsorientierten Literaturunterrichts"[2], aber der Fokus lag dabei auf dem Erwerb literarischen Wissens, nur dass dieses nicht durch Belehrung, sondern durch praktisches Tun entstehen sollte: Was man selbst (wenigstens versuchsweise) gemacht hat, versteht man besser und kann es bei denen würdigen, die es (besser) können.

Der Ansatz

Dagegen ist nach wie vor nichts zu sagen; es ist aber nicht der Ansatz des hier vorgestellten Konzepts. Will man dieses griffig zusammenfassen, so wohl am besten in dem Wort „Reset", das im 1. Kapitel an prominenter Stelle eingeführt wird: „(...) weg von der erlernten Schul- und Aufsatzsprache, weg von Erörterungen, Bildbetrachtungen oder Interpretationen, weg vom allwissenden Erzähler oder vom Geniegedanken, der seit Joseph Beuys und Andy Warhol sowieso längst begraben ist." Sprache als Rohmaterial literarischer Erzählungen (von der Kürzestgeschichte bis zum Roman) zu betrachten und zu behandeln, erfordert (aber ermöglicht auch!) tatsächlich, über das schriftsprachliche Schuldeutsch hinauszukommen, das den Deutschunterricht dominiert[3]. Die Möglichkeiten und Formen literarischen Erzählens so auszuloten, wie das in diesem Buch vorgeführt wird, verflüssigt gleichsam alles, was in der Tradition des „Aufsatzunterrichts" fest war. Dabei geht es hier aber weniger um Kritik am Bestehenden (die Tradition der 70er- bis 90er-Jahre wird in Kap. 3.1.1 aus dem bewusst subjektiven Blickwinkel des Autorenteams nur gestreift) als um sprachliche Emanzipation in einem ganz grundlegenden Sinn: So bietet (heißt es in 2.1.4) das erzählende Schreiben „dem Schüler vor allem die Möglichkeit, sich und seine Persönlichkeit mit literarischen Mitteln zu verorten, sich neu zu erfinden, Wünsche und Ängste zu äußern". Jede/r könne seine Geschichte erzählen, und zwar in eigenen Worten und Bildern, heißt es in der Einleitung zwar sprachlich unprätentiös, aber sozusagen mit sachlicher Wucht. In manchen Fällen kann das auch dazu führen, dass Schüler/innen Literatur „für sich entdecken": Dies fügt das Autorenteam mit vielleicht übergroßer Bescheidenheit hinzu – die zahlreichen Arbeitsproben Lernender zeugen davon, dass genau das vermutlich öfter der Fall ist. Dann aber ist zu hoffen, dass jeweils auch eine Tür aufgestoßen worden ist zu jenem Wissenserwerb über Literatur, der lange Zeit wenig hinterfragt wurde und erst neuerdings in seinem Was, Wie und Warum wieder wissenschaftlich diskutiert wird[4]. Beschrieben wird aber, was die Arbeit an literarischen Begriffen angeht, ein wohltuend beiläufiges induktives Vorgehen. „Wir besprechen die Theorie des Romans. Zumindest in dem Ausmaß, wie es uns für unsere Arbeit wichtig erscheint. Klärung von Begriffen wie Spannungskurve, Zeitschiene, Rückblende, Konflikt, Held/Antiheld und so weiter" (Kap. 5.1.3). Kommt das den ausbildungs- und lehrplanbedingten Interessen von Deutschlehrer/-innen entgegen, so erscheint diesen vermutlich eher als Provokation, dass Ähnliches (im 5. Kapitel) sehr zu Recht auch für das Medium der Fotografie in Anspruch genommen wird: Auch über Bilder und ihre Gestaltung gibt es etwas zu wissen, was hier beiläufig, weil eingebunden in Handlungszusammenhänge, vermittelt wird. Didaktiker/ -innen, die ein fächerübergreifendes Nachdenken über ästhetische Bildung als überfällig einfordern[5], wird dieses 5. Kapitel außerordentlich freuen: Es vermittelt einen Anspruch *und* ein Handwerkszeug dafür, mit Bildern und durch sie zu erzählen. Die Gestaltungsmöglichkeiten von „Text-Bild-Symbiosen" und die darauf bezogenen Lernchancen sind ein aktuelles Thema[6].

Das didaktische Konzept

Das Buch liefert mehr als eine Anleitung dazu, Erzählprojekte in den Deutschunterricht zu integrieren; es bietet nicht nur Methoden und Verfahren, Tipps und (manchmal) Tricks, sondern auch Bestimmung der Ziele und Reflexion der Wege, die hinführen. Mit anderen Worten: Es bietet ein didaktisches Konzept. Dieses ist erfahrungsgesättigt, aber deutlich erkennbar durch Auseinandersetzung und Begriffsbildung im Team geklärt: Man erfährt,

▶ *worum es nicht geht* („Wir müssen keine Erzählmeister ausbilden, sondern unseren Schülern lediglich einen literarischen und kreativen Erlebensraum eröffnen." – Kap. 3.4),

▶ *worum es geht* („Unsere Aufgabe sehen wir darin, das Potenzial eines Textes bzw. Themas mit dem Potenzial und den Stärken des Schülers in Einklang zu bringen, der ihn geschrieben hat." – Kap. 3.2.2),

▶ *wie die Dozent/-innen sich zurücknehmen* („… hier geht es, ganz offen gesprochen, auch nicht um das, was wir selbst gern lesen, hören oder sehen würden. Es geht darum, dass Schüler in der Sprache und in der Literatur eine Möglichkeit des eigenen Ausdrucks sehen und beides als etwas begreifen, das ihnen offen steht und nicht einfach nur ein festes System ist, in dem man Fehler machen kann." – Kap. 3.2.2),

▶ *wie sie sich verstehen und verhalten* („… nehmen wir die Rolle eines Moderators ein, nicht unähnlich der Rolle eines Psychotherapeuten, der zwar eine ungefähre Vorstellung davon hat, was dem Patienten fehlt und was ihm helfen könnte, der sich aber hüten wird, damit herauszuplatzen und dem Patienten die Chance zur Selbsterkenntnis zu nehmen und damit den Therapieerfolg zu gefährden" – Kap. 2.2.3),

▶ *und wie sie ihr Ziel verfolgen* („Wir machen keine Unterschiede. Wir verfolgen dieselben Ziele und setzen dieselben Methoden ein, ganz gleich, ob wir eine achte Förderschulklasse vor uns haben, Kulturwissenschaftsstudenten oder Deutschlehrer." – Einleitung).

Dieses Letztere ist sowohl für Praktiker/-innen als für Didaktiker/-innen des Deutschunterrichts eine starke Irritation: Es scheint alles außer Kraft zu setzen, was in der Lehrerausbildung gelehrt und gelernt wird (nach Lernvoraussetzungen und Zielgruppen differenzieren, Material und Methoden jeweils anpassen, usw.). Aber man muss die bereits in der Einleitung formulierte Begründung für diese programmatische Unterschiedslosigkeit genau lesen: „Ein erzählender Text ist immer das Ergebnis eines Prozesses. Dieser Prozess ändert sich nicht, ganz gleich, wer ihn durchläuft, sei es nun ein Gymnasiast oder ein Schriftsteller." Die Weigerung, diesen Prozess abzukürzen, hat ihre Berechtigung. Mit einem prozessorientierten Schreibunterricht, der auf Phasen der Reflexion und Überarbeitung von Entwürfen bei Schreibaufgaben aller Art besteht, ist das gut vereinbar: Es geht darum, „einen gesamten Schaffensprozess zu durchlaufen und dabei eine Reihe von Erfolgserlebnissen zu haben, inklusive der frustrierenden Phasen, die eben auch dazu gehören" (Kap. 2.2.3).

Modisch gesagt, ist das kompetenzorientiertes Denken; nicht, was man über Literatur *weiß*, sondern was man *schaffen kann*, ist wichtig. „Man sollte sich, wenn man literarisch mit einer Klasse arbeitet, nicht in der Rolle des Wissensvermittlers sehen, sondern als Moderator. Das heißt, man beschäftigt sich ausführlich mit allen Aspekten des epischen Erzählens, mit Details zur Perspektive und zur Figurencharakterisierung. Man tut dies nicht, um Schülern dann darüber Vorträge zu halten, sondern um sie kompetent zu beraten, wenn es um die Planung ihrer eigenen Projekte geht" (Kap. 2.9.1).

Im Lauf dieses Prozesses wird reflexive Distanz nicht nur zu einem konkret vorliegenden ersten Entwurf hergestellt („mental einen Schritt vom Text zurückzutreten und ihn wie einen fremden Text zu betrachten" – Kap. 3.2.1), sondern zum eigenen Wollen und Können überhaupt. Das ist wertvoll auch über das ‚Lernziel literarisches Erzählen' hinaus; es findet vermutlich in der Schule viel zu selten statt. Eine länger andauernde intensive Arbeit an einem einzigen Gegenstand bzw. Text („Umschreiben, Variieren und Modifizieren") sind Schüler/innen anscheinend traditionell nicht gewöhnt, wie in Kap. 2.4.3 lakonisch festgestellt wird. Die in Kap. 5.3 erkennbare Nähe des Arbeitsprinzips zum Portfoliogedanken, der aus dieser Fundamentalkritik heraus entstand[7], ist nicht überraschend.

Die Lernvoraussetzungen

Das Autorenteam arbeitet schon lange mit Schulklassen, so dass es imstande ist, aus dieser Erfahrung heraus Möglichkeiten und Grenzen des Lernens einzuschätzen, anders gesagt: wichtige Lernvoraussetzungen zu benennen. Dies sind u. a.

▶ *kulturelle und mediale* („Wir leben in einer Gesellschaft, die Geschichtenerzählern weder formal noch inhaltlich Grenzen setzt. Das ist an sich eine sehr erfreuliche Tatsache, führt andererseits aber zu einem Überangebot an Geschichten." – Kap. 2.2.2),

▶ *motivationale* („das Bedürfnis zum autobiografischen Schreiben ist durchaus vorhanden" – Kap. 2.2.3),

▶ *lebensweltliche* („Wenn wir mit einer Schulklasse arbeiten, sitzen wir einem ganzen Raum voller Experten gegenüber. Experten für die jeweilige Heimat- oder Wohnstadt. Wir müssen ihnen nur erst einmal zeigen, dass sie Experten sind und dass es Verschwendung wäre, dieses Wissen für die Geschichte nicht zu nutzen" – Kap. 2.5.3),

▶ *und nicht zuletzt sprachliche* (z. B. „… sehen wir uns meistens mit Schülern konfrontiert, die große Schwierigkeiten haben, direkte Rede in ihren erzählenden Texten zu verwenden" – Kap. 2.6.3).

Ein empirischer Zugang

Was diese Darstellung über seinen Charakter einer praktischen Handreichung hinaus wertvoll macht, ist der bereits in dieser Auflistung der Lernvoraussetzungen erkennbare Blick auf das, was Schüler/innen tatsächlich tun (wollen) und was sie (nicht) können. So werden in Kap. 2.2.3 „verschiedene Szenarien und Ideen", die immer wieder auftauchen, kategorisiert: *Weltuntergang und Rettung, Massenmörder, Alien-Angriff, Liebe mit Hindernissen, Raub(überfall)*. Bei Schüler/innen beliebte Figuren (vgl. Kap, 2.3.3) sind *Superheld, Wahnsinniger* und *Einzelgänger*. Eine Liste präferierter Genres und Themen (vgl. Kap. 2.4.3) wird angeführt von *Mittelalter* (Fantasy, Heldengeschichten, Ritter- und Prinzessinnenliebe), *Zweitem Weltkrieg* („Verrückter Wissenschaftler", Kriegs- und Heldengeschichten), *unmittelbarer Vergangenheit* (1960er- bis 1980er-Jahre) und *Zukunft* (Angriff auf die Erde, autobiografisch geprägte Helden- und Stargeschichten).

Besonders auffällig, so ergibt dieser empirische Blick auf die Arbeit mit erzählendem Schreiben in Schulklassen, sind Themen, die mit Grenzerfahrungen zu tun haben (vgl. Kap. 3.2.1): *Todesfälle in der Familie, Krankheiten, Drogenerfahrungen* und *-sucht* (eigene und von nahen Menschen / Freunden), *psychosomatische und körperliche Störungen* (Bulimie, Depression), *Gewalterfahrungen* und *Gewaltfantasien*, extreme *sexuelle Erfahrungen und Präferenzen* sowie *Suizidgedanken*.

Dabei ist das Autorenteam weit davon entfernt, sich über derlei zu mokieren. Schüler/innen werden prinzipiell (es gibt Ausnahmefälle, in denen von einer Idee abgeraten wird) in dem unterstützt, was sie selbst erzählen wollen; das Wollen ernst zu nehmen, ist eine für die Entwicklung des Könnens wichtige Voraussetzung. Dann allerdings kommt die erwähnte schrittweise Herstellung von Distanz.

Techniken (Verfahren)

Die konkret beschriebenen Techniken für verschiedene Arbeitsphasen stehen im Dienst dieses Ziels. Wenn ich sie in hier in drei Gruppen einteile, so möchte ich damit deutlich machen, dass das Neue an diesem Buch nicht das einzelne, für sich genommen nicht immer innovative Verfahren ist (Einiges kennt man aus der Ratgeberliteratur zum Kreativen Schreiben), sondern der eingelöste Anspruch einen komplexen, ergebnisorientierten Prozess anzustoßen, zu begleiten und (wie die zahlreichen Textproben zeigen) fruchtbar zu machen.

Techniken (Verfahren)		
… für das Schreiben ‚vor‘ dem Erzählen	… für die Planung von Figuren, Handlung, Schauplatz usw.	… für das Überarbeiten von Entwürfen
▶ Cut-up (1.1.1) ▶ Imitatio und Dazwischenschreiben (1.2.1) ▶ Texte „beantworten" (1.2.1) ▶ Stilvariation nach Queneau (1.3.1) ▶ Automatisches Schreiben (1.3.2) ▶ Listenschreiben (1.3.2) ▶ Traumtexte (1.3.3) ▶ Fragebogen nach Max Frisch (1.3.4) ▶ Selektion eigener Texte für die Weiterarbeit (1.6).	▶ Plotten (2.2.3) ▶ Außen- bzw. Ortsrecherche (2.3.4/5) ▶ Figurenbiografie und -interview (2.3.4) ▶ Frontalinterview (2.3.4) ▶ Porträtfoto als Schreibimpuls (2.3.4) ▶ Erfindungen-Zeitleiste (2.2.4) ▶ Epochenrecherche (2.4.4) ▶ Tempuswechsel (2.4.4) ▶ dialogische/szenische Umsetzung einer Alltagssituation (2.6.4) ▶ eine Situation aus mehreren Perspektiven, Perspektivenvariation, -empfehlung (2.7,4)	▶ „Verhör" (3.2.2) ▶ „Fremdprüfung" (3.2.2) ▶ Plenumsdiskussion (3.3.2) ▶ Schreibkonferenz, vorbereitet mit Hilfe eines Sichtungsbogens (3.3.3) ▶ „Schreibmarkt" am PC (3.3.5)

Zur literarischen Qualität der Projektergebnisse

Das heißeste Eisen sei zuletzt angefasst. Wie gut ist das, was die Schüler/innen zustande bringen, und gemessen woran? „Nicht immer führen die Änderungen auch zu einer Verbesserung des Textes" (Kap. 3.2.3). Diese Erfahrung werden viele Deutschlehrer/innen bestätigen, die etwa schon mit Schreibkonferenzen gearbeitet haben. Keines der oben aufgelisteten Verfahren garantiert für sich genommen literarische Qualität. Es zeichnet das Autorenteam aber aus, sich in dieser Hinsicht nicht mit wohlfeilen pädagogischen Phrasen (z. B. „Der Weg ist das

Ziel") zufriedenzugeben. An mehreren Stellen der Darstellung wird erkennbar, dass Schülertexte sozusagen durchaus einer Qualitätsprüfung unterliegen: Fördern geht doch nicht ohne Fordern. Professionalität zeigt sich auch darin, dass ein ehrlicher Blick auf Resultate geworfen wird. „Bei zwei oder mehr vorliegenden Versionen eines Textes entscheiden sich die Schüler nicht selten für den (aus unserer Sicht) literarisch schwächeren Text" (3.2.3). Das ist ein hartes Urteil, das im Einzelfall selbstverständlich zu begründen wäre[8], dann aber mehr hilft als pauschales Wegloben dürftiger Ergebnisse („ein netter Versuch"). Lernende wollen ja Qualitätsurteile hören; so selbstverständlich es ist, dass gerade angesichts von Themen und Genres wie den oben erwähnten Fingerspitzengefühl nötig ist, um sie zu formulieren, so wenig sinnvoll wäre eine Arbeit an Kompetenzen, wenn Grenzen des Könnens nicht aufgezeigt werden dürften.

Allerdings leistet das richtig gewählte Verfahren eine Menge. So heißt es über das *Cut-Up*-Verfahren: „Niemand muss schreiben, dafür schneiden und kleben. Erstaunlicherweise unterscheiden sich die so produzierten Texte von Förderschülern, Gymnasiasten oder Studenten kaum in ihrer Qualität" (Kap. 1.1.1). Obwohl oder gerade weil es insgesamt nicht darum geht, möglichst viele druckreife, literarisch hochwertige Produkte hervorzubringen (sondern Wege in die Literatur zu bahnen, auf denen Heranwachsende professionell begleitet werden können), kann nicht auf die Frage verzichtet werden, was geht (und was noch nicht). Schließlich folgt aus dem Projektgedanken, der in diesem Buch so lebendig wird wie lange nicht mehr in der Didaktik des Schreibens, auch das Herstellen einer (begrenzten) Öffentlichkeit, vom Vorlesen und Vortragen[9] bis zum Offsetdruck eines gemeinsam verfassten Romans.

Auch das vorliegende Buch ist im Übrigen ein Projektergebnis. Öffentlichkeit ist ihm sehr zu wünschen.

Anmerkungen

1 Vgl. die historische Skizze bei Otto Ludwig; Wie aus der Erzählung der Schulaufsatz wurde. Zur Geschichte einer Aufsatzform. In: Ehlich, Konrad (Hrsg.); Erzählen in der Schule. Narr, Tübingen 1984, S. 14–35

2 Ich nenne hier nur das heute noch lesenswerte Buch von Günter Waldmann und Katrin Bothe; Erzählen. Eine Einführung in kreatives Schreiben und produktives Verstehen von traditionellen und modernen Erzählformen, Klett, Stuttgart 1992

3 Mit Rücksicht auf Lernende aus dem Prekariat, die ebenso wie diejenigen mit Migrationshintergrund immer schon zu den Bildungsverlierern gehören, wenn sie nicht Grundlagen der Bildungssprache erwerben, ist „Schuldeutsch" keineswegs gering zu schätzen; Arbeit an der Sprache geht aber, wie hier gezeigt wird, weit darüber hinaus.

4 Vgl. hierzu Iris Winkler et al. (Hrsg.); Poetisches Verstehen. Schneider, Baltmannsweiler 2010, und Dorothee Wieser/Irene Pieper (Hrsg.); Fachliches Wissen und literarisches Verstehen: Studien zu einer brisanten Relation. Peter Lang, Frankfurt am Main 2011

5 Vgl. Constanze Kirchner/Markus Schiefer Ferrari/Kaspar H. Spinner (Hrsg.); Ästhetische Bildung und Identität. Fächerverbindende Vorschläge für die Sekundarstufe 1 und 2. kopäd, München 2006, sowie

215

Hubert Sowa/Monika Miller/Alexander Glas (Hrsg.); Bildung der Imagination. Band 2: Vorstellungsbildung in Lernprozessen. Athena, Oberhausen 2012 (i. Dr.)

6 Vgl. Ulf Abraham/Hubert Sowa; Texte sehen und Bilder lesen. Text-Bild-Symbiosen im Kunst- und Deutschunterricht. In: Praxis Deutsch 232 (2012), S. 4–11

7 Vgl. Gerd Bräuer; Schreiben als reflexive Praxis. Tagebuch, Arbeitsjournal, Portfolio. Fillibach, Freiburg/ Br. 2000

8 Auf die Diskussion zur Beurteilung und Bewertung poetischen Schreibens in der Schule kann hier nicht eingegangen werden; vgl. den Forschungsbericht bei Ulf Abraham; Bewertung produktiv-kreativer schriftlicher Texte. In: Michael Kämper-van den Boogaart/Kaspar H. Spinner (Hrsg.); Deutschunterricht in Theorie und Praxis, Bd. 11: Lese- und Literaturunterricht. Teil 3. Schneider, Baltmannsweiler 2010, S. 89–115

9 Zum Vorlesen/Vortragen in Lehrerausbildung und Deutschunterricht vgl. – kritisch und konstruktiv – die immer noch empfehlenswerte Darstellung von Eberhard Ockel; Vorlesen als Aufgabe und Gegenstand des Deutschunterrichts. Schneider, Baltmannsweiler 2000

Literaturverzeichnis

Ulf Abraham und Matthis Kepser; Literaturdidaktik Deutsch. Eine Einführung. Grundlagen der Germanistik. Hrsg. v. Detelf Kremer, Ulrich Schmitz, Martina Wagner-Egelhaaf und Klaus-Peter Wegera. Band 42. 3., neu bearbeitete und erweiterte Auflage. Erich Schmidt Verlag, Berlin 2009

Theodor W. Adorno; Gesammelte Schriften. Herausgegeben von Rolf Tiedemann unter Mitwirkung von Gretel Adorno, Susan Buck-Morss und Klaus Schultz. Band 4: Minima Moralia. Reflexionen aus beschädigten Leben. Suhrkamp taschenbuch wissenschaft 1704. Suhrkamp Verlag, Frankfurt am Main 2003

Theodor W. Adorno; Traumprotokolle. Herausgegeben von Christoph Gödde und Henri Lonitz. Nachwort Jan Philipp Reemtsma. Bibliothek Suhrkamp. Suhrkamp Verlag, Frankfurt am Main 2005

Julian Barnes; England, Endland. Roman. Aus dem Englischen von Gertraude Krueger. 2. Auflage. btb Taschenbuch im Goldmann Verlag, München 2001

Roland Barthes; Die strukturalistische Tätigkeit. In: Texte zur Literaturtheorie der Gegenwart. Herausgegeben und kommentiert von Dorothee Kimmich, Rolf Günther Renner und Bernd Stiegler. Reclams Universalbibliothek Nr. 9414. Philipp Reclam jun., Stuttgart 2003

Roland Barthes. Die Vorbereitung des Romans. Vorlesung am Collège de France 1978–1979 und 1979–1980. Herausgegeben von Éric Marty. Texterstellung, Anmerkungen und Vorwort von Nathalie Léger. Aus dem Französischen von Horst Brühmann. edition suhrkamp 2529. Suhrkamp Verlag, Frankfurt am Main, 2008

Charles Baudelaire; Der Salon 1859. In: Texte zur Theorie der Fotografie. Herausgegeben von Bernd Stiegler. Reclams Universalbibliothek Nr. 18708. Philipp Reclam jun., Stuttgart 2010

John Berger und Jean Mohr. Unter Mitarbeit von Nicolas Philibert. Eine andere Art Geschichten zu erzählen. Photo/Essay. Aus dem Englischen von Kyra Stromberg. 2. Auflage. Fischer Taschenbuch Verlag, Frankfurt am Main 2006

Hanne Bergius. Das Lachen DADAs. Die Berliner Dadaisten und ihre Aktionen. Anabas-Verlag, Gießen 1993

Helmut Böttiger; Nach den Utopien. Eine Geschichte der deutschsprachigen Gegenwartsliteratur. Paul Zsolnay Verlag, Wien 2004

Jorge Luis Borges, Werke in 20 Bänden. Herausgegeben von Gisbert Haefs und Fritz Arnold. Band 15: Buch der Träume. Libro de sueños. Übersetzt von Gisbert Haefs. Frankfurt/Main 4. Auflage 2008

Jan Brandt; Gegen die Welt. Roman. 2. Auflage. DuMont Buchverlag, Köln 2011

Bertolt Brecht; Vergnügungen. In: Werke. Große kommentierte Berliner und Frankfurter Ausgabe. Band 15: Gedichte 5. © Bertolt-Brecht-Erben/Suhrkamp Verlag, Frankfurt am Main 1993

André Breton; Die Manifeste des Surrealismus. Deutsch von Ruth Henry. rowohlts enzyklopädie 55434. 12. Auflage. Rowohlt Taschenbuch Verlag, Reinbek bei Hamburg 2003

Marty Brito; Wohin gehen die geträumten Dinge. Aus dem „Buch der Fragen" von Pablo Neruda und Antworten von Kindern aus Chile. 2. Auflage. Atlantik Verlag, Bremen 1997

Georg Büchner; Werke und Briefe. Historisch-kritische Ausgabe von Werner R. Lehmann. 8. Auflage. Deutscher Taschenbuch Verlag, München 1986

Lebendige Literatur. Handreichungen für Autorenbegegnungen mit Kindern und Jugendlichen. Herausgegeben vom Bundesverband der Friedrich-Bödecker-Kreise und Peter Conrady. Cornelsen Verlag, Braunschweig 2008

Marvin Chlada und Marcus S. Kleiner. Klangmaschine. 2. überarbeitete und erweiterte Auflage. Alibri Verlag und Lautsprecher Verlag, Aschaffenburg 2001

Joseph Conrad; Herz der Finsternis. Übersetzt und herausgegeben von Daniel Göske. Philipp Reclam jun., Stuttgart 2009

Bice Curiger, Meret Oppenheim. Spuren durchstandener Freiheit. Verlag Schneidegger & Spiess, Zürich 2002

Das surrealistische Gedicht. Herausgegeben von Heribert Becker, Édouard Jaguer und Petr Král. Dritte, korrigierte und erweiterte Auflage. Zweitausendeins und Museum Bochum. Zweitausendeins, Frankfurt am Main 2000

Friedrich C. Delius; Die Minute mit Paul McCartney. Memo-Arien. Transit Buchverlag, Berlin 2005

Deutscher Bundestag 16. Wahlperiode, Enquete-Kommission „Kultur in Deutschland". Schlussbericht, Drucksache 16/7000, Berlin 2007

Denis Diderot; Die Welt der Encyclopédie. Ediert von Anette Selg und Rainer Wieland. Aus dem Französischen von Holger Fock, Theodor Lücke, Eva Moldenhauer und Sabine Müller. Eichborn Verlag, Frankfurt 2001

Umberto Eco; Die unendliche Liste. Aus dem Italienischen von Barbara Kleiner. Deutscher Taschenbuch Verlag, München 2011

Günter Eich; „Inventur". In: Gesammelte Werke in vier Bänden. Band 1: Die Gedichte. Die Maulwürfe. Herausgegeben von Axel Vieregg. © Suhrkamp Verlag, Frankfurt am Main. Alle Rechte bei und vorbehalten durch Suhrkamp Verlag, Berlin 1991

Bret Easton Ellis; American Psycho. Übersetzt von Clara Drechsler und Harald Hellmann. 7. Auflage. Kiepenheuer & Witsch Verlag, Köln 2006

Rolf-Bernhard Essig. Schreiberlust & Dichterfrust. Kleine Gewohnheiten und große Geheimnisse der Schriftsteller. Mit einem Vorwort von Juli Zeh. Carl Hanser Verlag, München 2007

Jonathan Safran Foer; Alles ist erleuchtet. Roman. Deutsch von Dirk van Gunsteren. Kiepenheuer & Witsch, Köln 2003

Jonathan Safran Foer; Extrem laut und unglaublich nah. Roman. Deutsch von Henning Ahrens. Kiepenheuer & Witsch, Köln 2005

Jonathan Safran Foer; Tree of Codes. Second Edition. Visual Editions, London 2011

E.M. Forster; Aspects of a Novel. Edited by Oliver Stallybrass. Penguin Books, London 1988

Herbert A. und Elisabeth Frenzel; Daten deutscher Dichtung. Chronologischer Abriß der deutschen Literaturgeschichte. Band 2. Vom Realismus bis zur Gegenwart. 31. Auflage. Deutscher Taschenbuch Verlag, München 1998

Max Frisch; Fragebogen. suhrkamp taschenbuch 4239. Suhrkamp Verlag, Frankfurt an Main 2011

Peter Geimer; Theorien der Fotografie zur Einführung. Junius Verlag, Hamburg 2009

Hans Joachim Gelberg; die worte die bilder das kind. Beltz & Gelberg, Weinheim und Basel 2008

Gérard Genette; Palimpseste. Die Literatur auf zweiter Stufe. Aus dem Französischen von Wolfram Bayer und Dieter Hornig. edition suhrkamp 1683. Suhrkamp Verlag, Frankfurt am Main 1993

Gotham Writers' Workshop. Creative Writing. Romane und Kurzgeschichten schreiben. Herausgegeben von Alexander Steele. Übersetzt von Kerstin Winter. Mit „Kathedrale" von Raymond Carver. Übersetzt von Helmut Frielinghaus, Autorenhaus Verlag, Berlin 2004

Susanne Goumegou; Traumtext und Traumdiskurs. Nerval, Breton, Leiris. Wilhelm Fink Verlag, Paderborn 2006

Almuth Grésillon; Was ist Textgenetik? Zitiert nach: Thorsten Hoffmann und Daniela Langer. Schreiben. In: Handbuch Literaturwissenschaft. Gegenstände – Konzepte – Institutionen. Herausgegeben von Thomas Anz. Band 1: Gegenstände und Grundbegriffe. Verlag J. B. Metzler, Stuttgart/Weimar 2007

Lars Gustafsson; Risse in der Mauer: Fünf Romane. Herr Gustafsson persönlich. Wollsachen. Das Familientreffen. Sigismund. Der Tod eines Bienenzüchters. Übersetzt von Verena Reichel. Fischer Taschenbuch Verlag, Frankfurt am Main 2006

Peter Handke; Ich bin ein Bewohner des Elfenbeinturms. suhrkamp taschenbuch 56. Suhrkamp Verlag, Frankfurt am Main 1972

Hans Harder; Fiktionale Träume in ausgewählten Prosawerken von zehn Autoren der Bengali- und Hindiliteratur. Südasienwissenschaftliche Arbeitsblätter 3. Halle, Institut für Indologie und Südasienwissenschaften 2001

Thomas Harris; Das Schweigen der Lämmer. Aus dem Amerikanischen von Sepp Leeb. 2. Auflage. Wilhelm Heyne Verlag, München 2006

Anne-Kathrin Hillebrand; Literatur und Fotografie. Analysen eines intermedialen Verhältnisses. transcript Verlag, Bielefeld 2012

Nick Hornby; Mein Leben als Leser. Aus dem Englischen von Clara Drechsler und Harald Hellmann. Kiepenheuer & Witsch, Köln 2005

Siri Hustvedt; Die zitternde Frau. Eine Geschichte meiner Nerven. Aus dem Englischen von Uli Aumüller und Grete Osterwald. Rowohlt Verlag, Reinbek bei Hamburg, 2010

Stephen King; Das Leben und das Schreiben. Aus dem Amerikanischen von Andea Fischer. Neubearbeitete, vollständige Taschenbuchausgabe. 2. Auflage. Wilhelm Heyne Verlag, München 2011

Volker Klotz; Erzählen, Von Homer zu Boccaccio, von Cervantes zu Faulkner. C. H. Beck, München 2006

Christian Kracht; Faserland. Roman. Goldmann Taschenbuch. Goldmann Verlag, München 1997

Christian Kracht; 1979. Roman. Verlag Kiepenheuer & Witsch, Köln 2001

Christian Kracht; Ich werde hier sein im Sonnenschein und im Schatten. Roman. Verlag Kiepenheuer & Witsch, Köln 2008

Christian Kracht; Imperium. Roman. 2. Auflage. Verlag Kiepenheuer & Witsch, Köln 2012

Christian Kracht. Zu Leben und Werk. Herausgegeben von Johannes Birgfeld & Claude D. Conter. Verlag Kiepenheuer & Witsch, Köln 2009

Nicole Krauss; Eine Geschichte der Liebe. Roman. Aus dem Englischen von Grete Osterwald. Rowohlt Verlag, Reinbek bei Hamburg 2005

Matias Martinez und Michael Scheffel; Einführung in die Erzähltheorie. Beck Studium. 8. Auflage. C. H. Beck, München 2009

Lebendige Literatur. Handreichungen für Autorenbegegnungen mit Kindern und Jugendlichen. Praxis Pädagogik. Herausgegeben vom Bundesverband der Friedrich-Bödecker-Kreise und Peter Conrady. Westermann Verlag, Braunschweig 2008

Elisabeth Lenk; Die unbewusste Gesellschaft. Über die mimetische Grundstruktur in der Literatur und im Traum. Matthes & Seitz Verlag, München 1983

Pedro Lenz; Das kleine Lexikon der Provinzliteratur. Bilger Verlag, Zürich 2005

Michael Lentz; Textleben. Über Literatur, woraus sie gemacht ist, was ihr vorausgeht und was aus ihr folgt. Herausgegeben von Hubert Winkels. S. Fischer Verlag, Frankfurt am Main 2011

Bernd Mattheus; Antonin Artaud 1896–1948. Leben und Werk des Schauspielers, Dichters und Regisseurs. Erweiterte, korrigierte Neuausgabe. Museum moderner Kunst Stiftung Ludwig Wien. Matthes & Seitz Verlag, München 2002

Metzler Lexikon Literatur- und Kulturtheorie. Ansätze – Personen – Grundbegriffe. Herausgegeben von Ansgar Nünning. 4. Aktualisierte und erweiterte Auflage, Verlag J. B. Metzler, Stuttgart/Weimar, 2008

Metzler Literatur Lexikon. Begriffe und Definitionen; Begründet von Günter und Irmgard Schweikle. Herausgegeben von Dieter Burdorf, Christoph Fasbender und Burkhard Moennighoff. 3., völlig neu bearbeitete Auflage. Verlag J. B. Metzler, Stuttgart/Weimar 2007

Barry Miles; William S. Burroughs. Eine Biographie. Deutsch von Udon Breger und Esther Breger. Kellner Verlag, Hamburg 1994

Axel Monte und Jürgen Ploog; Sprache ist ein Virus. PO EM PRESS Verlag, Pentling 2003

Heiner Müller; Traumtexte. Herausgegeben von Gerhard Ahrens. Bibliothek Suhrkamp. Suhrkamp Verlag, Frankfurt am Main 2009

Pablo Neruda; Buch der Fragen. In: Letzte Gedichte spanisch-deutsch. Nobelpreisrede 1971. Herausgegeben und aus dem Spanischen übertragen von Fritz Vogelsang. Sammlung Luchterhand. Hermann Luchterhand Verlag, Darmstadt 1975

José F. A. Oliver. Mein andalusisches Schwarzwalddorf. Essays. edition suhrkamp 2487. Suhrkamp Verlag, Frankfurt am Main 2006

Hanns-Josef Ortheil; Schreiben dicht am Leben. Notieren und Skizzieren. Reihe Kreatives Schreiben. Herausgeber der Reihe: Hanns-Josef Ortheil. Dudenverlag, Mannheim 2012

George Perec; Das Leben. Gebrauchsanweisung. Roman. Deutsch von Eugen Helmlé. Zweitausendeins-Taschenbuch Nr. 11. Zweitausendeins, Frankfurt am Main 2009

Manfred Pfister; Das Drama. Theorie und Analyse. 6. Auflage. Wilhelm Fink Verlag, München 1988

Jocelyn Phillips. Kunst für Sammler. Zeitgenössische Fotografie. Aus dem Englischen von Christian Werner. Deutscher Kunstverlag, Berlin/München 2012

Popkultur trifft Schule. Bausteine für eine neue Medienerziehung. Herausgegeben von Jan-Arne Sohns und Rüdiger Utikal. Beltz Verlag, Weinheim und Basel 2009

Elke Platz-Waury; Drama und Theater. Eine Einführung. Literaturwissenschaft im Grundstudium Bd. 2 . 3. Auflage. Gunter Narr Verlag, Tübingen 1992

Jürgen Ploog; Simulatives Schreiben. Ein Essay. Verlag Peter Engstler, Ostheim/Rhön 2008

Jürgen Ploog; Straßen des Zufalls. Über W. S. Burroughs. Druckhaus Galrev, Berlin 1998

Marcel Proust; Werke. Frankfurter Ausgabe herausgegeben von Luzius Keller. Band 2: Nachgeahmtes und Vermischtes. Übersetzt von Henriette Beese, Ludwig Harig, Helmut Scheffel. Suhrkamp Verlag, Frankfurt am Main 1989

Raymond Queneau; Stilübungen. Aus dem Französischen von Ludwig Harig und Eugen Helmlé. 4. Auflage. Bibliothek Suhrkamp. Suhrkamp Verlag, Frankfurt am Main, 1996

Raymond Queneau. Zazie in der Metro. Aus dem Französischen von Eugen Helmlé. suhrkamp taschenbuch. Suhrkamp Verlag, Frankfurt am Main 1989

Andreas Reiffer; Von der Handpresse zum E-Zine. Zur Geschichte und zum heutigen Stand der AußerLiterarischen Opposition und ihrer Medien. In: Kaltland Beat – Neue deutsche Szene. Herausgegeben von Boris Kerenski & Sergiu Stefanescu. Ithaka Verlag, Stuttgart 1999

Thomas Richhardt; Szenisches Schreiben im Unterricht. Minidramen, Szenen, Stücke selber schreiben. Kallmeyer in Verbindung mit Klett. Erhard Friedrich Verlag, Seelze 2011

J. D. Salinger; Der Fänger im Roggen. Roman. Deutsch von Eike Schönfeld. 8. Auflage. Rowohlt Taschenbuch Verlag, Reinbek bei Hamburg 2008

Christian Schärf; Schreiben Tag für Tag. Journal und Tagebuch. Kreatives Schreiben. Herausgeber der Reihe: Hanns-Josef Ortheil. Duden Verlag, Mannheim und Zürich 2011

Naomi Schenck; Archiv verworfener Möglichkeiten. Bilder und Texte herausgegeben von Ulrich Rüdenauer. Belleville Verlag, München 2010

Rainer Schmitz; Es geschah mit Schillers Schädel? Alles, was Sie über Literatur nicht wissen. Eichborn Verlag, Frankfurt am Main 2006

Jürg Schubiger; Wo ist das Meer? Geschichten mit Bildern von Rotraud Susanne Berner. Beltz & Gelberg in der Verlagsgruppe Beltz, Weinheim/Basel/Berlin 2003

Andreas Schumann. „das ist schon ziemlich charmant". In: Christian Kracht. Zu Leben und Werk. Herausgegeben von Johannes Birgfeld & Claude D. Conter. Kiepenheuer & Witsch, Köln 2009

Martin Schuster. Wodurch Bilder wirken. Psychologie der Kunst. Mit einem Beitrag von Manfred Koch-Hillebrecht. 5. Auflage. DuMont Literatur und Kunst Verlag, Köln 2007

Leanne Shapton; „Bedeutende Objekte und persönliche Besitzstücke aus der Sammlung von Lenore Doolan und Harold Morris". Aus dem Amerikanischen von Rebecca Casati. Berlin Verlag, Berlin 2010

Susan Sontag. Zur gleichen Zeit. Aufsätze und Reden. Herausgegeben von Paolo Dilonardo und Anne Jump. Mit einem Vorwort von David Rieff. Aus dem Englischen von Reinhard Kaiser. Carl Hanser Verlag, München 2007

Bernd Stiegler; Digitale Photographie als epistemologischer Bruch und historische Wende. In: Das Gesicht der Welt. Medien in der digitalen Kultur. Herausgegeben von Lorenz Engell und Britta Neitzel. Wilhelm Fink Verlag, München 2004

Patrick Süskind; Das Parfüm. Geschichte eines Mörders. 5. Auflage. Diogenes Verlag, Zürich 1985

Texte zur Theorie der Autorschaft. Herausgegeben von Fotis Jannidis, Gerhard Lauer, Matias Martinez und Simone Winko. Reclams Universalbibliothek Nr. 18058. Philipp Reclam jun., Stuttgart 2000

Karin Thomas; Bis heute. Stilgeschichte der bildenden Kunst im 20. Jahrhundert. 11. Auflage. Verlag M. DuMont, Köln 2000

Tristan Tzara; Sieben Dada Manifeste. In: Hermann Korte. Die Dadaisten. Rowohlts monographien. 2. Auflage. Rowohlt Taschenbuch Verlag, Reinbek bei Hamburg 1997

Aglaja Veteranyi; Warum das Kind in der Polenta kocht. Roman. 4. Auflage. Deutscher Taschenbuch Verlag München 2003

Matei Visniec; Wir haben überlebt. Übersetzt von Klaus F. Schneider. In: Rumänische Dichter und Dichterinnen, Schweizer Literaturzeitschrift Orte 18. Jahrgang Nr. 87 Zelg/Wolfhalden 1993

Fritz Franz Vogel; The Cindy Shermans: Inszenierte Identitäten. Fotogeschichten von 1840 bis 2005. Böhlau Verlag, Köln 2006

Jan Wagner; 18 Pasteten. Gedichte. Berlin Verlag, Berlin 2007

Angelika Waldis; Kolumne: So schreibe ich. In: books – das Magazin der Orell Füssli Buchhandlungen. Mai 2010. Herausgegeben von der Orell Füssli Buchhandlungs AG Zürich, 2010

Carl Weissner; Das Anti-Environment der cut-up Autoren. In: Cut-up. Der sezierte Bildschirm der Worte. Herausgegeben und aus dem Amerikanischen übersetzt von Carl Weissner. Joseph Melzer Verlag, Darmstadt 1969

James Wood; Die Kunst des Erzählens. Mit einem Vorwort von Daniel Kehlmann. Aus dem Englischen von Imma Klemm unter Mitwirkung von Barbara Hoffmeister. Rowohlt Verlag, Reinbek bei Hamburg 2011

Bildnachweis

Verzeichnis Download-Materialien

Kapitel 1
Anfänge des Schreibens

- Arbeitsblätter für Cut-up-Texte
- Pablo Neruda „Buch der Fragen"
- Krauss-Kärtchen
- Traumtagebuch

Kapitel 4
Schreiben fürs Auge – Fotografie

- Einführung in die Bildgestaltung (Text)
- Einführung in die Bildgestaltung (Bildmaterial für Beamer-Präsentation)

Leseliste
- Unsere ganz persönlichen Empfehlungen

Aus dem Downloadmaterial

Name: _____   Datum: _____   Thema: _____

Krauss-Kärtchen

Was wirklich wichtig ist	**Was ich nicht bin**
Was ich unbedingt tun sollte	**Woran ich nicht zu denken versuche**
Was ich ganz sicher weiß	**Dinge, die ich im Lauf meines Lebens gefunden habe**
Was am Ende der Welt ist	**Die letzten Wörter auf Erden**
Traurigkeiten	**Erinnerungen, die mir meine Mutter vermittelt hat**

Unter **www.friedrich-verlag.de** finden Sie Materialien zum Buch als Download.
Bitte geben Sie den Download-Code in das Suchfeld ein.

DOWNLOAD-CODE: **d14911es**

Hinweis:

Das Download-Material enthält Arbeitsblätter, Fotos und Texte zur Bildgestaltung, die Sie bei der
Vorbereitung Ihres Unterrichts unterstützen und/oder Ihnen vertiefende Hintergrundinformationen
liefern.
Als Käufer des Buches (ISBN 978-3-7800-4911-7) sind Sie zum Download dieser Datei berechtigt.
Weder die gesamte Datei noch einzelne Teile daraus dürfen ohne Einwilligung des Verlages an
Dritte weitergegeben oder in ein Netzwerk gestellt werden. Dies gilt auch für Intranets von Schulen
und sonstigen Bildungseinrichtungen.

Der Verlag behält sich vor, gegen urheberrechtliche Verstöße vorzugehen.

**Haben Sie Fragen zum Download? Dann wenden Sie sich bitte
an den Leserservice der Friedrich Verlags GmbH.
Schreiben Sie uns oder rufen Sie uns an!**

Sie erreichen unseren Leserservice
Montag bis Donnerstag von 8 – 18 Uhr
Freitag von 8 – 14 Uhr
Tel.: 05 11/4 00 04-150
Fax: 05 11/4 00 04-170
E-Mail: *leserservice@friedrich-verlag.de*

Wir freuen uns über Ihre Rückmeldungen und helfen Ihnen gern weiter!